Autonomes Fahren

Europäische Hochschulschriften Recht

European University Studies in Law

Publications Universitaires Européennes de Droit

Band/Volume 6862

Armen Carstensen

Autonomes Fahren

Die außervertragliche Haftung beim Einsatz intelligenter Mobilität am Beispiel der Automobilindustrie

Die Abkehr von der Halterhaftung – Erwägungen zugunsten eines Paradigmenwechsels

PETER LANG
Berlin · Bruxelles · Chennai · Lausanne · New York · Oxford

Bibliografische Information der Deutschen Nationalbibliothek
Die Deutsche Nationalbibliothek verzeichnet diese Publikation in der Deutschen Nationalbibliografie; detaillierte bibliografische Daten sind im Internet über http://dnb.dnb.de abrufbar.

Zugl.: Düsseldorf, Univ., Diss., 2025

D 61
ISSN 3052-8291 (Print)
ISSN 3052-8305 (eBook)
ISBN 978-3-631-95087-6 (Print)
ISBN 978-3-631-95100-2 (ePDF)
ISBN 978-3-631-95101-9 (ePUB)
DOI 10.3726/b23674

Verlegt durch Peter Lang GmbH, Berlin, Deutschland

info@peterlang.com

www.peterlang.com

Kontakt zur Verordnung über die allgemeine Produktsicherheit (GPSR): gpsr@peterlang.com

Worte des Dankes

Die vorliegende Dissertation ist nicht allein das Ergebnis individueller Anstrengung, sondern Ausdruck eines Weges, der ohne Vertrauen, Zuspruch und kritische Begleitung nicht möglich gewesen wäre.

Mein besonderer Dank gilt meiner Mutter *Nona* für ihr unermüdliches Vertrauen und ihre bedingungslose Unterstützung in allen Phasen meines Lebens.

Mein herzlicher Dank gilt *Prof. Dr. Ulrich Noack*, der mich auf meinem akademischen Weg nachhaltig inspiriert und diese Arbeit als Doktorvater mit großer fachlicher Kompetenz und persönlicher Zugewandtheit begleitet hat. *Prof. Dr. Jan Busche* danke ich sehr für die Übernahme des Zweitgutachtens.

Ein besonderer Dank gebührt zudem *Zoe Kratochwil*, deren kontinuierliche Ermutigung, Motivation und persönlicher Zuspruch mir insbesondere in anspruchsvollen Phasen dieser Arbeit stets neue Kraft verliehen haben.

Dr. Joshua Christmann danke ich sehr für die anregenden Gespräche, seine kritischen Nachfragen und die wertvollen fachlichen Impulse.

Mit der Fertigstellung dieser Dissertation endet ein intensiver und anspruchsvoller Arbeitsprozess. Dass dieser Weg erfolgreich beschritten werden konnte, verdanke ich nicht zuletzt der Unterstützung der genannten Personen. Ihnen allen gilt daher mein aufrichtiger Dank.

Düsseldorf, im Dezember 2024
Armen Carstensen

Inhaltsverzeichnis

Einführung

„Heute gehen wir einen Riesenschritt Richtung Zukunft: Der Bundesrat hat unser Gesetz zum autonomen Fahren beschlossen. Damit ist der Weg frei, um selbststeuernde Fahrzeuge ganz regulär auf die Straße zu holen – als erstes Land weltweit. Damit setzen wir international Standards. Noch sind wir den technischen Entwicklungen einen Schritt voraus. Aber ich sehe auch an den vielen Förderprojekten, wie schnell es bei den Herstellern vorangeht, um ihre Visionen zur Realität zu machen. Ich bin mir sicher: Wir werden autonomes Fahren bald erleben. Mit unserem neuen Gesetz sorgen wir dafür, dass Deutschland dabei die Nummer Eins ist“.

– Ehemaliger Bundeverkehrsminister Andreas Scheuer am 28.05.2021.[1]

I. Anlass der Untersuchung

Infrastruktur und Mobilität sind zwei der wichtigsten Themen unserer Zeit. Das gilt vor allem für Deutschland – dem Geburtsland des Automobils.[2] Nach weltweiten Schlagzeilen über Stickoxidüberschreitungen aufgrund illegaler Manipulationen von Autobauern an dieselbetriebenen Kraftfahrzeugen und damit einhergehenden Gerichtsverfahren,[3] die hohe Strafen nach sich zogen,

---

[1] BMWK, Deutschland strebt Führungsrolle beim autonomen Fahren an.

[2] Mercedes-Benz Group AG, Das erste Automobil 1885 – 1886.

[3] EuGH, Urteil vom 21.03.2023, Az. C-100/21 (NJW 2023, 1111); BGH, Urteile vom 26.06.2023, Az. VIa ZR 335/21 (NJW 2023, 2259), Az. VIa ZR 533/21 (NJW 2023, 2270) und Az. VIa ZR 1031/22 (NJOZ 2023, 1133); *André/Lutz-Bachmann*, RAW 2023, 164 ff.

wurde von einem rasanten Anstieg an Bemühungen zur Fortentwicklung der Elektromobilität berichtet.[4] Nicht weniger rasant widmeten sich die Ingenieure der Autobauer aber gleichzeitig einem weiteren Thema: Dem vollständig autonom fahrenden Automobil.[5]

Auch wenn es sich bei automatisierten Fahrassistenzsystemen in Automobilen um eine noch junge technische Errungenschaft handelt, so sind diese längst Realität und zu alltäglichen Begleitern in unserem Automobil geworden. Beispielhaft zu nennen sind neben der wohl bekanntesten Funktion der Geschwindigkeitsregelanlage[6] und der akustischen und visuellen Einparkhilfe, der Bremskraftverstärker[7], der Spurwechselassistent[8] sowie auch der automatische Abstandswarner[9]. In naher Zukunft steht mit dem autonom fahrenden Kraftfahrzeug jedoch eine der größten technischen Innovationen in der Automobilindustrie und auch unseres Alltags bevor.[10] So prognostizierte Herbert Diess, der ehemalige Vorstandsvorsitzende der Volkswagen AG, im Jahre 2021, dass das autonome Fahren seinen Durchbruch bis 2030 erreicht haben wird: „The cars on our roads will be sustainable, safe, smart and ultimately autonomous within the next ten years“.[11] Bemerkenswert

---

4 *Dralle/Priemer*, Interview mit Audi-Entwicklungsvorstand Hoffmann: „Noch mindestens 10 Jahre Verbrennungsmotoren“; *Gelowicz*, Transformation der Zulieferer: Die sieben größten deutschen Zulieferer machen Tempo bei der Elektromobilität; *Harttmann*, MAN Truck & Bus: „Die Transformation beginnt hier und jetzt“; *Fasse/Murphy*, Neue Fahrzeugklasse für Elektroautos soll Wandel bei BMW beschleunigen; *Kreimeier/von Buttlar*, Porsche-Chef Blume: „Wir verstehen uns als Speerspitze“; *Nowak*, Entwicklungsdienstleister Bertrandt. E-Autos werden Massengeschäft; *Schaal*, VW Pkw schafft Vorstands-Ressort „New Mobility“; *Specht*, Sportwagenschmiede unter Strom: Porsche mit elektrisierenden Plänen; *Stellantis*, Electrification: Accelerating the Drive to Electrification.

5 *Müller*, Die Mobilität der Zukunft zum Erfolgsprojekt machen, RAW 2024, 1.

6 Umgangssprachlich bekannt als Tempomat.

7 Umgangssprachlich bekannt als Bremsassistent.

8 Warnt vor gefährlichen Spurwechseln, in der Regel durch ein aufblinkendes Symbol im Außenspiegel.

9 Unterstützt dabei einen ausreichenden Abstand zum vorausfahrenden Verkehr einzuhalten.

10 *Arloth*, RAW 2023, 2; *Jungo Brügger*, in: 73. DJT, Band II/1, S. K 12.

11 *Schoch*, The Future of Automotive Law, RAW 2024, 89. Volkswagen, Annual General Meeting 2021, S. 7.

ist, dass schon seit dem Jahre 2020 hochautomatisierte[12] Linienbusse autonom auf öffentlichen Straßen durch Monheim am Rhein fahren, welche auch bereits für die Nutzung durch die Allgemeinheit freigegeben wurden.[13] Des Weiteren wurden in den folgenden Jahren 2022 und 2023 auch in München und Hamburg hochautomatisierte Kraftfahrzeuge zu Erprobungszwecken[14] für Fahrten auf öffentlichen Straßen zugelassen.[15] Für das Jahr 2025 ist zudem ein weitergehendes Projekt in Hamburg geplant, wodurch die Fähigkeit der Kraftfahrzeuge autonom zu fahren mit einem *On-Demand-Shuttle* Service kombiniert werden soll; das heißt, dass der öffentliche Personennahverkehr (ÖPNV) durch eine individuelle Abrufbarkeit der autonom fahrenden Kraftfahrzeuge durch Fahrgäste ergänzt werden soll.[16] Die Entwicklung der höchsten Stufe des fahrerlosen Fahrens, also des uneingeschränkten autonomen Fahrens, soll in Deutschland, verschiedenen Prognosen zufolge, zwischen den Jahren 2030 und 2040 den Durchbruch erfahren.[17] Ein wenig fortgeschrittener ist die Situation bereits in China. In der Stadt Wuhan fahren bereits seit Monaten hochautomatisierte Taxen autonom auf öffentlichen Straßen, welche der breiten Allgemeinheit bereits zugänglich sind.[18] So verwundert es nicht, dass Deutschland die Zusammenarbeit beim automatisierten und vernetzten Fahren mit China ausgeweitet hat und es im April 2024 zur Unterzeichnung einer entsprechenden Absichtserklärung kam.[19] Noch weiter fortgeschritten ist das US-amerikanische Unternehmen Waymo, welches

---

[12] Siehe zu den fünf Stufen der Automatisierung auf S. 9 ff.

[13] Siehe hierzu S. 24 f.

[14] Zu den Zulassungsvoraussetzungen für den Erprobungsbetrieb autonomer Kraftfahrzeuge in § 1i StVG, hierzu eingehend *Gatzke*, NZV 2022, 62 f.

[15] BMDV, Bund und Hamburg bringen „Autonomes Ridepooling“ auf die Straße; MOIA, Erfolgreicher AD-Auftakt von Volkswagen Nutzfahrzeuge und MOIA; MOIA, München setzt auf Expertise von MOIA, dmo und TUM für urbane Mobilität der Zukunft.

[16] BMDV, Integration von autonomen Fahrzeugen in Mobilitätsanwendungen – ALIKE; Stadt Hamburg, Projekt ALIKE – Autonome On-Demand-Shuttles; siehe zur Förderung gesellschaftlicher Zwecke das Zitat des Bundesverkehrsministers in Fußnote 258 sowie im Lichte der Tierhalterhaftung auf S. 70.

[17] *Rudschies/Kroher/Wieler*, Autonomes Fahren: So fahren wir in Zukunft.

[18] *Büchenbacher*, Eine Taxiflotte namens „rasender Rettich“ sorgt in Wuhan für Aufruhr; *Theile*, Robotaxis in der Pandemiestadt.

[19] *von Haugwitz*, RAW 2024, 177; BMDV, Absichtserklärung mit China.

seit dem 25. Juni 2024 in San Francisco und seit dem 12. November 2024 in Los Angeles für jedermann autonome Fahrten anbietet – und das 24 Stunden am Tag an sieben Tagen in der Woche.[20] Weitere Städte folgen in rasantem Tempo.[21]

Besonderes Aufsehen im Bereich der Fahrzeugautomatisierung fand zudem das Unternehmen Tesla, das bei dem Event *We, Robot* am 10. Oktober 2024 die ersten zwei uneingeschränkt autonomen Kraftfahrzeuge der Welt vorgestellt hat – das *Robotaxi* und den *Robovan*. Anders als alle bisherig bekannten Kraftfahrzeuge verfügen das Robotaxi und der Robovan weder über ein Lenkrad, noch über Pedale. Auch sonstige an die Fahrzeugführung gerichtete Bedienungselemente sind nicht mehr vorhanden, sodass ein Eingreifen in die Fahrzeugführung nicht mehr möglich wäre. Das Robotaxi verfügt über zwei Sitzplätze sowie einem großen Display im Fahrzeuginnenraum. Das Display dient den Insassen primär zur Ermöglichung der Interaktion mit dem Fahrzeug, wie beispielsweise der Eingabe oder Änderung von Zielorten oder der Veränderung der Raumtemperatur. Sekundär kann es unter anderem auch zur Unterhaltung, Kommunikation, für die Arbeit oder auch zum Lernen genutzt werden. Neben einer Vielzahl denkbarer Einsatzszenarien wird das Robotaxi vor allem als privates Kfz oder als Taxi genutzt werden können. Demgegenüber handelt es sich bei dem Robovan um ein Kraftfahrzeug das die Ausmaße eines Kleinbusses hat. Es bietet Platz für bis zu zwanzig Personen, sodass es für den Transport von Personengruppen eingesetzt werden oder auch für den Transport von Gütern und Waren genutzt werden könnte. Hinsichtlich der Nutzungsmöglichkeiten wären vom ÖPNV über Liefer- und Paketdienste bis hin zum Bauwesen viele Einsatzszenarien denkbar. Die Produktion und der Verkauf dieser beiden autonomen Kraftfahrzeuge sind für das Jahr 2026 vorgesehen.[22] Es ist also längst keine Zukunftsvision mehr, sondern bereits Realität geworden, sodass autonom fahrende Kraftfahrzeuge eher früher denn später unausweichlich zu einem weiteren Bestandteil auch

---

20 Waymo LLC, Waymo One is now open to everyone in San Francisco; Waymo LLC, Waymo One is now open to all in Los Angeles.

21 Waymo LLC, Austin vibes, meet autonomous rides; Waymo LLC, Investing to bring the Waymo Driver to more riders; Waymo LLC, Redefine how you move around Phoenix; Waymo LLC, Waymo and Uber expand partnership to bring autonomous ride-hailing to Austin and Atlanta.

22 Tesla Inc., We, Robot; Tesla Inc., We, Robot, Event Los Angeles.

unseres Alltags werden.[23] Gründe für diese rapide Entwicklung sind neben dem Milliardenmarkt der Digitalisierung, der Wunsch nach höherem Komfort der Insassen während einer Autofahrt, der gesellschaftliche Nutzen – z. B. die Transportdienste im ÖPNV rund um die Uhr und unabhängig von einem Fahrzeugführer anbieten zu können – und als wichtigster Aspekt, die Sicherheit auf den Straßen. Denn neun von zehn Verkehrsunfällen mit Personenschaden sind auf menschliches Versagen zurückzuführen.[24] Daher verwundert es nicht, dass all dies dazu führte, dass das autonome Fahren zu einem der Kernthemen der weltweiten Automobilbranche geworden ist und zu einem regelrechten Technologie-Wettrennen zwischen Unternehmen geführt hat.[25]

Diese – technologisch durchaus positive und daher begrüßenswerte – Entwicklung in der Automobilbranche wirft jedoch eine Vielzahl von rechtlich komplexen Fragen auf, die der Klärung bedürfen. Dies wird zum Anlass genommen, um einen wissenschaftlichen Beitrag zu zivilrechtlichen außervertraglichen Haftungsfragen zu leisten. Denn es ist davon auszugehen, dass es trotz neuester Technologie, autonomer Fahrfunktion und fehlerminimierender oder gar -vermeidender Software des Fahrzeugs auch weiterhin zu haftungsrechtlich relevanten Sachverhalten kommen kann. Daher ist besonders die Frage nach der außervertraglichen zivilrechtlichen Haftung bei Personen- und Sachschäden von hoher praktischer Relevanz.[26] Insoweit soll insbesondere auf die Frage eingegangen werden, ob das derzeit gültige Haftungsregime des Straßenverkehrsgesetzes (im Folgenden: StVG) noch angemessen ist, um den Schadensausgleich zwischen den Beteiligten in gebührendem Maße herbeizuführen, oder ob es unter Berücksichtigung der Fahrerlosigkeit autonomer Kraftfahrzeuge eine neue Haftungsverteilung

---

23 *Ayad/Lach* sprechen von einer „unumkehrbaren" Entwicklung, Autonomes Fahren – Herausforderungen jetzt und demnächst, RAW 2020, 1; *Müller*, Die Mobilität der Zukunft zum Erfolgsprojekt machen, RAW 2024, 1; siehe auch *Schoch*, The Future of Automotive Law, RAW 2024, 89, der autonomes Fahren „ganz oben auf der Agenda" sieht.

24 BMDV, Die häufigsten Unfallursachen; siehe auch S. 65.

25 *Pertlwieser*, Das Richtige digitalisieren, S. 84, 162.

26 So auch *Jungo Brügger*, in: 73. DJT, Band II/1, S. K 9.

zu etablieren gilt.[27] Dabei ist vor allem die Frage nach dem Haftungssubjekt von besonderer praktischer Relevanz. Sollte statt des Fahrzeughalters[28] fortan der Endhersteller bei einem Unfall eines seiner Fabrikate haften, weil künftig weder Fahrzeughalter noch Fahrzeugführer Kontrolle über die Fahrbewegungen des autonomen Kraftfahrzeugs haben werden? Des Weiteren stellen sich Fragen zu weiteren Akteuren in dem Geflecht der notwendigen Beteiligten bei autonomen Kraftfahrzeugen. Unter welchen Bedingungen haften Zulieferer gegenüber Fahrzeugherstellern? Welche Anforderungen sind an die Sicherheit des autonomen Systems, also der Software, zu stellen?[29] Wer haftet in Fällen von Fahrzeugübergriffen aufgrund von Cyberkriminalität?[30] Können auch die Netzbetreiber des Mobilfunknetzes im Wege der außervertraglichen Haftung in Anspruch genommen werden?[31]

Das vorliegende Werk soll sich daher, neben der Darstellung bereits bestehender Gesetzesmaterialien, mit Gesetzgebungsanläufen und vorhandenen Erkenntnissen in Literatur und Rechtsprechung zu automatisierten Fahrassistenzsystemen kritisch auseinandersetzen und Vorschläge sowie Anregungen zur Bewältigung und Beantwortung dieser Vielzahl von Fragen anbieten.

II. Erkenntnisstand

Zwar ist Literatur zu diesem innovativen Thema noch immer relativ rar gesät, dennoch lassen sich zuweilen bestimmte Schwerpunktbereiche erkennen, die im Fokus der Literatur stehen. Neben der zivilrechtlichen Haftung des Fahrzeugführers und des Fahrzeughalters bei einem Verkehrsunfall mit einem autonom fahrenden Automobil nach dem StVG, wird insbesondere die Haftung des Fahrzeugherstellers in den Vordergrund gestellt.

Der wohl umstrittenste Bereich der Diskussion im Bereich des autonomen Fahrens betrifft dabei aber nicht etwa die Frage, wie eine entsprechende

---

[27] *Bubinger*, RAW 2023, 57 f., führt treffend aus, dass man um Fragen zur Haftung bei automatisierten Fahrzeugen nicht mehr herumkommen wird.
[28] Zur Definition des Fahrzeughalters siehe S. 56.
[29] Siehe hierzu S. 126 ff.
[30] Zum sogenannten *Hacking* siehe S. 135 ff.
[31] Siehe hierzu S. 167 ff.

gesetzliche Regelung für die Haftung mit autonom fahrenden Fahrzeugen aussehen könnte, sondern vielmehr, ob überhaupt eine diesbezügliche Gesetzesänderung notwendig ist. Teilweise wird vertreten, dass eine Änderung bzw. Neuregelung nicht notwendig ist und insgesamt bereits *de lege lata* ein stimmiges Haftungssystem besteht.[32] Andere kommen dagegen zu dem Ergebnis, dass das momentan bestehende Haftungssystem für autonom fahrende Fahrzeuge nicht ausreichend ist, da der Umstand nicht berücksichtigt wird, dass der Hersteller die Steuerung des Fahrzeugs festlegt und eben nicht der Fahrer.[33] Da die verschiedenen Ansichten teilweise stark voneinander abweichen, gibt es noch keine abschließende Antwort auf diese Frage, weshalb diese Arbeit auf ebendiese Frage eingehen soll. Als eine zentrale Frage wird daher zu behandeln sein, ob Schädigungen durch ein autonomes Kraftfahrzeug unter die bereits bestehenden Haftungstatbestände, insbesondere den des § 7 Abs. 1 StVG, subsumiert werden können und bejahendenfalls, ob dies aufgrund der Neuartigkeit der Erscheinung des vollständig fahrerlosen Fahrens auch noch vom Sinn und Zweck der Norm getragen wäre oder ob es vielmehr an der Zeit ist, eine Neujustierung der Haftungstatbestände vorzunehmen und einen diesbezüglichen Paradigmenwechsel zu erwägen.

Neben den Meinungen aus der Lehre gab es auch bereits Gesetzesänderungen des StVG. So wurde eine Änderung zugunsten von Kraftfahrzeugen mit bedingt- und hochautomatisierter Fahrfunktionen[34] mit Wirkung zum 21. Juni 2017 vom Deutschen Bundestag verabschiedet.[35] Dabei wurden mit den §§ 1a, 1b, 1c, 63a und 63b StVG fünf neue Paragrafen geschaffen, die klarstellen, dass der Betrieb von Automobilen mittels hoch- und vollautomatisierter Fahrfunktion, im Rahmen einer bestimmungsgemäßen Verwendung, zulässig ist.[36] Schon zu dieser Zeit wurden in der Politik Stimmen laut, die eine Haftungsverschiebung zulasten des Herstellers in den Raum gestellt haben; besonders beachtenswert war die Aussage des ehemaligen

---

[32] Exemplarisch *von Bodungen/Hoffmann*, NZV 2016, 503, 508.

[33] Exemplarisch *Borges*, CR 4/2016, 272, 277.

[34] Zu den einzelnen Automatisierungsstufen siehe S. 9 ff.

[35] Achtes Gesetz zur Änderung des Straßenverkehrsgesetzes vom 16. Juni 2017, Bundesgesetzblatt (im Folgenden: BGBl.) Teil I 2017, 1648, 1650.

[36] Deutscher Bundestag, Verkehr: Straßenverkehrsgesetz für automatisiertes Fahren geändert, Meldung vom 30.03.2017.

Bundesverkehrsministers Dobrindt[37]: „Wir stellen damit den menschlichen Fahrer und den Computer als Fahrer rechtlich gleich"[38] oder dessen weitere Aussage, dass die Haftung beim Hersteller läge, wenn der automatisierte Modus das Fahrzeug steuere.[39] Am 28. Juli 2021 ist zudem das Gesetz zur Änderung des Straßenverkehrsgesetzes und des Pflichtversicherungsgesetzes mit dem Titel *Gesetz zum autonomen Fahren* in Kraft getreten.[40] Durch dieses Gesetz wurde ein bundesweit einheitlicher Rechtsrahmen geschaffen, der es – anders als der Titel es vermuten lässt – zwar (noch) nicht autonomen Kraftfahrzeugen des Levels 5, aber dafür automatisierten Kraftfahrzeugen der Level 3 und 4 (zur Abgrenzung sogleich im 2. Kapitel) ermöglichen soll, in sogenannten festgelegten Betriebsbereichen im öffentlichen Straßenverkehr, zu fahren.[41] Dieses Gesetz verdient besondere Beachtung, da es weltweit das erste seiner Art und insoweit ein Vorstoß für gesetzliche Regelungen für automatisierte Kraftfahrzeuge ist, sodass es mit Blick in die Zukunft richtungsweisend für das autonome Fahren sein kann. Die Bundesregierung hatte sich diesbezüglich zum Ziel gesetzt, Fahrzeuge mit autonomen Fahrfunktionen bis zum Jahre 2022 in den Regelbetrieb zu bringen,[42] allerdings konnte die technische Entwicklung noch nicht mit der gesetzgeberischen Geschwindigkeit mithalten, sodass die Erreichung dieses Ziels gescheitert ist.

Keine Beachtung fand, soweit ersichtlich, in Lehre und Politik bislang die Frage nach der Haftung der Mobilfunk-Netzbetreiber, die ihrerseits die infrastrukturelle Basis für das autonome Fahren zur Verfügung stellen. Daher soll auch dieses Thema in dieser Arbeit im Wege eines Exkurses adressiert werden.[43]

---

37 Bundesminister für Verkehr und digitale Infrastruktur von 2013 bis 2017.

38 Stenografischer Bericht des Deutschen Bundestags, 18. Wahlperiode, 228. Sitzung, Plenarprotokoll 18/228, S. 22914.

39 Stenografischer Bericht des Deutschen Bundestags, 18. Wahlperiode, 228. Sitzung, Plenarprotokoll 18/228, S. 22914.

40 Gesetz zur Änderung des Straßenverkehrsgesetzes und des Pflichtversicherungsgesetzes – Gesetz zum autonomen Fahren, BGBl. Teil I 2021, 3108, 3114.

41 BMDV, Gesetz zum autonomen Fahren tritt in Kraft, Artikel vom 27.07.2021.

42 BMDV, Gesetz zum autonomen Fahren tritt in Kraft, Artikel vom 27.07.2021.

43 Siehe hierzu S. 167 ff.

Begriffsbestimmungen

I. Kraftfahrzeug

Als Kraftfahrzeuge im verkehrsrechtlichen Sinne gelten Landfahrzeuge, die durch Maschinenkraft bewegt werden, ohne an Bahngleise gebunden zu sein (vgl. § 1 Abs. 2 StVG). Eine ähnliche Definition liefert § 2 Nr. 1 der Fahrzeug-Zulassungsverordnung (im Folgenden FZV), wonach es sich bei Kraftfahrzeugen um nicht dauerhaft spurgeführte Landfahrzeuge handelt, die durch Maschinenkraft bewegt werden. Entgegen der landläufig anzutreffenden Vorstellung, dass es sich bei Kraftfahrzeugen lediglich um Personenkraftwagen handelt, sind demnach alle nicht spurgeführten Landfahrzeuge, also beispielsweise auch Lastkraftwagen und Motorräder als Kraftfahrzeuge zu qualifizieren. Selbiges gilt auch für Elektrokleinstfahrzeuge wie z. B. E-Scooter oder E-Tretroller, wenn sie mit elektrischem Antrieb versehen sind, eine bauartbedingte Höchstgeschwindigkeit von nicht weniger als 6 km/h aufweisen und die in § 1 Abs. 1 Elektokleinstfahrzeuge-Verordnung aufgezählten Merkmale aufweisen. Es kommt also nicht auf die Art oder den Verwendungszweck der Fortbewegung an.[44] Für die Qualifikation als Kraftfahrzeug ist – entsprechend der Legaldefinition – vor allem die durch Maschinenkraft erzeugbare Bewegungsfähigkeit entscheidend.

II. Die fünf Stufen der Automatisierung

Kraftfahrzeuge können teilweise – je nach Fabrikat, Modell und individuellem Wunsch des Erwerbers – über verschiedene Automatisierungsstufen verfügen. In der Automobilbranche werden die Automatisierungsstufen als *Level*

---

[44] *Hühnermann*, in: Burmann/Heß/Hühnermann/Jahnke, StVG, § 1 Rn. 8.

bezeichnet, da sich international die Definitionen des Standards *SAE J3016* der US-Amerikanischen Non-Profit-Organisation *SAE International* durchgesetzt haben.[45] Diese Level sollen im Folgenden kurz dargestellt werden, um den Unterschied der verschiedenen Automatisierungsgrade deutlich zu machen.

Es gibt fünf Level, wobei das geringste Level der Fahrautomatisierung das assistierte (Level 1) und das höchste Level das autonome Fahren (Level 5) ist.[46] Dazwischen gibt es das teilautomatisierte (Level 2), das bedingt automatisierte (Level 3) und das hochautomatisierte (Level 4) Fahren.[47] Mit steigendem Level kommen jeweils weitere die Fahraufgabe unterstützende Systeme (sog. Fahrassistenzsysteme[48]) im Kraftfahrzeug zum Einsatz. Mit zunehmenden Fahrassistenzsystemen wird es daher immer weniger Aufgaben für den Fahrzeugführer geben, sodass im höchsten Level, Level 5, die Fahraufgabe, vollständig und ohne Zutun eines Menschen, alleine vom Kraftfahrzeug bewältigt wird. Die technischen Unterschiede zwischen Level 1 und Level 5 sind daher enorm, weshalb der Grad der Automatisierung autonomer Kraftfahrzeuge Auswirkungen auf die Haftungsverteilung haben könnte.

1. Assistiertes Fahren (Level 1)

Beim assistierten Fahren gibt es einen relativ geringen Umfang an Automatisierungsmechanismen. Diese dürften weiten Teilen der Bevölkerung bzw. den Fahrzeugführern eines Automobils bereits bekannt sein. Beispielhaft zu nennen sind der Tempomat, der automatische Abstandsregeltempomat (sog. *Adaptive Cruise Control (ACC)* bzw. *Automatische Distanzregelung (ADR)*) oder der automatische Spurhalteassistent (sog. *Lane Keeping Assistant System (LKAS)*).[49] Während der Tempomat dafür sorgt, dass eine zuvor gewählte Geschwindigkeit beibehalten wird,[50] bremst oder beschleunigt der ACC bzw. ADR den Wagen je nach Entfernung zum vorausfahrenden Kraftfahrzeug, um u. a. dafür zu sorgen, dass der Sicherheitsabstand zum vorausfahrenden

---

45 SAE, SAE J3016: Levels of Driving Automation.
46 KBA, Automatisierungsstufen.
47 KBA, Automatisierungsstufen.
48 *Bendel*, Was ist „Fahrassistenzsystem"?
49 Vgl. auch *Fleck/Thomas*, NJOZ 2015, 1393.
50 Mercedes-Benz Group AG, Funktion des Tempomat.

Fahrzeug nicht unterschritten wird.[51] Das LKAS hält das Kraftfahrzeug zudem in der Spur.[52]

2. Teilautomatisiertes Fahren (Level 2)

Die Level 2 Automatisierung wird als teilautomatisiertes Fahren bezeichnet.[53] Teilautomatisiertes Fahren verbindet mehrere einzelne Fahrassistenzsysteme innerhalb eines Fahrzeugs miteinander, um dadurch einen höheren Grad an Automatisierung und damit auch an Sicherheit zu erreichen. Beispielsweise ist die ACC bzw. ADR in Fahrzeugen dieses Levels mit dem LKAS und einem Notbremsassistenten kombiniert. Es gibt jedoch auch Assistenten, die bereits alleine betrachtet das zweite Level der Automatisierung ausmachen, wie z. B. der Überholassistent oder der Assistent zum automatischen Einparken ohne Mitwirkung des Fahrers, weil sie mehrere Fahraufgaben zugleich oder nacheinander bedienen. Im Vergleich zum assistierten Fahren, bei dem der Fahrer die Hände stets am Steuer zu lassen hat, kann er in einem teilautomatisierten Fahrzeug die Hände kurz vom Steuer nehmen, sofern er den teilautomatisierten Modus aktiviert hat.[54]

3. Bedingt automatisiertes Fahren (Level 3)

Level 3 wird als bedingt automatisiertes Fahren bezeichnet.[55] Der Begriff bedingte Fahrautomatisierung soll ausdrücken, dass bestimmte Fahraufgaben selbständig und ohne menschlichen Eingriff vom Automobil bewältigt werden können.[56] Das allerdings nur unter vom Hersteller vorgegebenen Bedingungen und zeitlichen Grenzen.[57] Je nach dem Erfordernis der Verkehrssituation können bedingt automatisierte Fahrzeuge selbständig beschleunigen, überholen oder bremsen.[58] Mitte 2023 hat das Kraftfahrt-Bundesamt (im Folgenden: KBA), dem sog. *Autobahnpiloten* von BMW eine

---

51 DPMA, Technik und Perspektiven: Mobilität der Zukunft – Made in Germany.
52 IVsource.net, Nissan Demos New Lane Keeping Products.
53 KBA, Automatisierungsstufen.
54 *Paulsen*, Autonomes Fahren: Die 5 Stufen zum selbst fahrenden Auto.
55 KBA, Automatisierungsstufen.
56 *Paulsen*, Autonomes Fahren: Die 5 Stufen zum selbst fahrenden Auto.
57 *Paulsen*, Autonomes Fahren: Die 5 Stufen zum selbst fahrenden Auto.
58 *Paulsen*, Autonomes Fahren: Die 5 Stufen zum selbst fahrenden Auto.

Ausnahmegenehmigung erteilt.[59] Dieser kann dauerhaft Tempo, Spur, und Abstand regeln.[60] Da der Fahrzeugführer aber weiterhin aufmerksam bleiben muss, funktioniert der Autobahnpilot nur, solange eine hinter dem Lenkrad angebrachte Kamera keine Blickablenkung durch den Fahrzeugführer erkennt; daher muss der Fahrzeugführer also immer wachsam bleiben und den Straßenverkehr weiterhin beobachten.[61]

4. Hochautomatisiertes Fahren (Level 4)

In Level 4 spricht man vom hochautomatisierten Fahren. Beim hochautomatisierten Fahren führt das Automobil alle Fahraufgaben ohne Eingriff – selbst auf längeren Strecken – selbständig durch. Das Fahrzeug könnte also eigenständig auf die Autobahn auffahren, blinken, sich auch bei hoher Geschwindigkeit in den Verkehr einordnen, der Spur folgen, überholen, bei Bedarf bremsen oder beschleunigen und die Autobahn auch wieder verlassen. Je nach Bedarf können die Insassen das Steuer bei einer hochautomatisierten Fahrt auch wieder übernehmen. Wenn sie dazu allerdings nicht in der Lage sind oder dies schlicht nicht wollen, obwohl das Kraftfahrzeug die entsprechenden optischen, akustischen und/oder haptischen Signale dazu gibt, dann muss das Auto sich in einen sicheren Zustand (sog. *risikominimaler Zustand*[62]) versetzen.[63] Hochautomatisierte Kraftfahrzeuge können also bereits autonom fahren, allerdings ist die autonome Fahrfunktion beschränkt auf bestimmte geografische Regionen und Parameter.[64]

5. Autonomes Fahren (Level 5)

Mit dem fünften und höchsten Level ist das vollautomatisierte bzw. autonome Fahren erreicht. Alle Aufgaben werden jetzt vollständig und uneingeschränkt

---

59 BMW, Neuer BMW 5er wird erstes Automobil mit Zulassung für teilautomatisiertes Fahren bis 130 km/h in Deutschland.

60 *Geiger/Wieler/Rudschies*, BMW i5: Was der elektrische 5er an Qualität und Fahrspaß bietet.

61 *Geiger/Wieler/Rudschies*, BMW i5: Was der elektrische 5er an Qualität und Fahrspaß bietet.

62 Zum risikominimalen Zustand siehe S. 29.

63 *Paulsen*, Autonomes Fahren: Die 5 Stufen zum selbst fahrenden Auto.

64 KBA, Automatisierungsstufen.

vom System übernommen.[65] Die Insassen sind nur noch Passagiere, einen menschlichen Fahrer gibt es nicht.[66] Ebenso gibt es, im Gegensatz zu Fahrzeugen der Level 1–4, weder Lenkrad noch Pedale, sodass ein Eingreifen in die Fahrzeugführung auch nicht mehr möglich wäre.[67]

---

65 *Paulsen*, Autonomes Fahren: Die 5 Stufen zum selbst fahrenden Auto.

66 *Paulsen*, Autonomes Fahren: Die 5 Stufen zum selbst fahrenden Auto; *Zech*, in: 73. DJT, Band I, S. A 51, A 63.

67 Audi, Raum-Fahrt in der Megacity; *Jungo Brüngger*, in: 73. DJT, Band II/1, S. K16; *Pankow*, Projektchef Urmson auf IAA – Google: Autonome Autos brauchen kein Lenkrad.

Relevante Gesetzesänderungen

Zwischen den Jahren 2016 und 2022 sind einige Gesetze zum Straßenverkehr geändert worden. Dabei handelte es sich um notwendige Schritte, um den Rechtsrahmen für die rechtskonforme Nutzung automatisierter Kraftfahrzeuge ab dem Level 3 zu ermöglichen. Daher sollen im Folgenden zunächst die Änderungen und Ergänzungen der Gesetze dargestellt und erläutert werden, um das Verständnis des sich anschließenden haftungsrechtlichen Teils im 4. Kapitel zu unterstützen.

I. Das Übereinkommen über den Straßenverkehr vom 8. November 1968

Bei dem Übereinkommen über den Straßenverkehr,[68] – sog. *Wiener Übereinkommen über den Straßenverkehr* (im Folgenden: WÜ) – handelt es sich um einen völkerrechtlichen Vertrag zur Erleichterung des internationalen Straßenverkehrs und zur Erhöhung der Straßenverkehrssicherheit durch Standardisierung der Straßenverkehrsregeln.[69] Das WÜ ist am 8. November 1968 von der Bundesrepublik Deutschland unterzeichnet worden[70] und trat gem. Art. 47 Abs. 2 WÜ am 3. August 1979 in der Bundesrepublik Deutschland in Kraft.[71]

68 BGBl. Teil II, 11.10.1977, S. 809.
69 BGBl. Teil II, 11.10.1977, S. 809, 811.
70 United Nations, Treaty Collection, Status of Treaties.
71 BGBl. Teil II, 28.08.1979, S. 932.

Mit Blick auf das autonome Fahren stellte das WÜ bis zum 22. März 2016 ein rechtliches Hindernis dar,[72] weil einerseits Art. 8 Abs. 1 und 5 WÜ sowie Art. 13 Abs. 1 Satz 1 WÜ, jeweils i. V. m. Art. 3 Abs. 1 a) Satz 1 WÜ, einer Fahrt ohne einen menschlichen Fahrzeugführer entgegenstanden und andererseits Art. 39 Satz 1 WÜ i. V. m. Anhang 5 des WÜ bestimmte technische Anforderungen bei Kraftfahrzeugen voraussetzte, die autonom fahrende Fahrzeuge nicht mehr erfüllen würden. So sahen die Normen folgendes vor:

Kapitel I
Art. 3 Abs. 1 a) Satz 1 WÜ

Die Vertragsparteien treffen die erforderlichen Maßnahmen, damit die in ihrem Hoheitsgebiet geltenden Verkehrsregeln in ihrem sachlichen Gehalt mit den in Kapitel II enthaltenen Bestimmungen übereinstimmen.

Kapitel II
Art. 8 WÜ
Abs. 1

Jedes Fahrzeug und miteinander verbundene Fahrzeuge müssen, wenn sie in Bewegung sind, einen Führer haben.

Abs. 5

Jeder Führer muss dauernd sein Fahrzeug beherrschen [...].

Art. 13 Abs. 1 Sätze 1 und 2 WÜ

Jeder Fahrzeugführer muss unter allen Umständen sein Fahrzeug beherrschen, um den Sorgfaltspflichten genügen zu können und um ständig in der Lage zu sein, alle ihm obliegenden Fahrbewegungen auszuführen.

Er muss bei der Wahl der Geschwindigkeit seines Fahrzeugs ständig die Umstände berücksichtigen, insbesondere die örtlichen Verhältnisse, den Straßenzustand, den Zustand und die Beladung seines Fahrzeugs, die Witterungsverhältnisse und die Dichte des Verkehrs, um innerhalb der nach vorn übersehbaren Strecke und vor jedem vorhersehbaren Hindernis sein Fahrzeug anhalten zu können.

---

[72] *Fleck/Thomas*, NJOZ 2015, 1393, 1395; *Randelhoff*, Rechtliche Zulassung von autonomen Fahrzeugen; *Schulz*, NZV 2017, 548.

Kapitel III
Art. 39 Satz 1 WÜ

Jedes Kraftfahrzeug (Artikel 1 Buchstabe p), jeder Anhänger und alle miteinander verbundenen Fahrzeuge im internationalen Verkehr müssen dem Anhang 5 entsprechen.

Anhang 5 – Kapitel III – Abschnitt 46 WÜ

Jedes Kraftfahrzeug (Artikel 1 Buchstabe p) muss eine widerstandsfähige Lenkvorrichtung haben, mit der der Führer die Richtung seines Fahrzeugs leicht, schnell und sicher ändern kann.

Um die rechtlichen Voraussetzungen für die Entwicklung automatisierter Fahrzeugsysteme zu schaffen brachten Belgien, Deutschland, Frankreich, Italien und Österreich am 10. Januar 2014 einen Änderungsvorschlag zu Art. 8 und 39 WÜ vor,[73] der am 26. März 2014 von der Arbeitsgruppe für Straßenverkehrssicherheit angenommen wurde,[74] gem. Art. 49 Abs. 2 Buchstabe a) Satz 1 WÜ am 23.03.2016 in Kraft trat[75] und seither für die Bundesrepublik Deutschland völkerrechtlich verbindlich ist:

Änderung des Art. 8 WÜ
Nach Abs. 5 wird folgender Abs. 5bis angefügt:

(5bis) Fahrzeugsysteme, die einen Einfluss auf das Führen des Fahrzeugs haben, gelten als vereinbar mit Absatz 5 und Artikel 13 Absatz 1, wenn sie den Bedingungen für den Bau, den Einbau und die Verwendung nach den internationalen Rechtsinstrumenten betreffend Radfahrzeuge, Ausrüstungsgegenstände und Teile, die in Radfahrzeuge(n) eingebaut und/oder verwendet werden können, entsprechen; Fahrzeugsysteme, die einen Einfluss auf das Führen eines Fahrzeugs haben und die nicht den genannten Bedingungen für den Bau, den Einbau und die Verwendung entsprechen, gelten als vereinbar mit Absatz 5 und Artikel 13 Absatz 1, wenn diese Systeme vom Führer übersteuert oder abgeschaltet werden können.

---

73 United Nations, ECE/TRANS/WP.1/2014/1.

74 United Nations, ECE/TRANS/WP.1/145.

75 United Nations, Acceptance of amendments to articles 8 and 39 of the convention, Depositary Notification.

<u>Änderung des Art. 39 WÜ</u>

Den Sätzen des Artikel 39 WÜ wird folgender Satz angefügt:

Sind in diese Fahrzeuge Systeme, Teile und Ausrüstungsgegenstände eingebaut, die den Bedingungen für die Konstruktion, den Einbau und die Verwendung nach den in Artikel 8 Absatz 5bis genannten internationalen Rechtsinstrumenten entsprechen, so gelten sie als vereinbar mit Anhang 5.

Um die Änderungen auch nach innerstaatlichem Recht verbindlich zu machen, wurde sie gem. Art. 59 Abs. 2 Satz 1 GG vom Deutschen Bundestag am 07.12.2016 ratifiziert.[76]

Durch diese Änderungen im Wiener Übereinkommen konnte Rechtssicherheit mit Blick auf bereits im Verkehr befindliche automatisierte Systeme hergestellt werden. Da Kraftfahrzeuge nunmehr weder zwingend durch einen Fahrzeugführer dauerhaft beherrscht werden noch eine Lenkvorrichtung haben müssen, kann die Weiterentwicklung höherer automatisierter Fahrsysteme erfolgen.[77]

II. Gesetz zum autonomen Fahren

Das *Gesetz zur Änderung des Straßenverkehrsgesetzes und des Pflichtversicherungsgesetzes – Gesetz zum autonomen Fahren* ist seit dem 28. Juli 2021 in Kraft.

1. Inhalt des Gesetzes

Die Bezeichnung als *Gesetz zum autonomen Fahren* ist teilweise irreführend. So enthält dieses Gesetz zwar Regelungen zu Kraftfahrzeugen mit autonomen Fahrfunktionen, diese orientieren sich aber an Kraftfahrzeugen des Levels 3 und 4, also bedingt automatisierten und hochautomatisierten Kraftfahrzeugen mit autonomen Funktionen.[78] Das Wort *autonom* ist jedoch gleichbedeutend mit dem Begriff *unabhängig*,[79] sodass nur Kraftfahrzeuge

[76] BGBl. Teil II, 12.12.2016, S. 1306.

[77] Bundestagsdrucksache (im Folgenden: BT-Drucks.) 18/8951, S. 8.

[78] Vgl. auch *Hilgendorf*, JZ 9/2021, 444, 445, der vorschlägt von „beschränkter Autonomie" zu sprechen, um die im Gesetz gemeinten Fahrfunktionen von einem unbeschränkten autonomen Einsatz abzugrenzen.

[79] Duden, abrufbar unter: https://www.duden.de/rechtschreibung/autonom (zuletzt abgerufen am 04.05.2024).

die die Fahraufgabe vollständig unabhängig bewältigen können, also ohne Begrenzungen oder Bedingungen, tatsächlich *autonome Kraftfahrzeuge* im Sinne des Levels 5 sind.[80]

Inhaltlich sieht das Gesetz neun neue Paragrafen im StVG vor, die sich nach § 1c StVG einfügen und in die §§ 1d – 1l StVG aufgliedern. Von diesen Neuerungen sollen im Folgenden diejenigen Normen skizziert und teilweise auch bewertet werden, die für die haftungsrechtliche Analyse im 4. Kapitel von Bedeutung sind.

In § 1d StVG werden neue Begrifflichkeiten definiert, die für die Schaffung und das Verständnis der Neuregelungen grundsätzlich notwendig sind. Des Weiteren regeln die §§ 1e – 1l StVG die Zulässigkeit des Betriebs hochautomatisierter Kraftfahrzeuge sowie deren notwendigen technischen Voraussetzungen (§ 1e StVG), die Pflichten des Halters, des Herstellers und der Technischen Aufsicht beim Betrieb hochautomatisierter Kraftfahrzeuge (§ 1f StVG), den Umgang mit der Datenverarbeitung (§ 1g StVG) sowie eine Verordnungsermächtigung zugunsten des Bundesministeriums für Verkehr und digitale Infrastruktur zur Konkretisierung der Anforderungen der vorgenannten Paragrafen (§ 1j StVG).

Außerdem wurde in dem Gesetz auch eine Ergänzung des § 1 Pflichtversicherungsgesetz (im Folgenden: PflVG) dergestalt vorgenommen, dass der Halter eines Kraftfahrzeugs mit autonomer Fahrfunktion verpflichtet wird auch eine Haftpflichtversicherung für die sog. *Technische Aufsicht*[81] abzuschließen und aufrechtzuerhalten.

a) Neue Definitionen – § 1d StVG

Definitorisch neu hinzugekommen sind im StVG das *Kraftfahrzeug mit autonomer Fahrfunktion*, der *festgelegte Betriebsbereich*, die *Technische Aufsicht* sowie der *Risikominimale Zustand*.

aa) Kraftfahrzeug mit autonomer Fahrfunktion

§ 1d Abs. 1 StVG definiert ein Kraftfahrzeug mit autonomer Fahrfunktion als Kraftfahrzeug, das die Fahraufgabe ohne eine fahrzeugführende Person

---

80 BT-Drucks. 19/27439, S. 16; *Bönninger*, Stellungnahme zum Gesetzesentwurf der Bundesregierung, S. 2; *Will*, in: BeckOK StVR, § 1d StVG, Rn. 8.

81 Zur Technischen Aufsicht siehe S. 26 ff.

selbständig in einem festgelegten Betriebsbereich erfüllen kann und über eine technische Ausrüstung im Sinne des § 1e Abs. 2 StVG verfügt.[82]

bb) Festgelegter Betriebsbereich

Der *festgelegte Betriebsbereich* wird in § 1d Abs. 2 StVG als örtlich und räumlich bestimmter öffentlicher Straßenraum definiert, in dem ein Kraftfahrzeug mit autonomer Fahrfunktion betrieben werden darf, sofern es die Voraussetzungen des § 1e Abs. 1 StVG erfüllt. Das setzt voraus, dass es sich um ein für den öffentlichen Straßenverkehr zugelassenes Kraftfahrzeug handelt, das Kraftfahrzeug über eine bestimmte technische Ausrüstung verfügt und eine Betriebserlaubniserteilung durch das Kraftfahrt-Bundesamt (im Folgenden: KBA) erteilt worden ist.[83] Da der Terminus vom Gesetzgeber bewusst abstrakt gehalten worden ist, bestimmt die Vorschrift nicht, wie ein festgelegter Betriebsbereich im konkreten Einzelfall auszusehen hat. Vorgegeben wird lediglich, dass die Festlegung von Betriebsbereichen auf für den Straßenverkehr gewidmeten und tatsächlich öffentlich zugänglichen Flächen erfolgen kann. Damit wollte der Gesetzgeber die Intention zum Ausdruck bringen, dass grundsätzlich eine Vielzahl von Betriebsbereichen ermöglicht werden soll. Die Festlegung eines Betriebsbereichs erfolgt zunächst durch den Fahrzeughalter. Sodann muss der vom Halter gewünschte Bereich gem. § 1e Abs. 1 Satz 1 Nr. 3 StVG von der zuständigen Behörde genehmigt werden.[84]

(1) Sinn und Zweck der räumlichen Begrenzung

Die Gesetzesbegründung spricht davon, dass ein Kraftfahrzeug mit autonomer Fahrfunktion zunächst in einem festgelegten Betriebsbereich eingesetzt werden soll und es auch denkbar ist, dass es in mehreren festgelegten Betriebsbereichen betrieben werden kann. Allerdings stellt sich hierbei die Frage, mit welcher konkreten Zielsetzung diese räumliche Begrenzung erfolgt, weshalb hierauf nachfolgend näher eingegangen wird.

---

[82] Zur technischen Ausrüstung siehe S. 30 ff.

[83] Ausführlich zu den Voraussetzungen des § 1e StVG auf S. 29 ff.

[84] BT-Drucks. 19/27439, S. 20.

(a) Bessere Kalkulierbarkeit von Risiken

Ein Argument für die räumliche Begrenzung im Sinne eines festgelegten Betriebsbereichs ist die bessere Kalkulierbarkeit von Risiken. Indem die Nutzung neuer und noch nicht sicher beherrschbarer Technologien in vordefinierten Bereichen erfolgt, kann die Schadenswahrscheinlichkeit auf öffentlichen Straßen gezielt beobachtet und ggf. verringert werden. Diesem Argument entsprechend führt die Gesetzesbegründung aus, dass für Kraftfahrzeuge, die nicht die Fähigkeit besitzen sich in allen Bereichen an die Verkehrsvorschriften zu halten, die an die Fahrzeugführung gerichtet sind, beispielsweise weil hierzu eine besondere Infrastruktur notwendig wäre oder eine zu hohe Komplexität besteht, die Nutzung der autonomen Fahrfunktion nicht ausgeschlossen, sondern nur auf den zulässigen festgelegten Betriebsbereich begrenzt wird. Sollte es an bestimmten Stellen also nicht möglich sein die Verkehrsvorschriften zu erfüllen, kommen diese Bereiche als festgelegte Betriebsbereiche nicht in Betracht. Im Einzelfall könnten daher beispielsweise Bereiche mit unbeschrankten Bahnübergängen oder angrenzenden Feld- und Waldwegen als Betriebsbereiche ausscheiden. Daher ist es einerseits erforderlich, dass die Auswahl von geeigneten Betriebsbereichen durch den Fahrzeughalter unter Beachtung geltender verkehrsrechtlicher Anordnungen erfolgt und andererseits dass etwaige Veränderungen verkehrsrechtlicher Anordnungen im laufenden Betrieb auch weiterhin stets beobachtet und berücksichtigt werden.[85] Dieses Argument unterstützend wurde auch schon, in einer Expertenstellungnahme zum Gesetzesentwurf der Bundesregierung zum Gesetz zum autonomen Fahren, ergänzend ausgeführt, dass der derzeitige Stand der Technik noch nicht geeignet sei, um autonomes Fahren, beispielsweise in innerstädtischen, komplizierten Verkehrssituationen zu realisieren.[86]

(b) Infrastrukturelle Anpassungen

Ein weiteres Argument für festgelegte Betriebsbereiche ist die derzeit unzureichende Infrastruktur.[87] Die bestehende Verkehrs- und Mobilfunkinfrastruktur

---

85 BT-Drucks. 19/27439, S. 21.

86 *Liggesmeyer*, Stellungnahme zum Gesetzesentwurf der Bundesregierung.

87 *Koch*, in: Laimer/Perathoner, S. 117, der auf eine stärkere Rolle des Staates mit Blick auf die Schaffung geeigneter Infrastruktur zur Kommunikation autonomer Kraftfahrzeuge hinweist; ebenso den Staat in der Pflicht sehend *Haupt*, NZV 2022, 166, 167.

für die räumlich uneingeschränkte Nutzung autonomer Kraftfahrzeuge ist derzeit noch nicht für einen Einsatz autonomer Kraftfahrzeuge geeignet. Es stellt sich hierbei die Frage, inwieweit die Infrastruktur angepasst werden muss, um eine sichere und rechtskonforme Fahrzeugführung optimal zu gewährleisten. Aktuell benötigen Kraftfahrzeuge mit autonomen Fahrfunktionen zur Bewältigung der Fahraufgaben u. a. bereits genaue Beschreibungen der zu befahrenden Umgebung, Verkehrsinformationen in Echtzeit, qualitativ hochwertiges Kartenmaterial und Mobilfunk nach dem 5G-Standard.[88] Überdies müssen autonome Kraftfahrzeuge auch mit anderen Fahrzeugen (sog. *Fahrzeug-zu-Fahrzeug-Kommunikation*) und der Verkehrsinfrastruktur, z. B. mit Lichtzeichenanlagen oder Baustellen,[89] (sog. *Fahrzeug-zu-Infrastruktur-Kommunikation* oder *Maschine-zu-Maschine-Kommunikation*) kommunizieren.[90] Es wird daher zunächst eine Weiterentwicklung der Verkehrs- und Mobilfunkinfrastruktur abgewartet werden müssen, um autonome Kraftfahrzeuge in der gesamten Bundesrepublik flächendeckend mit den benötigten Informationen beliefern zu können und die notwendige Interaktion zu ermöglichen. Um eine Gefährdung durch autonome Kraftfahrzeuge aufgrund von mangelnder Infrastruktur weitestgehend auszuschließen, soll daher ihre Bewegungsfreiheit derzeit auf solche Betriebsbereiche begrenzt werden, die die technisch erforderlichen Voraussetzungen für die autonome Fahrt bereits erfüllen.

(c) Verkehrspolitische Bedenken

Schließlich werden auch verkehrspolitische Argumente für die Festlegung von Betriebsbereichen vorgebracht. Der Verband Deutscher Verkehrsunternehmen e. V. führte diesbezüglich an, dass autonome Kraftfahrzeuge mittels Betriebsbereichsfestlegungen kontrolliert eingeführt werden sollten, um unerwünschte Effekte wie induzierten Verkehr (Neuer zusätzlicher Verkehr,

---

[88] IHK für München und Oberbayern, Autonomes Fahren – Chancen und Potenziale.

[89] Mercedes-Benz Group AG, Car-to-X Kommunikation geht in Serie: Mit der Umgebung vernetzt.

[90] BMDV, Automatisiertes und vernetztes Fahren; *Jungo Brüngger*, in: 73. DJT, Band II/1, S. K 28; siehe auch *Cesarano/Koenig/Veidt*, RAW 2022, 134 ff., und *Schuler*, RAW 2023, 111 ff., die das autonome Fahren aus telekommunikationsregulatorischer Sicht beleuchten.

der auf den Ausbau der Verkehrswege und sonstiger Verbesserungen des Verkehrsangebots zurückzuführen ist)[91] und einen höheren Flächenverbrauch, durch Verstopfung der Straßen aufgrund einer Vielzahl neuer in den Verkehr gebrachter Kraftfahrzeuge, zu vermeiden.[92]

(2) Praktikabilität der räumlichen Begrenzung

Allerdings stellt sich die weitere Frage, ob die Erreichung dieser Ziele durch die räumliche Begrenzung auch praktikabel für die – jedenfalls derzeit geplanten – Einsatzbereiche autonomer Kraftfahrzeuge ist.

(a) Vorgesehene Einsatzbereiche autonomer Kraftfahrzeuge

Das Bundesministerium für Digitales und Verkehr (im Folgenden: BMDV) hat die durch das Gesetz adressierten Einsatzszenarien von autonomen Kraftfahrzeugen beispielhaft aufgezählt. Demnach zählen zu den Einsatzszenarien Shuttle-Verkehre von A nach B, People-Mover[93], Hub2Hub-Verkehre[94] und Dual-Mode-Fahrzeuge[95].[96] Schnell wird also klar, dass das Gesetz nicht primär die Intention hat, die Nutzung von Kraftfahrzeugen mit autonomen Fahrfunktionen für private Zwecke zu ermöglichen. Vielmehr ist das Gesetz auf öffentliche und unternehmerische Zwecke ausgerichtet. Das erklärt auch mit Blick auf die Praktikabilität, weshalb die Nutzung von Fahrzeugen mit autonomen Fahrfunktionen auf einen festgelegten Betriebsbereich beschränkt wird. Im Gegensatz zu privaten Nutzern, die Ihre Kraftfahrzeuge für eine Vielzahl von vorher nicht näher definierten Strecken nutzen können müssen, ist die räumlich eingeschränkte Nutzung für öffentliche und unternehmerische Zwecke im Voraus langfristig planbar und dadurch gut umsetzbar. Hierzu sollen im Folgenden exemplarisch zwei Beispiele genannt werden.

---

91 *Cerwenka/Hauger*, Neuverkehr – Realität oder Phantom?, ZfV 1996, 286 ff.; *Scheiner*, Verkehrsgeneseforschung: Wie entsteht Verkehr?, S. 688.

92 *Schmitz*, Stellungnahme zum Gesetzesentwurf der Bundesregierung, S. 12.

93 Busse, die auf einer festgelegten Route unterwegs sind.

94 Beispielsweise Verkehr zwischen zwei Logistikzentren.

95 Fahrzeuge, die sowohl von Fahrern gelenkt werden als auch auf speziellen Strecken autonom verkehren können, siehe *Wallentowitz*, iV 1977, 260 ff.

96 BMDV, Gesetz zum autonomen Fahren tritt in Kraft, Artikel vom 27.07.2021.

(b) Beispiele öffentlicher und unternehmerischer Nutzung

Ein Beispiel für die Nutzung autonomer Kraftfahrzeuge zu öffentlichen Zwecken kann derzeit in Monheim am Rhein beobachtet werden.[97] Dort führte die Stadtverwaltung am 26. Februar 2020, per Sondergenehmigung gem. § 70 StVZO, autonom fahrende E-Busse im ÖPNV ein.[98] Die E-Busse sind als Zubringer zu den klassischen Hauptbuslinien gedacht und folgen täglich von 7–23 Uhr im 10-Minuten-Takt einer vordefinierten Route im fließenden Verkehr.[99] Sie wurden auf die jeweilige Route eingemessen und orientieren sich zusätzlich mittels Odometrie[100], Kameras, Laser, Globalem Positionsbestimmungssystem (GPS) und künstlicher Intelligenz.

Während der Fahrt befindet sich außerdem ein technischer Begleiter, ein sog. *Operator*, im Bus. Dieser ist einerseits dazu da, um dem Kraftfahrzeug nach jedem Halten – z. B. an einer Bushaltestelle – den manuellen Befehl zu geben, sich wieder in Bewegung zu setzen und andererseits, um das Fahrzeug per Funk zu steuern, wenn die technischen Systeme mit der Bewältigung der Verkehrssituation überfordert sind. Derartige Überforderungen kommen beispielsweise schon dann vor, wenn die Straße durch haltende Fahrzeuge leicht verengt wird. Auch an sehr überschaubaren Verkehrskreuzungen reichen die Systeme schon nicht mehr aus, um diese eigenständig zu passieren. Vielmehr halten die Busse an und erwarten ein Signal des Operators zur Weiterfahrt. Problematisch sind zudem flugfähige Tiere sowie schlechte Wetterverhältnisse. Sobald sich etwas vor einen der technischen Sensoren legt das dazu geeignet ist dem Bus fälschlicherweise zu signalisieren, dass ein Hindernis den Weg versperrt, bremst der Bus ab. Starker Regen, eine dichte Nebelbank oder ein Insekt haben daher die gleiche eine Bremsung auslösende Signalwirkung wie Kraftfahrzeuge, Radfahrer oder Fußgänger die sich in kritischer Nähe zum Bus befinden. Eine Unterscheidung zwischen tatsächlichen Hindernissen und technischen Ungenauigkeiten gelingt daher noch

---

97 BMWK, Linie A01: Automatisiert fahrender Linienbus Monheim am Rhein.

98 Stadt Monheim am Rhein, Smart City, Smart City – Autonom fahrende Busse.

99 Stadt Monheim am Rhein, Smart City, Smart City – Autonom fahrende Busse.

100 Methode zur relativen Positionsbestimmung durch Berechnung des zurückgelegten Weges des Fahrzeugs anhand von Radabstand, Radumfang und Motorumdrehung, siehe TU Dresden, Odometrie.

nicht zuverlässig und macht das Eingreifen des Operators häufig notwendig. Dieser kann das System jederzeit überstimmen oder abschalten.

Ähnliche Systeme, die zu unternehmerischen Zwecken genutzt wurden, konnten Jahrzehnte früher auch schon im Ausland beobachtet werden. Unter der Projektbezeichnung *Schiphol GRT*[101] hat das niederländische Unternehmen *2 Getthere B.V.* mit Sitz in Utrecht den Amsterdamer Flughafen Schiphol von 1997 bis 2004 mit vier selbstfahrenden Shuttlebussen ausgestattet, die Fluggäste von Parkplätzen zur Haupthaltestelle an der Passagierlounge gefahren haben. Die Strecke bestand aus zwei Schleifen mit jeweils einem Kilometer Länge, auf denen jeweils drei Haltestellen angefahren wurden. Beachtlich war, dass jede Schleife mehrere Kreuzungen mit Autoverkehr und Fußgängern hatte, sodass schon vor über 20 Jahren die technischen Mittel existent waren, um autonome Fahrten innerhalb eines im Vorhinein definierten und festgelegten Betriebsbereichs zu ermöglichen.[102]

(c) Zwischenergebnis

Wie aufgezeigt haben die vom BMDV adressierten Einsatzszenarien bereits Gestalt angenommen, sodass an der Praktikabilität der Begrenzung jedenfalls dann nicht durchgreifend gezweifelt werden kann, wenn es sich um eine öffentliche oder unternehmerische Nutzung autonomer Kraftfahrzeuge handelt. Insoweit wird an dem Beispiel des E-Busses in Monheim am Rhein erkennbar, dass auch schon in diesen begrenzten Betriebsbereichen viele Hürden auftreten, die es technisch noch zu meistern gilt. Vor diesem Hintergrund überzeugen die o. g. Argumente zugunsten eines festgelegten Betriebsbereichs. Der derzeitige Stand der Technik ist noch nicht so weit ausgereift, dass die autonomen Fahrfunktionen der Kraftfahrzeuge alle Vorkommnisse im Straßenverkehr alleine bewältigen könnten. Nicht nur witterungsbedingte Hürden, sondern vor allem die Herausforderungen des fließenden Verkehrs auf öffentlichen Straßen überfordern die Systeme. Die gesetzgeberische Entscheidung, dass autonome Kraftfahrzeuge zunächst nur in begrenzten Betriebsbereichen eingesetzt werden dürfen, ist daher zu befürworten. Durch eine schrittweise und räumlich begrenzte Einführung autonomer Kraftfahrzeuge können sowohl die angesprochenen Risiken kalkuliert als auch der technische Fortschritt besser

---

[101] Bedeutung *GRT: Group Rapid Transit.*

[102] 2 Getthere B.V., Schiphol GRT.

beobachtet werden. Je weiter die Entwicklung der autonomen Systeme und der notwendigen Infrastruktur voranschreitet,[103] desto mehr können die Grenzen des durch Festlegung beschränkten Betriebsbereichs räumlich erweitert oder gar abgeschafft werden. Mit schwindender geographischer Beschränkung wird sodann auch der Privatgebrauch von autonomen Kraftfahrzeugen zu einem denkbaren Einsatzszenario.

cc) Technische Aufsicht

Durch das Gesetz zum autonomen Fahren wurde auch die neu geschaffene Funktion der sog. *Technischen Aufsicht* eingeführt, auf die im Folgenden eingegangen wird.

(1) Definition

§ 1d Abs. 3 StVG definiert die Technische Aufsicht als natürliche Person, die das Kraftfahrzeug während des Betriebs deaktivieren und im Bedarfsfall Fahrmanöver freigeben kann. Die Technische Aufsicht ist verpflichtet Signale der technischen Ausrüstung zu dessen Funktionsstatus zu beurteilen, sofern notwendig Maßnahmen zur Verkehrssicherung einzuleiten (§ 1f Abs. 2 Nr. 3 StVG), unverzüglich mit etwaigen Insassen des Kraftfahrzeugs in Kontakt zu treten und die zur Verkehrssicherung notwendigen Maßnahmen einzuleiten, falls das Kraftfahrzeug sich in den risikominimalen Zustand[104] begibt (§ 1f Abs. 2 Nr. 4 StVG).[105] Laut Gesetzesbegründung kann eine Technische Aufsicht zwar für den Betrieb mehrerer Kraftfahrzeuge zuständig sein. Die Prämisse dafür ist aber, dass sie gewährleistet, dass sie ihre Pflichten in jedem Einzelfall stets einhalten kann, damit es nicht zu risikoreichen Situationen kommt.[106]

Gründe für die Schaffung dieser Funktion sind einerseits, dass es bei autonomen Kraftfahrzeugen keine fahrzeugführende Person mehr gibt, die in die Steuerungsmöglichkeiten des Kraftfahrzeugs eingreifen könnte und andererseits, um die Vereinbarkeit mit bestehenden internationalen Vorschriften

---

[103] Zu infrastrukturellen Anpassungen siehe S. 21 f.
[104] Zum risikominimalen Zustand siehe S. 29.
[105] Ausführlicher zu den Pflichten der Technischen Aufsicht auf S. 39 ff.
[106] BT-Drucks. 19/27439, S. 20.

herzustellen.[107] Genannt werden sowohl das WÜ[108] als auch die Europäische Verordnung 2018/858[109] (im Folgenden: Kfz-Genehmigungs-VO). Nach dem Willen des Gesetzgebers sollen nur natürliche Personen mit bestimmten Qualifikationen die Rolle der Technischen Aufsicht übernehmen dürfen. Insbesondere Institutionen sollen hiervon ausgeschlossen sein, weil befürchtet wird, dass die interne Organisation zu Beeinträchtigungen der Wahrnehmung der Pflichten der Technischen Aufsicht führt. Von der Technischen Aufsicht wird nicht verlangt, dass das Kraftfahrzeug ständig überwacht wird.[110] Es muss jedoch die jederzeitige Bereitschaft dazu bestehen das Kraftfahrzeug zu deaktivieren (§ 1f Abs. 2 Nr. 2 StVG) oder Fahrmanöver freizugeben, sobald das Fahrzeug im Einzelfall dazu auffordert (§ 1f Abs. 2 Nr. 1 StVG). Diese Tatbestandsmerkmale des § 1d Abs. 3 StVG haben ihren Ursprung in der Empfehlung einer Resolution des Globalen Forums für Straßenverkehrssicherheit (WP.1) der Wirtschaftskommission der Vereinten Nationen für Europa (UNECE).[111] Darin heißt es u. a., dass Systeme für automatisiertes Fahren in hochautomatisierten und autonomen Fahrzeugen darauf ausgerichtet sein sollen, sicher mit Fehlern von Fahrzeugnutzern und anderen Verkehrsteilnehmern umzugehen,[112] und es ermöglichen sollen, auf sichere Art und Weise deaktiviert zu werden.[113]

(2) Auswirkungen auf das Pflichtversicherungsgesetz

Die Einführung einer Technischen Aufsicht wirkt sich auch auf das PflVG aus. So wurde dem § 1 PflVG ein weiterer Satz hinzugefügt, wodurch der Halter eines Kraftfahrzeugs mit autonomer Fahrfunktion im Sinne des § 1d StVG verpflichtet wird, auch für die Technische Aufsicht eine Haftpflichtversicherung

---

107 BT-Drucks. 19/27439, S. 20.

108 Siehe zum WÜ S. 15 ff.

109 Verordnung über die Genehmigung und die Marktüberwachung von Kraftfahrzeugen und Kraftfahrzeuganhängern sowie von Systemen, Bauteilen und selbständigen technischen Einheiten für diese Fahrzeuge.

110 BT-Drucks. 19/27439, S. 20.

111 UNECE, Resolution on the Deployment of Highly and Fully Automated Vehicles in Road Traffic.

112 UNECE, Resolution on the Deployment of Highly and Fully Automated Vehicles in Road Traffic, Abschnitt IV, lit. (c).

113 UNECE, Resolution on the Deployment of Highly and Fully Automated Vehicles in Road Traffic, Abschnitt IV, lit. (k).

abzuschließen und aufrechtzuerhalten. Dies ist laut des Gesetzgebers dem Umstand geschuldet, dass sich Schadensersatzansprüche u. a. auch daraus ergeben könnten, dass die Person der Technischen Aufsicht pflichtwidrig und schuldhaft zu einem schädigenden Ereignis beigetragen hat.[114]

(3) Stellungnahme

Auch wenn diese Begründung für den zusätzlichen Abschluss einer Haftpflichtversicherung für die Technische Aufsicht nachvollziehbar ist, so ist jedoch nicht nachvollziehbar, wieso der Fahrzeughalter die Versicherung zugunsten der Technischen Aufsicht abschließen soll. Die Technische Aufsicht wird die Aufsicht über das Kraftfahrzeug mit autonomer Fahrfunktion nicht kostenfrei erbringen, sondern vielmehr Geld vom Fahrzeughalter für diese obligatorische Aufgabe verlangen. Im allgemeinen Geschäftsverkehr ist es allerdings üblich, dass sich per Vertrag verpflichtete Dienstleister ihre damit eingehenden Risiken selbst entsprechend versichern, sodass nicht erkennbar ist, wieso es hier so sein soll, dass der Fahrzeughalter diese finanzielle Last tragen soll. Eine Argumentation dergestalt, dass man als Fahrzeughalter in den Genuss der autonomen Fahrfunktionen bzw. des Kraftfahrzeugs selbst käme und diese ohne eine Technische Aufsicht gar nicht nutzen dürfte, weshalb dessen Versicherungskosten zu tragen seien, ginge fehl. Denn es gibt bereits Gesetze, die ebenfalls eine dritte Person obligatorisch erfordern, um in den Genuss von Vorteilen zu kommen. Bei diesen gibt es jedoch keine Pflicht zur Versicherung ihrer Leistungen durch den Auftraggeber. Beispielhaft seien hier Abschlussprüfer von Kapitalgesellschaften im Sinne des § 316 HGB genannt. Diese sind zwingend notwendig, um den Jahresabschluss von Kapitalgesellschaften feststellen und billigen zu können und auch sie haben eine Versicherung für ihre Leistungen vorzuhalten, doch zwingt das Gesetz nicht die Kapitalgesellschaften zum Abschluss von Versicherungen zugunsten der Abschlussprüfer, vielmehr haben diese ihre Versicherungen selbst aufrechtzuerhalten (§ 54 WPO). Nichts anderes gilt auch bei Rechtsanwälten, die eine Berufshaftpflichtversicherung nach § 51 BRAO abzuschließen und aufrechtzuerhalten haben. Auch hier kommen die Mandanten als Auftraggeber in den Genuss der Leistung und müssen nicht

---

[114] BT-Drucks. 19/27439, S. 32.

zusätzlich für die Versicherungskosten des Rechtsanwalts als Dienstleister aufkommen. Wieso das im Fall der Technischen Aufsicht anders liegen soll, leuchtet nicht ein.[115] Insbesondere wäre eine Pflichtversicherung für die Ausübung der Tätigkeit als Technische Aufsicht auch nicht unbillig, da eine persönliche Versicherungspflicht für Dienstleister am freien Markt, wie aufgezeigt, allgemein üblich ist.

dd) Risikominimaler Zustand

Abschließend ist auf die Definition des *risikominimalen Zustands* einzugehen. § 1d Abs. 4 StVG definiert diesen als einen Zustand, in dem sich das Kraftfahrzeug mit autonomer Fahrfunktion auf eigene Veranlassung oder auf Veranlassung der Technischen Aufsicht an einer möglichst sicheren Stelle in den Stillstand versetzt und die Warnblinkanlage aktiviert, um unter angemessener Beachtung der Verkehrssituation die größtmögliche Sicherheit für die Fahrzeuginsassen, andere Verkehrsteilnehmende und Dritte zu gewährleisten. Zusammengefasst ist unter einem risikominimalen Zustand also ein Zustand zu verstehen, der die größtmögliche Straßenverkehrssicherheit gewährleistet. Wenn sich das Kraftfahrzeug in den risikominimalen Zustand begibt, muss es die Verkehrssituation, die Schwere der Störung und seine eigenen Systemgrenzen berücksichtigen. So hat das Kraftfahrzeug z. B. vor der Einleitung einer Notbremse wegen Erreichens der Systemgrenzen zu prüfen, ob alternativ die nächstmögliche Halteoption wahrgenommen werden kann.[116]

b) Zulässigkeit des Betriebs und notwendige technische Voraussetzungen (§ 1e StVG)

Der neu eingefügte § 1e StVG regelt die Zulässigkeit des Betriebs autonom fahrender Kraftfahrzeuge einerseits sowie die notwendigen technischen Voraussetzungen eines solchen Kraftfahrzeugs andererseits.

In § 1e Abs. 1 StVG wird die Zulässigkeit des Betriebs des Kraftfahrzeuges auf öffentlichen Straßen unter Aufzählung vier kumulativer Voraussetzungen

---

[115] *Geibel* plädiert dafür Fahrzeughalter nicht für die Fehler der Technischen Aufsicht haften zu lassen, sodass daraus der Schluss gezogen werden kann, dass den Fahrzeughalter auch keine Vermögensdispositionen zugunsten der Technischen Aufsicht auferlegt werden sollten, in: 73. DJT, Band II/2, S. K 139.

[116] BT-Drucks. 19/27439, S. 21.

geregelt. Zunächst hat das Kraftfahrzeug die in § 1e Abs. 2 StVG genannten technische Voraussetzungen zu erfüllen. Des Weiteren bedarf es der Erteilung der Betriebserlaubnis gem. § 1e Abs. 4 StVG. Schließlich müssen auch die Genehmigung eines festgelegten Betriebsbereichs sowie die Zulassung des Kraftfahrzeugs gemäß § 1 Abs. 1 StVG vorliegen.[117]

§ 1e Abs. 2 StVG zählt mit Blick auf die Zulässigkeit des Betriebs die notwendige technische Ausrüstung eines Kraftfahrzeugs mit autonomer Fahrfunktion sowie das diesbezüglich erforderliche Leistungsvermögen in den Nummern 1–10 enumerativ auf. Anhand dieser Aufzählung werden die Funktionscharakteristika erläutert, die ein Kraftfahrzeug mit autonomer Fahrfunktion erfüllen muss.[118] Auf diese soll im Folgenden näher eingegangen werden.

aa) Selbständige Bewältigung der Fahraufgabe

Der Regelung in § 1e Abs. 2 Nr. 1 StVG ist zu entnehmen, dass die Fahraufgabe im festgelegten Betriebsbereich im Grundsatz durch das autonome Kraftfahrzeug selbst und ohne Einwirkung oder Überwachung Dritter selbständig bewältigt werden können muss und entspricht der Bedeutung des Begriffs autonom.[119]

bb) Entsprechung der an die Fahrzeugführung gerichteten Verkehrsvorschriften

Das autonom fahrende Kraftfahrzeug hat sich neben der selbständigen Bewältigung der Fahraufgabe innerhalb des festgelegten Betriebsbereichs auch an die Verkehrsvorschriften zu halten, die sich an die Fahrzeugführung richten, § 1e Abs. 2 Nr. 2 StVG.[120] Diese Pflicht entspricht insoweit ihrem Sinn nach der bereits bestehenden Regelung für Kraftfahrzeuge im bedingt automatisierten (Level 3) und hochautomatisierten Betrieb (Level 4), vgl. § 1a Abs. 2 Satz 1 Nr. 2 StVG (der Wortlaut der Norm spricht hier von *Kraftfahrzeugen mit hoch- oder vollautomatisierter Fahrfunktion* und ist insoweit

---

[117] BT-Drucks. 19/27439, S. 21.
[118] BT-Drucks. 19/27439, S. 21.
[119] Zum Begriff *autonom* siehe S. 18 f.
[120] BT-Drucks. 19/27439, S. 21.

ebenso unpräzise gewählt, wie die Namensgebung des Gesetzes zum *autonomen Fahren*).[121]

Sollte das autonome Kraftfahrzeug nicht in der Lage sein sich an die Vorschriften zu halten, die sich an die Fahrzeugführung richten, hat dies keine Auswirkungen auf die grundsätzliche Zulässigkeit des Betriebs des autonomen Kraftfahrzeugs, sondern lediglich zur Folge, dass der festgelegte Betriebsbereich begrenzt wird.[122] Als Beispiele für Bereiche, in denen eine Betriebsbereichseinschränkung im Einzelfall denkbar wäre, werden in der Gesetzesbegründung unbeschrankte Bahnübergänge oder angrenzenden Feld- und Waldwegen genannt.[123] Durch dieses Vorgehen können künftige infrastrukturelle Veränderungen und verkehrsrechtliche Anordnungen berücksichtigt werden,[124] ohne dass es zu unnötigen bzw. unpraktikablen Problemen mit der bereits erteilten Betriebserlaubnis kommt.[125]

cc) Unfallvermeidungssystem

Durch das ebenfalls in § 1e Abs. 2 Nr. 2 StVG verortete Erfordernis eines Unfallvermeidungssystems soll ethischen Gesichtspunkten bei sog. *Dilemma-Situationen* (jede zur Verfügung stehende Handlungsoption des autonom fahrenden Kraftfahrzeugs würden zu einem Schaden an mindestens einem Menschenleben führen),[126] denen das autonom fahrende Kraftfahrzeug ausgesetzt sein könnte, Rechnung getragen werden. Zwar kommt die höchste Priorität stets dem Schutz des menschlichen Lebens zu; da es aber Ausnahmesituationen geben könnte, die zu einer unvermeidbaren alternativen Gefährdung von Menschenleben führen könnten, stellte der Gesetzgeber ausdrücklich klar, dass hierbei keine Gewichtung anhand persönlicher Merkmale erfolgen darf, wie beispielsweise anhand des Alters, des Geschlechts oder der körperlichen oder geistigen Konstitution.[127]

---

[121] Siehe auch zur Kritik an der Benennung des Gesetzes *Bönninger* in Fußnote 80.
[122] Zur räumlichen Begrenzung auf S. 20 ff.
[123] BT-Drucks. 19/27439, S. 21.
[124] Zu infrastrukturellen Anpassungen siehe S. 21 f.
[125] BT-Drucks. 19/27439, S. 21.
[126] *Reschka*, in: Maurer/Gerdes/Lenz/Winner, S. 507.
[127] BT-Drucks. 19/27439, S. 22; *König*, in: Hentschel/König/Dauer, § 1e StVG, Rn. 8 f.; *Will*, in: BeckOK StVR, §1e StVG, Rn. 46 f.

dd) Versetzung in einen risikominimalen Zustand & Kontakt mit der Technischen Aufsicht

Die technische Ausrüstung muss gem. § 1e Abs. 2 Nr. 3 StVG das autonom fahrende Kraftfahrzeug selbständig in den risikominimalen Zustand versetzen können, wenn eine Weiterfahrt das Straßenverkehrsrecht verletzen würde. In so einem Fall muss das Kraftfahrzeug selbständig Daten zur Beurteilung der Situation sammeln, diese an die Technische Aufsicht übermitteln und mögliche Fahrmanöver zur Fortsetzung der Fahrt vorschlagen, § 1e Abs. 2 Nr. 4 StVG. Sofern ein von der Technischen Aufsicht freigegebenes Fahrmanöver zu einer Gefährdung von Personen führen würde, muss die technische Ausrüstung des Kraftfahrzeugs die Ausführung des Fahrmanövers ablehnen und weiter im risikominimalen Zustand verharren oder – falls die Fahrt bereits wiederaufgenommen worden sein sollte – das Kraftfahrzeug neuerlich in den risikominimalen Zustand versetzen, § 1e Abs. 2 Nr. 5 StVG. Diese Maßgabe korreliert mit den Vorgaben zum Unfallvermeidungssystem.[128] Dementsprechend ist es konsequent, dass das autonom fahrende Kraftfahrzeug eine Beeinträchtigung ihrer Funktionalität der Technischen Aufsicht auch unverzüglich melden können muss, § 1e Abs. 2 Nr. 6 StVG. Nur so kann das vom Gesetzgeber vorgegebene Schutzniveau auch sichergestellt werden.

ee) Systemgrenzen

Autonom fahrende Kraftfahrzeuge haben gem. § 1e Abs. 2 Nr. 7 StVG ihre Systemgrenzen zu erkennen und sich in diesem Falle eigenständig in den risikominimalen Zustand zu versetzen. Der Gesetzgeber hat den Begriff *Systemgrenze* bewusst nicht näher definiert und technikoffen gehalten, damit unterschiedliche Fähigkeitsniveaus unterschiedlicher Kraftfahrzeuge Berücksichtigung finden können. Wie das Wort *Grenze* bereits ausdrückt, kann die Systemgrenze als Limit der Leistungsfähigkeit des Kraftfahrzeugs beschrieben werden. Diese kann jedoch je nach Fabrikat variieren, sodass das Limit des einen Kraftfahrzeugs nicht das Limit eines anderen Kraftfahrzeugs darstellen muss.[129] Es ist dem Gesetzgeber daher darin zuzustimmen, dass nicht davon auszugehen sein wird, dass sich eine einheitliche Systemgrenze definieren

[128] BT-Drucks. 19/27439, S. 22.
[129] BT-Drucks. 19/27439, S. 23.

lassen wird, sondern diese vom Hersteller und ggf. auch der Ausstattung des jeweiligen Modells abhängen kann.

ff) Deaktivierbarkeit des Kraftfahrzeugs

Die Änderungen des WÜ[130] haben sich nicht auf das Erfordernis ausgewirkt, dass ein Fahrzeug jederzeit angehalten werden können muss.[131] In herkömmlichen Kraftfahrzeugen gewährleistet nach wie vor der Fahrzeugführer, dass das Kraftfahrzeug jederzeit zum Halten gebracht werden kann. Damit auch gewährleistet werden kann, dass autonom fahrende Kraftfahrzeuge jederzeit zum Halten gebracht werden können, wurde mit § 1e Abs. 2 Nr. 8 StVG eine Regelung geschaffen, dass Kraftfahrzeuge mit autonomer Fahrfunktion jederzeit durch die Technische Aufsicht *oder* durch die Fahrzeuginsassen deaktivierbar sein müssen und sich in Folge der Deaktivierung in den risikominimalen Zustand zu versetzen hat.

Allerdings ist unklar, ob hinsichtlich der Möglichkeit das Fahrzeug deaktivieren zu können mit dem Wort *oder* ein Alternativverhältnis zwischen Technischer Aufsicht und Fahrzeuginsassen hergestellt werden sollte oder ob sowohl Technische Aufsicht als auch die Insassen gleichermaßen die Möglichkeit haben müssen das Fahrzeug deaktivieren zu können. Betrachtet man nur den Wortlaut des § 1e Abs. 2 Nr. 8 StVG, so hat der Gesetzgeber mit dem Wort *oder* dem Hersteller die Entscheidung überlassen, wem er eine Möglichkeit zur Deaktivierung seiner Fahrzeuge ermöglichen möchte – entweder der Technischen Aufsicht oder den Insassen oder beiden. Ob dies jedoch dem vom Gesetzgeber gewünschten Sinn und Zweck entspricht ist aber fraglich. Einerseits verpflichtet § 1f Abs. 2 Nr. 2 StVG die Technische Aufsicht dazu, die autonome Fahrfunktion zu deaktivieren, wenn ihm dies durch das Fahrzeugsystem angezeigt wird, sodass jedenfalls zugunsten der Technische Aufsicht eine Deaktivierungsmöglichkeit gegeben sein muss. Andererseits wird der Sicherheit des menschlichen Lebens die höchste Priorität beigemessen,[132] woraus sich ergibt, dass auch die Insassen eine Deaktivierungsmöglichkeit haben müssen, um ihr Leben auch selbst schützen zu können. Zur Gewährleistung der größtmöglichen Sicherheit

---

[130] Siehe zum WÜ S. 15 ff.
[131] BT-Drucks. 19/27439, S. 23.
[132] Siehe zum Unfallvermeidungssystem S. 31.

der Fahrzeuginsassen, anderer Verkehrsteilnehmer und Dritter wurde mit § 1d Abs. 4 StVG eine Norm geschaffen die eine Versetzung des autonom fahrenden Kraftfahrzeugs in den risikominimalen Zustand vorsieht,[133] was jedoch nicht durch die Insassen, sondern nur durch das Kraftfahrzeug selbst oder die Technische Aufsicht veranlasst werden können soll. Relativierend ist hier allerdings in die Waagschale zu werfen, dass auch diese Vorschrift die Gewährleistung der *größtmöglichen Sicherheit* des menschlichen Lebens im Fokus hat. Daher spricht zwar der Wortlaut des § 1d Abs. 4 StVG gegen die Annahme einer Deaktivierungsmöglichkeit durch die Insassen, dessen Sinn und Zweck aber wiederum dafür.

Im Ergebnis verfolgt der Gesetzgeber im Gesetz zum autonomen Fahren neben dem Ziel der Eröffnung von Möglichkeiten für technische Innovationen in der Kraftfahrzeugbranche auch das Ziel des umfassenden Schutzes menschlichen Lebens, was sich aus verschiedenen Stellen des Gesetzes ergibt.[134] Aufgrund dieser legislativen Wertung ist daher anzunehmen, dass nach dem gesetzgeberischen Willen[135] sowohl die Technische Aufsicht als auch die Fahrzeuginsassen eine Deaktivierungsmöglichkeit haben sollen, um den höchstmöglichen Schutz zu gewährleisten. Deshalb ist davon auszugehen, dass in § 1e Abs. 2 Nr. 8 StVG kein Alternativverhältnis, sondern ein Kumulativverhältnis hinsichtlich der Deaktivierungsmöglichkeit durch die Technische Aufsicht und die Fahrzeuginsassen angestrebt worden ist. Bei der Einfügung des Wortes *oder* mag es sich möglicherweise um einen unbemerkten Fehler gehandelt haben, sodass anstelle des Wortes *oder* von dem Wort *und* auszugehen sein dürfte. Durch den Austausch des Wortes *oder* durch das Wort *und* würde die Pflicht der Technischen Aufsicht zur Deaktivierung der autonomen Fahrfunktion aus § 1f Abs. 2 Nr. 2 StVG konsequent mit dem überragenden Sicherheitsinteresse bzgl. des menschlichen Lebens gesetzessystematisch unmissverständlich in Einklang gebracht werden können.

---

[133] Zur Pflicht zur Versetzung in den risikominimalen Zustand S. 32.

[134] Siehe Unfallvermeidungssystem S. 31.

[135] Vgl. insbesondere BT-Drucks. 19/29875 S. 14, worin der 15. Ausschuss für Verkehr und digitale Infrastruktur davon spricht, dass das Kraftfahrzeug *auch* durch Fahrzeuginsassen deaktiviert werden können soll, um das subjektive Sicherheitsempfinden der Passagiere zu steigern.

Aus diesem Grund wäre auch § 1d Abs. 4 StVG um die *Fahrzeuginsassen* als mögliche Veranlasser des risikominimalen Zustands zu ergänzen.[136]

Mit Blick auf die technischen Deaktivierungsmöglichkeiten wären sowohl softwareseitige Lösungen, mittels der die Technische Aufsicht das autonom fahrende Kraftfahrzeug per Fernsteuerung deaktivieren kann, als auch hardwareseitige Lösungen, wie beispielsweise eine entsprechende *Nothalt-Taste* im Fahrzeuginnenraum für die Fahrzeuginsassen denkbar.[137] Selbstverständlich darf die Nothalt-Taste, insbesondere bei hohen Geschwindigkeiten, weder sofort auslösen, noch zu einer Vollbremsung führen und durch eine plötzliche und unvorhersehbare Bewegung andere Verkehrsteilnehmer gefährden.[138] Vielmehr wäre eine entsprechende Nothalt-Taste so zu konfigurieren, dass sie nur bei bewusster Betätigung aktiviert wird und sich das Kraftfahrzeug nach erfolgter Aktivierung schnellstmöglich und kontrolliert in den risikominimalen Zustand[139] begibt. Denkbar wäre beispielsweise eine in einer auffälligen Farbe lackierte Taste die mit der Innenraumverkleidung des Fahrzeugs abschließt (also nicht hervorsteht), den man zur Betätigung tief eindrücken müsste.

gg) Ausreichende Zeitreserve und wahrnehmbare Signale

§ 1e Abs. 2 Nr. 9 StVG regelt, dass der Technischen Aufsicht ein etwaiges Erfordernis zur Freischaltung alternativer Fahrmanöver oder zur Deaktivierung des autonom fahrenden Kraftfahrzeugs sowie Signale zum Funktionsstatus optisch, akustisch oder sonst wahrnehmbar angezeigt werden müssen, wobei für die Deaktivierung eine *ausreichende Zeitreserve* bestehen muss.

Es ist grundsätzlich positiv, dass der Gesetzgeber voraussetzt, dass der Technischen Aufsicht wahrnehmbare Hinweise und Signale angezeigt werden müssen, damit dieser seinen Pflichten gem. § 1f Abs. 2 StVG nachkommen kann.

---

136 So auch *Will*, in: BeckOK StVR, § 1e StVG, Rn. 71.

137 BT-Drucks. 19/29875 S. 14; *Freise*, VersR 2019, 65, 77; *Rosenberger*, in: Die außervertragliche Haftung für automatisierte Fahrzeuge S. 444.

138 BT-Drucks. 19/27439 S. 21; *König*, in: Hentschel/König/Dauer, § 1d StVG, Rn. 5; *Will*, in: BeckOK StVR, § 1d StVG, Rn. 19.

139 Zur Definition des risikominimalen Zustands S. 29.

Weniger einleuchtend ist jedoch, weshalb die für die Deaktivierung maßgebliche Zeitreserve nicht mit einer Maximalbegrenzung präzisiert worden ist. Eine Deaktivierung des autonom fahrenden Kraftfahrzeugs kann aus vielerlei Gründen in Betracht kommen. Beispielhaft sei an sich plötzlich verschlechternde Witterungsbedingungen, ein systemfehlerhaftes Überfahren des festgelegten Betriebsbereichs, ein Ausfall oder die Fehlfunktion eines oder mehrerer für die autonome Fahrfunktion erheblicher Systeme oder an einen medizinischen Notfall zu denken. Im Ergebnis wäre eine Deaktivierung des Kraftfahrzeugs eher in Ausnahmesituationen notwendig. Insoweit hat die Technische Aufsicht die Deaktivierung gem. § 1f Abs. 2 Nr. 2 StVG zwar *unverzüglich* durchzuführen, jedoch ist dies ebenfalls ein unbestimmter Rechtsbegriff der hier einer Präzisierung hätte zugeführt werden können. Als Beispiel hätte man *innerhalb von 60, 90* oder *120 Sekunden* wählen können. Falls die Technische Aufsicht diesen vordefinierten Zeitraum verstreichen lassen sollte und das Fahrzeug noch nicht deaktiviert worden sein sollte, könnte dies erhebliche Auswirkungen auf die Sicherheit der Fahrzeuginsassen, etwaiges Frachtgut und das Fahrzeug selbst haben. Es wäre daher begrüßenswert, wenn der Gesetzgeber das Erfordernis der *ausreichenden Zeitreserve* noch präzisieren würde.

hh) Sichere Funkverbindung

Abschließend regelt § 1e Abs. 2 Nr. 10 StVG, dass ein autonom fahrendes Kraftfahrzeug ausreichend stabile und geschützte Funkverbindungen sicherstellen muss und sich bei Verbindungsabbrüchen oder unerlaubtem Zugriff in den risikominimalen Zustand zu versetzen hat.

Erneut hat der Gesetzgeber auf den auslegungsbedürftigen Ausdruck *ausreichend* zurückgegriffen und es damit versäumt das Maß der gewünschten Stabilität der Funkverbindung zu konkretisieren. Anders als bei der soeben angesprochenen *ausreichenden Zeitreserve* ist diesbezüglich jedoch ein Auslegungsansatz in der Gesetzesbegründung zu finden. Darin heißt es: „Ausreichend bedeutet, dass im Sinne einer Redundanz das Kraftfahrzeug mit autonomer Fahrfunktion beim Ausfall einer Funkverbindung eine Verbindung, etwa zur Technischen Aufsicht, weiterhin bestehen bleibt".[140]

[140] BT-Drucks. 19/27439, S. 23.

Aus dieser Erklärung wird aber nicht deutlich, worauf es dem Gesetzgeber im Ergebnis ankommt, entweder auf die Verbindung zum für die Fahrt notwendigen Mobilfunknetz oder alleine auf die Verbindung zur Technischen Aufsicht. Denkbar wäre einerseits, dass der Hersteller eines autonom fahrenden Kraftfahrzeugs mehrere Funkverbindungssysteme lediglich verbauen soll, die die Möglichkeit haben sollen sich jeweils in ihrer Funktion ersetzen zu können, sodass der Ausfall eines oder mehr Funkverbindungssysteme durch ein noch funktionsfähiges Funkverbindungssystem aufgefangen werden kann – hiernach wäre sowohl die Verbindung zur Technischen Aufsicht als auch die Verbindung zum Mobilfunknetz stabil zu halten. Andererseits wäre es aber auch denkbar, dass der Gesetzgeber eine stets dauerhafte und unterbrechungsfreie Verbindung lediglich zur Technischen Aufsicht als Mindestmaß begreift, was sich aus dem exemplarischen Beispiel in der Gesetzesbegründung ergeben könnte, dass *eine Verbindung zur Technischen Aufsicht bestehen bleiben* soll. Der Gesetzgeber hat nicht nur in der Gesetzesbegründung, sondern auch in der Vorschrift selbst die Kommunikation zur Technischen Aufsicht besonders hervorgehoben – *insbesondere* zur Technischen Aufsicht. Daher mag die Verbindung zur Technischen Aufsicht als besonders relevant zu betrachten sein. Schließlich kann die Technische Aufsicht ihre Pflichten auch nur dann erfüllen und die Insassen unterstützen, wenn eine sichere Verbindung und somit auch ein unterbrechungsfreier Zugriff zum autonomen Kraftfahrzeug besteht.[141] Würde man dagegen der erstgenannten Möglichkeit den Vorzug geben, dass der Hersteller mehrere sich wechselseitig ersetzende Funkverbindungssysteme im Fahrzeug einbauen muss, um das Erfordernis der ausreichenden Stabilität sowohl zur Technischen Aufsicht als auch zum Mobilfunknetz zu erfüllen, so würde man dabei äußere von Dritten beeinflusste Umstände, wie z. B. eine etwaig erforderliche Mobilfunk-Netzabdeckung zur Gewährleistung der Verbindung, zulasten des Herstellers unberücksichtigt lassen. Allerdings enthält § 1e Abs. 2 StVG Mindestanforderungen hinsichtlich der technischen Ausrüstung des

[141] Siehe auch *Will*, in: Beck OK StVR, § 1e StVG, Rn. 78, der davon ausgeht, dass das Ziel des § 1e Abs. 2 Nr. 10 StVG sei, dass die Aufgabenwahrnehmung durch die Technische Aufsicht sichergestellt ist.

autonom fahrenden Kraftfahrzeugs,[142] sodass bei einer gesetzessystematischen Betrachtungsweise eine extensive Bezugnahme des § 1e Abs. 2 Nr. 10 StVG auch auf externe Einflüsse wie Mobilfunk-Netzabdeckung und -infrastruktur wohl zu weitgehend wäre. Dem Hersteller eines autonom fahrenden Kraftfahrzeugs kann nur das abverlangt werden, worauf er selbst einen Einfluss hat. Im Ergebnis wird dem Erfordernis der Sicherstellung einer ausreichend stabilen Funkverbindung innerhalb der technischen Ausrüstung des autonom fahrenden Kraftfahrzeugs daher durch den Einbau entsprechend geeigneter Funkverbindungssysteme jedenfalls dann genügt, wenn eine stabile Verbindung sowohl zur Technischen Aufsicht als auch zum (funktionierenden) Mobilfunknetz sichergestellt ist.

c) Pflichten der Beteiligten beim Betrieb von Kraftfahrzeugen mit autonomer Fahrfunktion (§ 1f StVG)

In dem neu eingefügten §1f StVG werden die grundsätzlichen Pflichten von Halter (Abs. 1), Technischer Aufsicht (Abs. 2) und Hersteller (Abs. 3) von Kraftfahrzeugen mit autonomer Fahrfunktion geregelt. Mit Blick auf ein etwaig erforderliches Verschuldenselement für eine Haftung[143] sollen daher auch dessen Pflichten überblicksartig dargestellt werden.

aa) Pflichten des Halters

Grundsätzlich trifft den Halter eines Kraftfahrzeugs mit autonomer Fahrfunktion die Pflicht, die fortdauernde Verkehrssicherheit und Umweltverträglichkeit des Kraftfahrzeugs sicherzustellen.[144] Das umfasst gem. § 1f Abs. 1 Satz 2 Nr. 1 StVG die regelmäßige Wartung der für die autonome Fahrfunktion erforderlichen Systeme, um die Betriebs- und Verkehrssicherheit des Kraftfahrzeugs auch aus der Sphäre des Halters sicherzustellen.

Des Weiteren hat der Halter gem. § 1f Abs. 1 Satz 2 Nr. 2 StVG entsprechende Vorkehrungen zu treffen, dass die sonstigen, nicht bereits nach § 1e Abs. 2 Nr. 2 StVG an die Fahrzeugführung gerichteten

---

[142] Zu den Sicherheitserwartungen des Adressatenkreises an autonome Kraftfahrzeuge siehe S. 128 ff.

[143] Zu den haftungsrechtlichen Aspekten siehe 4. Kapitel S. 53 ff.; zur Einführung einer Verschuldenshaftung S. 66 ff.

[144] BT-Drucks. 19/27439, S. 25.

Verkehrsvorschriften, eingehalten werden. Die sonstigen Verkehrsvorschriften können der StVO entnommen werden, so z. B. die Vorschriften zur korrekten Bereifung (§ 2 Abs. 3a Satz 1 StVO i. V. m. § 36 StVZO), zur Sicherung von Fahrzeugen, die liegen geblieben sind (§ 15 StVO), der Personenbeförderung (§ 21 StVO) oder der Ladung (§ 22 StVO).[145] Der Ausdruck *Vorkehrungen zu treffen* wurde laut Gesetzesbegründung bewusst offen ausgestaltet. Das soll dem Halter ermöglichen die Einhaltung dieser Vorschriften auch durch Dritte – wie beispielswiese von Passagieren, der Technischen Aufsicht oder sonstigen Dritten – erfüllen zu lassen.

Schließlich hat der Halter gem. § 1f Abs. 1 Satz 2 Nr. 3 StVG auch sicherzustellen, dass die Aufgaben der Technischen Aufsicht erfüllt werden. Laut Gesetzesbegründung kann der Halter die Aufgaben der Technischen Aufsicht selbst erfüllen, sofern er die entsprechenden Qualifikationen gem. § 14 der Autonome-Fahrzeuge-Genehmigungs-und-Betriebs-Verordnung (im Folgenden: AFGBV)[146] in eigener Person erfüllen sollte, anderenfalls muss der Halter dafür sorgen, dass eine entsprechend qualifizierte Person als Technische Aufsicht fungiert.

Der Halter hat außerdem die Genehmigung des festgelegten Betriebsbereiches (§ 7 Abs. 2 AFGBV) und die Zulassung des Kraftfahrzeugs zum Straßenverkehr (§ 11 AFGBV i. V. m. der FZV) zu beantragen.

bb) Pflichten der Technischen Aufsicht

§ 1f Abs. 2 StVG regelt und unterteilt die Pflichten der Technischen Aufsicht in zwei Kategorien. Pflichten die die Fahrzeugführung betreffen (Nummern 1 und 2) und sonstige Pflichten, die nicht die Fahrzeugführung betreffen (Nummern 3 und 4).[147]

(1) Die Fahrzeugführung betreffende Pflichten

Zu den die Fahrzeugführung betreffenden Pflichten gehört es Fahrmanöver freizuschalten (§ 1e Abs. 2 Nr. 4, 9, Abs. 3 StVG) sowie das Kraftfahrzeug zu deaktivieren (§ 1e Abs. 2 Nr. 8 StVG).

---

[145] BT-Drucks. 19/27439, S. 25; *Will*, in: BeckOK StVR, § 1f StVG Rn. 12.

[146] Siehe zu § 14 AFGBV S. 50 ff.

[147] BT-Drucks. 19/27439, S. 25.

Wenn sich das autonom fahrende Kraftfahrzeug in einer Lage befindet, die es nicht eigenständig bewältigen kann und schlägt es gem. § 1e Abs. 2 Nr. 4 StVG ein alternatives Fahrmanöver vor oder muss ein solches gem. § 1e Abs. 3 StVG von der Technischen Aufsicht vorgegeben oder ausgeführt werden, so hat die Technische Aufsicht dieses Fahrmanöver gem. § 1f Abs. 2 Nr. 1 StVG zu bewerten und unter steter Einhaltung der Verkehrssicherheit freizugeben bzw. durchzuführen.[148] Laut Gesetzesbegründung wären beispielsweise Fahrmanöver die das Kraftfahrzeug vorschlägt, die eine oder mehrere geltende Verkehrsvorschriften verletzen würden (z. B. die Umfahrung eines verunfallten Fahrzeuges über die Gegenfahrbahn), dann als zulässig freizugeben, wenn die konkrete Situation dies erfordert. Eine Pflicht der Technischen Aufsicht zur ständigen und ununterbrochenen Überwachung des Kraftfahrzeugs mit autonomer Fahrfunktion lässt sich dem Gesetz aber nicht entnehmen. Dies wäre ab einer bestimmten Anzahl von Kraftfahrzeugen mit autonomen Fahrfunktionen wohl auch nicht mehr praktisch darstellbar. Insoweit hat der Gesetzgeber klargestellt, dass es sich um eine *Evidenzkontrolle* handelt, sodass das Kraftfahrzeug mit autonomer Fahrfunktion die Technische Aufsicht gem. § 1e Abs. 2 Nr. 9 StVG zunächst darauf aufmerksam machen muss, dass das Kraftfahrzeug deaktiviert oder ein Fahrmanöver freigegeben werden soll.[149]

(2) Sonstige Pflichten

Zu den sonstigen die Fahrzeugführung betreffende Pflichten, die die Technische Aufsicht zu erfüllen hat, zählt es, die zur Verkehrssicherung notwendigen Maßnahmen einzuleiten (§ 1f Abs. 2 Nr. 3 StVG) und unverzüglich Kontakt mit den Insassen des Kraftfahrzeugs aufzunehmen, sobald sich das Kraftfahrzeug in den risikominimalen Zustand begibt (§ 1f Abs. 2 Nr. 4 StVG).

Hinsichtlich der Pflicht zur Kontaktaufnahme wurde vom Gesetzgeber bewusst keine Unterscheidung darüber getroffen, ob die Technische Aufsicht es veranlasst hat oder das Kraftfahrzeug sich eigenständig in den risikominimalen Zustand begeben hat – die Fahrzeuginsassen sollen unverzüglich über die entsprechende Situation informiert und auch darüber aufgeklärt werden, wie sie mit der eingetretenen Situation umgehen sollten. Zu den erforderlichen Maßnahmen zur Verkehrssicherung gehört es u. a. sicherzustellen,

---

[148] BT-Drucks. 19/27439, S. 25.
[149] BT-Drucks. 19/27439, S. 25.

dass das Kraftfahrzeug kein Verkehrshindernis darstellt, sodass beispielsweise jedenfalls die Warnblinklichter zu betätigen sind und wenn nötig auch ein Notruf abgesetzt werden muss. Die Technische Aufsicht hat, soweit notwendig und möglich, daher auch mit anderen beteiligten Teilnehmern des Straßenverkehrs, mit Behörden und Organisationen mit Aufgaben zur Sicherheit und Gefahrenabwehr in Kontakt zu treten.[150]

cc) Pflichten des Herstellers

So wie der Halter muss auch der Hersteller die Verkehrssicherheit des Kraftfahrzeugs mit autonomer Fahrfunktion gewährleisten. Daher hat er gem. § 1f Abs. 3 Nr. 1 StVG über den gesamten Entwicklungs- und Betriebszeitraum des Kraftfahrzeugs dem KBA gegenüber nachzuweisen, dass die elektronische und elektrische Architektur des Kraftfahrzeugs und die damit in Verbindung stehende elektronische und elektrische Architektur vor Angriffen gesichert ist. Zudem sind gem. § 1f Abs. 3 Nr. 2 StVG eine entsprechende Risikobeurteilung vorzunehmen und dabei festgestellte kritische Elemente zu schützen sowie gem. § 1f Abs. 3 Nr. 3 StVG eine ausreichend sichere Funkverbindung nachzuweisen. Der Hersteller hat außerdem die Einhaltung der in § 1e Abs. 2 und 3 StVG genannten Voraussetzungen (Anforderungen an die technische Ausrüstung) in der Systembeschreibung gegenüber dem KBA und im Betriebshandbuch des jeweiligen Kraftfahrzeugs verbindlich zu erklären, § 1f Abs. 3 Nr. 4 StVG. Hierdurch muss der Hersteller garantieren, dass die verbauten Teile und Systeme im autonom fahrenden Kraftfahrzeug den Anforderungen entsprechen, die das Gesetz aufstellt. Diese Herstellererklärung ist neben den durch § 3 AFGBV näher bestimmten technischen Vorgaben, deren Erfüllung Bedingung für die Erteilung der Betriebserlaubnis nach §§ 2 Abs. 1, 4 Abs. 1 AFGBV für ein Kraftfahrzeug mit autonomer Fahrfunktion ist, notwendig. Denn nach dem Wunsch des Gesetzgebers soll die Garantie, dass die verbauten technischen Ausstattungen und Teile dem Gesetz entsprechen, sicherstellen, dass auch etwaige Weiterentwicklungen eine derselben Wirkung entsprechende Lösung bisheriger Vorgaben darstellen, auch wenn sie noch nicht vom Gesetzgeber bedacht und normiert worden sind. Um die sachgemäße Nutzung des autonom fahrenden Kraftfahrzeugs zu

---

[150] BT-Drucks. 19/27439, S. 26.

gewährleisten ist der Hersteller weiter gem. § 1f Abs. 3 Nr. 5 StVG verpflichtet für die am Betrieb beteiligten Personen eine Schulung für das Kraftfahrzeug anzubieten, in der die technische Funktionsweise, insbesondere mit Blick auf die Fahrfunktionen und die Aufgabenwahrnehmung durch die Technische Aufsicht, vermittelt werden. Schließlich muss der Hersteller erkannte Manipulationen an seinen Modellen unverzüglich dem KBA und den zuständigen Behörden melden und erforderliche Maßnahmen, wie etwa Softwareupdates oder Rückrufe einleiten, um seinen Pflichten zur Produktbeobachtung[151] nachzukommen, § 1f Abs. 3 Nr. 6 StVG.[152]

2. Die Autonome-Fahrzeuge-Genehmigungs-und-Betriebs-Verordnung

Zum Abschluss dieses Kapitels über relevante gesetzliche Änderungen soll noch auf die AFGBV eingegangen werden.

Die Verordnung konkretisiert auf Grundlage der Verordnungsermächtigung in § 1j StVG die Einzelheiten zur Zulassung und zum Betrieb von Kraftfahrzeugen mit autonomer Fahrfunktion auf öffentlichen Straßen und regelt gem. § 1 Abs. 2 AFGBV

1. die Erteilung von Betriebserlaubnissen für Kraftfahrzeuge mit autonomer Fahrfunktion sowie von Genehmigungen für nachträglich aktivierbare automatisierte und autonome Fahrfunktionen,
2. die Genehmigung festgelegter Betriebsbereiche,
3. die Zulassung von Kraftfahrzeugen mit autonomer Fahrfunktion zum Straßenverkehr,
4. die Marktüberwachung von Kraftfahrzeugen mit autonomer Fahrfunktion, mit aufgrund dieser Verordnung erteilter oder zu erteilender Betriebserlaubnisse, sowie von nachträglich aktivierten automatisierten und autonomen Fahrfunktionen und Fahrzeugteilen und
5. die Anforderungen an und Pflichten für den Hersteller, den Halter und die Technische Aufsicht von Kraftfahrzeugen mit autonomer Fahrfunktion in festgelegten Betriebsbereichen und von Kraftfahrzeugen mit automatisierter oder autonomer Fahrfunktion nach § 1f des Straßenverkehrsgesetzes.

---

[151] Zur Produktbeobachtungspflicht des Herstellers siehe Fußnote 615.

[152] BT-Drucks. 19/27439, S. 26.

Zur Ergänzung der Ausführungen hinsichtlich der Pflichten von Halter, Technischer Aufsicht und Hersteller gem. § 1f StVG,[153] wird im Folgenden nur auf § 1 Abs. 2 Nr. 5 AFGBV i. V. m. §§ 12–14 AFGBV eingegangen, welche eine Konkretisierung der Anforderungen des StVG an Hersteller, Halter, Technische Aufsicht und das Kraftfahrzeug mit autonomer Fahrfunktion darstellen.

a) Ergänzende Anforderungen an den Hersteller – § 12 AFGBV

§ 12 AFGBV regelt ergänzende Anforderungen an den Hersteller. Nach den Gesetzgebungsmaterialien soll durch sie insbesondere sichergestellt werden, dass dem künftigen Fahrzeughalter alle zur Erfüllung seiner Pflichten notwendigen Informationen vorliegen. Dabei wird vorgegeben, welche Informationen der Hersteller bereitzustellen hat, um die Sicherheit der autonomen Fahrfunktion dokumentieren und nachweisen zu können.[154]

aa) Reparatur- und Wartungsinformationen

Der Hersteller eines Kraftfahrzeugs mit autonomer Fahrfunktion hat gem. § 12 Abs. 1 Nr. 1 AFGBV Reparatur- und Wartungsinformationen für das Kraftfahrzeug zu erstellen, dessen Inhalt sich an Anlage III, Ziffern 2.3 und 2.6 AFGBV zu orientieren hat. Die Reparatur- und Wartungsinformationen dienen dazu, dem Halter zu ermöglichen das Kraftfahrzeug mit autonomer Fahrfunktion in einem funktionsfähigen und vor allem sicheren Zustand zu erhalten.[155] Insoweit handelt es sich um eine Ergänzung des Betriebshandbuchs des Kraftfahrzeugs.

bb) Sicherheitskonzept zur funktionalen Sicherheit

Des Weiteren hat der Hersteller gem. § 12 Abs. 1 Nr. 2 AFGBV ein Sicherheitskonzept zur funktionalen Sicherheit nach Anlage I, Ziffer 7.2 AFGBV zu erstellen. Durch das Sicherheitskonzept zur funktionalen Sicherheit soll der Nachweis erbracht werden können, dass das Kraftfahrzeug mit autonomer Fahrfunktion sicher betrieben werden kann.[156] In dem Sicherheitskonzept

---

[153] Zu den Pflichten gem. § 1f StVG siehe S. 38 ff.
[154] Bundesratsdrucksache (im Folgenden: BR-Drucks.) 86/22, S. 102.
[155] BR-Drucks. 86/22, S. 102.
[156] BR-Drucks. 86/22, S. 102.

ist die Sicherheit der Fahrfunktion einer Risikoanalyse zuzuführen und zu bewerten. Zur Verhinderung oder Verringerung von Gefährdungen, muss für bestimmte Szenarien und Ereignisse, bei denen bereits Risiken erkannt worden sind, ein Systemverhalten definiert oder Systemverbesserungen durch den Hersteller umgesetzt werden. Dabei muss stets dem Stand der Technik entsprochen werden, wobei der Stand der Technik dann als erfüllt gilt, wenn die Vorgaben der *ISO/PAS 21448:2019-01 Straßenfahrzeuge – Sicherheit der beabsichtigten Funktion* erfüllt werden. Zur Erkennung einer ausreichenden Anzahl an Szenarien sollen auf Grundlage von Validierungsfahrten oder anderen Datenaufzeichnungen während des Fahrbetriebs statistische Analysen durchgeführt werden.

cc) Sicherheitskonzept zur informationstechnologischen Sicherheit

Zudem verlangt § 12 Abs. 1 Nr. 3 AFGBV ein Konzept zur Sicherheit im Bereich der Informationstechnologie nach Anlage I, Ziffer 15 AFGBV zu erstellen und nach Anlage III, Ziffer 4 AFGBV zu dokumentieren. Durch das Konzept zur Sicherheit im Bereich der Informationstechnik soll der Nachweis erbracht werden können, dass die Sicherheit in der Informationstechnik gewährleistet ist.[157] Die Anforderungen an die Sicherheit der informationstechnologischen Systeme hat der Hersteller den Anforderungen der jeweils geltenden Fassung der *UN-Regelung Nr. 155 Einheitliche Bedingungen für die Genehmigung von Fahrzeugen hinsichtlich der Cybersicherheit* und des *Cybersicherheitsmanagement-systems [2021/387]*[158] zu entnehmen, wobei einzelne Anforderungen darin[159] aber teilweise keine Anwendung finden.[160]

dd) Wiederkehrende technische Fahrzeugüberwachung

Weiterhin verpflichtet § 12 Abs. 1 Nr. 4 AFGBV den Hersteller dazu, die Durchführbarkeit einer wiederkehrenden technischen Fahrzeugüberwachung nach Anlage I, Ziffer 7.3 AFBGV sicherzustellen. Hierdurch soll ermöglicht werden, dass das Kraftfahrzeug mit autonomer Fahrfunktion

---

[157] BR-Drucks. 86/22, S. 102.
[158] Amtsblatt der Europäischen Union, L 82/30, vom 09.03.2021.
[159] Die Ziffern 1, 3, 4 und 5.3.1 bis 5.3.5.
[160] Anlage I, Ziffer 15 AFGBV.

im Rahmen der Fahrzeugüberwachung (durch den TÜV) regelmäßig überprüft werden kann.[161] Insbesondere die Befahrbarkeit von Bremsprüfständen, Lichteinstellplätzen, Hebebühnen oder Gruben und die Durchführung aller vorgeschriebenen Prüfungen muss daher möglich sein.[162]

ee) Funktionale Beschreibung des Kraftfahrzeugs

Der Hersteller hat gem. § 12 Abs. 1 Nr. 5 AFGBV auch eine funktionale Beschreibung des Kraftfahrzeugs mit autonomer Fahrfunktion nach Anlage III, Ziffer 1 AFGBV zu erstellen. Die funktionale Beschreibung dient dazu dem Fahrzeughalter und den beteiligten Behörden die Funktionsweise und die Sicherheit des Betriebs zu erläutern.[163] Hierzu muss die funktionale Beschreibung die technischen Grundlagen der Funktionen des Kraftfahrzeugs und die nötigen Bedingungen des sicheren Betriebes sowie die Umsetzung der Vorgaben des Datenschutzes und der Datensicherheit darlegen.[164]

ff) Katalog für Testszenarien

Darüber hinaus hat der Hersteller gem. § 12 Abs. 1 Nr. 6 AFGBV auch einen Katalog für Testszenarien nach Anlage I, Ziffer 10 AFGBV zu erstellen. Durch einen solchen Katalog soll eine Basis zur Beurteilung der Fähigkeiten der autonomen Fahrfunktion geschaffen werden, damit diese bei der Erteilung der Betriebserlaubnis und der Festlegung des zulässigen Betriebsbereiches Berücksichtigung finden können.[165] Bemerkenswert und begrüßenswert ist dabei, dass die Testfälle nachweisen müssen, dass das Maß an Sicherheit des Kraftfahrzeugs mit autonomer Fahrfunktion höher ist als das Maß an Sicherheit bei Fahrzeugen, die von Personen geführt werden.[166]

gg) Sicherheitskonzept zur digitalen Datenspeicherung

Schließlich hat der Hersteller gem. § 12 Abs. 1 Nr. 7 AFGBV einen digitalen Datenspeicher[167] im Einklang mit Anlage I, Ziffer 13 AFGBV im Kraftfahrzeug

---

[161] BR-Drucks. 86/22, S. 102.
[162] Anlage I, Ziffer 7.3 AFGBV.
[163] BR-Drucks. 86/22, S. 102.
[164] Anlage III, Ziffer 1 AFGBV.
[165] BR-Drucks. 86/22, S. 103.
[166] Anlage I, Ziffer 10 Satz 5 AFGBV.
[167] Umgangssprachlich auch als *Black Box* bezeichnet.

zu verbauen, der den Vorgaben der Art. 24, 25, 32 und 35 der Verordnung (EU) 2016/679[168] entspricht. Der digitale Datenspeicher im Kraftfahrzeug soll gewährleisten, dass Behörden ihre Pflichten zur Überwachung wahrnehmen können.[169]

b) Ergänzende Anforderungen an den Halter – § 13 AFGBV

In § 13 AFGBV werden die Pflichten des Halters im Zusammenhang mit der technischen Wartung des autonomen Kraftfahrzeugs nach § 1f Abs. 1 StVG konkretisiert.[170]

aa) Regelmäßige Überprüfung

Der Halter hat die Fahrzeugsysteme für die aktive und passive Sicherheit des Kraftfahrzeuges mit autonomer Fahrfunktion regelmäßig zu überprüfen, § 13 Abs. 1 Nr. 1 AFGBV.

bb) Abfahrkontrolle

Er hat zudem vor jedem Fahrtantritt eine erweiterte Abfahrkontrolle durchzuführen, wobei diese mit einer Probefahrt beginnt, um die Systeme zu aktivieren, § 13 Abs. 1 Nr. 2, Abs. 7 Satz 1 AFGBV. Im Anschluss an die Probefahrt sind die Brems-, Lenk- und Lichtanlage, die Reifen, das Fahrwerk und sicherheitsrelevante elektronisch geregelte Fahrzeugsysteme sowie die Sensorik zur Erfassung externer und interner Parameter und mechanische Fahrzeugsysteme für die aktive und passive Sicherheit zu überprüfen, § 13 Abs. 7 Satz 2 AFGBV. Diese Arbeiten muss der Halter nicht in eigener Person durchführen, sodass er sie gem. § 13 Abs. 2 Satz 1 AFGBV auch an Dritte delegieren kann, solange die verantwortliche Person geeignet im Sinne des § 13 Abs. 2 Satz 2 AFGBV ist.[171]

cc) 90-Tage-Gesamtprüfung

Gem. § 13 Abs. 1 Nr. 3 AFGBV hat der Halter ab dem Tag der Zulassung zum Straßenverkehr alle 90 Tage eine Gesamtprüfung nach den Vorgaben des Betriebshandbuches für das Kraftfahrzeug mit autonomer Fahrfunktion

---

[168] Datenschutz-Grundverordnung.
[169] BR-Drucks. 86/22, S. 103; siehe zur Ahndung von Verkehrsverstößen § 63a Abs. 2 StVG.
[170] BR-Drucks. 86/22, S. 103.
[171] BR-Drucks. 86/22, S. 104; siehe zum Erfordernis der Geeignetheit S. 48.

durchzuführen. Dies soll nach den Gesetzesmaterialien der Gewährleistung der Verkehrssicherheit, der Umweltverträglichkeit und der Einhaltung der geltenden Vorschriften dienen. Das ungewöhnlich kurz erscheinende Intervall von 90 Tagen berücksichtigt einerseits die hohen Anforderungen an die Verkehrssicherheit dieser Systeme und trägt andererseits dem organisatorisch und wirtschaftlich zu vertretendem Aufwand Rechnung.[172] Es ist zu erwarten, dass sich dieses Intervall mit steigendem Erkenntnisstand über Kraftfahrzeuge mit autonomer Fahrfunktion erhöhen wird.

dd) Dokumentations-, Berichts- und Aufbewahrungspflichten

Das Ergebnis der Gesamtprüfung ist gem. § 13 Abs. 1 Nr. 4 AFGBV sodann, einschließlich einer Beschreibung aller festgestellten Mängel und durchgeführter Instandsetzungen, in einem Bericht zu dokumentieren und dem KBA zu dessen Aufgabenerfüllung nach § 2 Abs. 1 und § 6 Abs. 1 AFGBV (Erteilung und Widerruf der Betriebserlaubnis) sowie der zuständigen Behörde zu deren Aufgabenerfüllung nach § 7 Abs. 2 Satz 2 und § 10 Abs. 1 AFGBV (Erteilung und Widerruf der Genehmigung eines festgelegten Betriebsbereichs) auf Verlangen unverzüglich zu übermitteln. Die Berichte über die Durchführung von Wartungsarbeiten, von Gesamtprüfungen und von weiteren Untersuchungen durch den Halter oder die verantwortliche Person müssen unverzüglich schriftlich oder elektronisch erstellt und unterzeichnet werden (§ 13 Abs. 4 S. 1 und 2 AFGBV). Sie sind zu dokumentieren und vom Halter oder von der für die Technische Aufsicht verantwortlichen Person sechs Monate lang aufzubewahren und nach Ablauf dieser Frist unverzüglich, bei elektronischer Speicherung automatisiert, zu löschen (§ 13 Abs. 4 S. 3 AFGBV). Durch die Dokumentationspflicht soll insbesondere mit Blick auf eine Delegation dieser Pflichten an Dritte die Nachprüfbarkeit der ordnungsgemäßen Wartung der Kraftfahrzeuge mit autonomer Fahrfunktion sichergestellt werden.[173] Zudem bestimmt § 13 Abs. 5 AFGBV mit Blick auf die Überprüfbarkeit der Maßnahmen über einen längeren Zeitraum, dass eine dem Datenschutzrecht und dem Stand der Technik entsprechende Dokumentenverwaltung für die Anweisungen nach § 13 Abs. 3 AFGBV und die Berichte nach § 13 Abs. 4 AFGBV zu nutzen ist.

---

[172] BR-Drucks. 86/22, S. 103.
[173] BR-Drucks. 86/22, S. 104.

Hinsichtlich des Erfordernisses des Stands der Technik wird gesetzlich vermutet, dass dem Rechnung getragen wird, wenn die Vorgaben der ISO 9001:2015 (Qualitätsmanagementsysteme – Grundlagen und Begriffe) erfüllt werden.[174]

ee) Einsatz ausschließlich geeigneter Personen

Durch § 13 Abs. 2 AFGBV werden dem Halter weitere organisatorische Pflichten auferlegt, sofern er die Maßnahmen nach § 13 Abs. 1 AFGBV delegieren möchte. So hat er Personal auszuwählen und zu bestellen das qualifiziert und zuverlässig ist, wobei sich die Qualifikation an den technischen und organisatorischen Aufgaben nach Abs. 1 orientiert.[175] Eine diese Aufgaben übernehmende Person gilt als geeignet, wenn sie eine Meisterprüfung als Kraftfahrzeugmechaniker erfolgreich bestanden hat; alternativ werden Personen als geeignet angesehen, die einen Studienabschluss in einem technischen Fach haben,[176] sofern sie zusätzlich eine mindestens dreijährige Tätigkeit im Kraftfahrzeugbereich nachweisen können, § 13 Abs. 2 Satz 2 Nr. 1 AFGBV. Überdies ist für die Geeignetheit erforderlich, dass eine vom Hersteller durchgeführte Schulung, in Bezug auf das Kraftfahrzeug mit autonomer Fahrfunktion, erfolgreich abgeschlossen wird und dass das Personal im Hinblick auf die Wahrnehmung der ihr anvertrauten Aufgaben zuverlässig ist, § 13 Abs. 2 Satz 2 Nr. 2 und 3 AFGBV. Hinsichtlich der Zuverlässigkeit des Personals hat der Fahrzeughalter nachzuweisen, dass die Führungszeugnisse und Auskünfte aus dem Fahrerlaubnisregister überprüft worden sind. Die Überprüfung dient der Überwachung der Einhaltung der Sorgfaltspflichten des Halters.[177]

ff) Anweisungspflichten

Zudem ist der Halter gem. § 13 Abs. 3 AFGBV verpflichtet Anweisungen zur ordnungsgemäßen Durchführung der Wartungsarbeiten, zu Gesamtprüfungen und zu weiteren Untersuchungen vorzuhalten sowie deren

---

[174] BR-Drucks. 86/22, S. 104.

[175] BR-Drucks. 86/22, S. 103.

[176] Unproblematisch anerkannt werden die folgenden abschließend aufgezählten Studienabschlüsse: Diplom-Ingenieur, Diplom-Ingenieur (FH), Ingenieur (graduiert), Bachelor, Master oder der staatlich geprüfte Techniker der Fachrichtung Maschinenbau, Fahrzeugtechnik, Elektrotechnik oder Luft- und Raumfahrttechnik/Luftfahrzeugtechnik.

[177] BR-Drucks. 86/22, S. 103.

Befolgung sicherzustellen. Durch diese Verpflichtung soll gewährleistet werden, dass der Halter angemessene Anweisungen für die Durchführung dieser Arbeiten und Fahrten erteilt, sofern er sie an Dritte delegiert.[178]

gg) Bereitstellung der Technischen Aufsicht

Gemäß § 13 Abs. 6 AFGBV steht es dem Halter frei zu wählen, ob er die Aufgaben der Technischen Aufsicht im Sinne des § 1d Abs. 3 StVG selbst wahrnehmen oder an eine andere natürliche Person delegieren möchte. Jedenfalls muss diejenige Person, die als Technische Aufsicht bestellt wird, gemäß den Voraussetzungen des § 14 AFGBV dafür geeignet sein. Darüber hinaus muss der Halter in sachlicher Hinsicht auch die Voraussetzungen dafür schaffen, dass die Technische Aufsicht ihre Pflichten erfüllen kann. So hat der Halter nach dem Willen des Verordnungsgebers beispielsweise entsprechende Räumlichkeiten bereitzustellen. Darüber hinaus sollen auch Geräte, wie z. B. Monitore, Kommunikationssysteme und technische Einrichtungen sowie Eingabegeräte bereitgestellt werden. Mittels der Monitore soll der Sichtkontakt zum Umfeld des Kraftfahrzeugs mit autonomer Fahrfunktion hergestellt werden können und die Kommunikationssysteme dazu dienen, den Kontakt mit Insassen und Dritten die am Verkehr teilnehmen herstellen zu können. Mittels der technischen Einrichtungen soll der Technischen Aufsicht klar und deutlich signalisiert werden können, ob das Fahrzeug Unterstützung in Form einer Freigabe vorgeschlagener Fahrmanöver benötigt oder eine Versetzung in den risikominimalen Zustand notwendig ist. Diese Signale müssen von der Technischen Aufsicht schließlich mit entsprechenden Eingabegeräten, in Handlungen umgesetzt werden können.[179]

hh) Hauptuntersuchung

§ 13 Abs. 8 AFGBV verkürzt die Frist zur Durchführung der Hauptuntersuchung nach § 29 StVZO. Statt der für Kraftfahrzeuge üblichen 36 Monate wird ein Intervall von sechs Monaten ab der Zulassung des Kraftfahrzeugs mit autonomer Fahrfunktion vorgeschrieben.[180]

---

[178] BR-Drucks. 86/22, S. 104.

[179] BR-Drucks. 86/22, S. 104.

[180] Für herkömmliche Personenkraftwagen gilt gem. Anlage VIII Ziffer 2.1.2.1.1 zur StVZO, dass die Hauptuntersuchung nach 36 Monaten stattzufinden hat, wenn der Personenkraftwagen erstmals in den Verkehr gekommen ist.

c) Ergänzende Anforderungen an die Technische Aufsicht – § 14 AFGBV

Schließlich werden in § 14 AFGBV sowohl Anforderungen an die Person der Technischen Aufsicht gestellt, als auch dessen Rechte und Pflichten geregelt.

aa) Geeignetheit

§ 14 Abs. 1 AFGBV regelt die Voraussetzungen die eine Person erfüllen muss, um als geeignet zur Ausübung der Tätigkeit als Technische Aufsicht zu gelten. Die Anforderungen setzen einen fachlich einschlägigen und hohen Ausbildungsgrad, eine entsprechende Schulung in Bezug auf das Kraftfahrzeug beim Fahrzeughersteller, den Besitz eines gültigen Führerscheins sowie die Zuverlässigkeit der Person voraus.[181]

So ist eine Person hinsichtlich ihres Bildungsstandes dann als Technische Aufsicht geeignet, wenn sie in der Fachrichtung Maschinenbau, Fahrzeugtechnik, Elektrotechnik, Luft- und Raumfahrttechnik oder Luftfahrzeugtechnik über einen Abschluss als Diplom-Ingenieur, Diplom-Ingenieur (FH), Ingenieur (graduiert), Bachelor, Master oder staatlich geprüfter Techniker verfügt, § 14 Abs. 1 Satz 2 Nr. 1 AFGBV. An der Schulung beim Hersteller des Kraftfahrzeugs mit autonomer Fahrfunktion ist eine bloße Teilnahme nicht ausreichend; vielmehr muss die Schulung auch erfolgreich abgeschlossen werden, § 14 Abs. 1 Satz 2 Nr. 2 AFGBV.

Zu beachten ist ferner, dass die Klasse der Fahrerlaubnis der Technischen Aufsicht der jeweiligen Klasse des Kraftfahrzeugs mit autonomer Fahrfunktion entsprechen muss, § 14 Abs. 1 Satz 2 Nr. 3 AFGBV. Dass die Technische Aufsicht die Fahrzeugführung nicht übernimmt, hilft nach dem ausdrücklichen Willen des Verordnungsgebers nicht darüber hinweg, dass eine entsprechende Qualifikation für den Umgang mit den zu beaufsichtigenden Kraftfahrzeugen notwendig ist. Dies ist auch nachvollziehbar, da beispielsweise von einer Person, die noch nie einen Lastkraftwagen bewegt hat, nicht erwartet werden kann, dass sie das Lenk- und Bremsverhalten des Fahrzeugs ebenso gut einschätzen kann, wie eine Person, die darin geschult worden ist und dies mittels einer gültigen Fahrerlaubnis nachweisen kann. Durch diesen hohen Anforderungskatalog soll sichergestellt werden, dass

[181] BR-Drucks. 86/22, S. 105.

nur solche Personen die Aufgaben einer Technische Aufsicht übernehmen dürfen, die auch fähig sind, die komplexen technischen Gegebenheiten eines Kraftfahrzeugs mit autonomer Fahrfunktion sowie auch die sicherheitstechnisch relevanten Aspekte im dynamischen Verkehrsgeschehen zu überblicken. Die Technische Aufsicht muss daher die Fähigkeit besitzen, durch technische Analysen Gefahren- und Fehlerquellen in der autonomen Fahrfunktion identifizieren und korrigieren zu können. Diese Anforderungen übersteigen damit deutlich die Voraussetzungen an die Geeignetheit von Personen, die beispielsweise in der Personenbeförderung tätig sind.[182]

Die Technische Aufsicht muss mit Blick auf ihre Aufgaben nach § 1f Abs. 2 StVG auch zuverlässig sein, § 14 Abs. 1 Satz 2 Nr. 4 AFGBV. Hierzu hat der Halter die in § 8 Abs. 2 Nr. 2 und 3 AFGBV genannten Zeugnisse und Auskünfte einzuholen. Diese umfassen, im Rahmen des Verfahrens nach § 7 AFGBV (Festlegung eines festgelegten Betriebsbereichs mittels Antrags auf Genehmigung durch den Halter), mindestens ein Führungszeugnis zur Vorlage bei einer Behörde, eine Auskunft aus dem Fahreignungsregister sowie eine Auskunft aus dem Fahrerlaubnisregister, wobei in letzterem nicht mehr als drei Punkte eingetragen sein dürfen (§ 14 Abs. 1 Satz 3 AFGBV).

bb) Delegationsrecht

Sofern sich die Technische Aufsicht im Einklang mit § 14 Abs. 2 AFGBV weiterer Personen bedienen möchte, um einzelnen Pflichten besser nachkommen zu können, so muss hierzu die Zustimmung des Fahrzeughalters als Gesamtverantwortlicher eingeholt werden; die zusätzlichen eingesetzten Personen unterliegen uneingeschränkt und gleichermaßen denselben Erfordernissen an die Geeignetheit des § 13 Abs. 2 AFGBV wie auch die Technische Aufsicht selbst.[183] Sie haben wiederkehrend mindestens einmal im Jahr eine Schulung beim Hersteller, einerseits in Bezug auf den Umgang mit dem Kraftfahrzeug und andererseits auf wesentliche Veränderungen am Kraftfahrzeug oder der autonomen Fahrfunktion durchzuführen, § 14 Abs. 2 Satz 2 AFGBV. Nach der Schulung muss zudem gem. § 14 Abs. 2 Satz 3 AFGBV eine praktische Prüfung, einschließlich der Bewältigung von simulierten Betriebsstörungen, erfolgreich absolviert werden. Das die

182 BR-Drucks. 86/22, S. 105.
183 BR-Drucks. 86/22, S. 105.

zusätzlichen eingesetzten Personen die Prüfung bestanden haben, ist von der Technischen Aufsicht zu dokumentieren, § 14 Abs. 2 Satz 4 AFGBV.

cc) Übernahme der Fahraufgabe

§ 14 Abs. 3 Satz 1 AFGBV legt weiter fest, dass die Technische Aufsicht die Ursache für eine Auslösung des risikominimalen Zustands festzustellen und zu untersuchen hat, bevor sie dem Kraftfahrzeug die Freigabe erteilen darf, diesen Zustand wieder zu verlassen. Sollte es sich bei der Ursache für die Auslösung um einen technischen Defekt am Kraftfahrzeug handeln, dann muss die Technische Aufsicht die Fahraufgabe so lange manuell übernehmen, bis der Defekt vollständig und dauerhaft beseitigt ist. Sodann darf das Kraftfahrzeug aus dem risikominimalen Zustand wieder zurück in den regulären Betrieb wechseln, § 14 Abs. 3 Satz 3 AFGBV. Hierdurch soll sichergestellt werden, dass Kraftfahrzeuge mit autonomer Fahrfunktion nicht im Straßenverkehr betrieben werden, wenn sie nicht frei von Defekten sind, § 14 Abs. 3 Sätze 4 und 5 AFGBV.[184]

---

[184] BR-Drucks. 86/22, S. 106.

Haftungsrechtliche Analyse

Nachdem in den vorangegangenen Kapiteln die relevanten Begriffsbestimmungen und wesentlichen gesetzlichen Grundlagen dargestellt und erläutert worden sind, folgt in diesem Kapitel die haftungsrechtliche Analyse.

Trotz mehrfacher Stimmen zur Notwendigkeit einer kritischen Auseinandersetzung mit den Regelungen zur Haftung bei der Nutzung autonomer Kraftfahrzeuge,[185] fanden diese Stimmen bei den Beratungen vor der Verabschiedung des Gesetzes zum autonomen Fahren im Ergebnis keine Beachtung. Der Gesetzgeber verzichtete durch die Einführung der §§ 1d – 1l StVG auf die Einführung neuer Regelungen zur Haftung oder die Veränderung der bestehenden Haftungsregelungen der §§ 7 und 18 StVG. Es ist jedoch zweifelhaft, ob die bestehenden Haftungsregelungen der §§ 7 und 18 StVG auch hinsichtlich autonomer Kraftfahrzeuge noch dazu geeignet sind einen nachvollziehbaren, lückenlosen und gerechten Ausgleich im Schadensfalle zu bewirken. Denn durch autonome Kraftfahrzeuge haben sich nicht nur die Vorstellung von der Notwendigkeit eines Kraftfahrzeugführers und damit verbunden möglicherweise auch die Fahrzeugführerhaftung gem. § 18 StVG erledigt, so treten auch neue Haftungssubjekte in den Kreis potentieller Schadensverursacher ein, wie z. B. die Mobilfunk-Netzbetreiber, die die

[185] *Borges*, CR 4/2016, 272 ff.; *Jänisch/Schrader/Reck*, NZV 2015, 313, 317; *Schirmer*, RW 4/2018, 453 ff.; *Schrader*, ZRP 2021, 109, 111.

technologisch notwendige Basis für die *Fahrzeug-zu-Fahrzeug-Kommunikation* und die *Fahrzeug-zu-Infrastruktur-Kommunikation* bereitstellen. Insbesondere die Regelung zur Haftung des Halters gem. § 7 StVG ist kritisch zu hinterfragen. Denn diese ist als Gefährdungshaftung ausgestaltet und orientiert sich ausschließlich an dem Betriebsrisiko eines Kraftfahrzeugs.[186] Unter der Prämisse, dass sich autonome Kraftfahrzeuge wie Idealfahrer[187] verhalten sollen und mit fortschreitender Entwicklung auch werden, erscheint es daher jedenfalls fragwürdig, ob von dem Kraftfahrzeug überhaupt noch eine Betriebsgefahr ausgeht, die eine Gefährdungshaftung des Halters rechtfertigt. Nach dem Wunsch und der Prognose des ehemaligen Bundesverkehrsministers Alexander Dobrindt soll sich die Haftung für autonome Kraftfahrzeuge insgesamt auf den Hersteller verschieben.[188] Ob diesem Wunsch gefolgt werden sollte und wie eine diesbezügliche gesetzliche Regelung aussehen könnte, wird im Folgenden untersucht.

Ungeachtet der Halter- und Fahrzeugführerhaftung ist jedenfalls auch auf die Haftung des Herstellers tiefer einzugehen, da dieser das autonome Kraftfahrzeuge in Verkehr bringen und darüber hinaus durch kabellose Zugriffsmöglichkeiten auch dauerhafte Einflussmöglichkeiten auf die Fahrzeuge haben wird, ohne dass dies im Einflussbereich des Fahrzugeigentümers läge. So sind autonome Kraftfahrzeuge beispielsweise

---

186 *Walter* in: BeckOGK, § 7 StVG Rn. 1; *König*, in: Hentschel/König/Dauer, § 7 StVG, Rn. 1a.

187 Unter der Berücksichtigung der Rechtsprechung definiert *Kaufmann* den Idealfahrer als „eine gewissenhafte, zuverlässige und rücksichtsvolle Persönlichkeit mit einer ausgesprochen fahrtechnischen Begabung, deren Handeln von Überlegung, Umsicht und Vorsicht geprägt ist, die über eine gediegene Fahrpraxis verfügt, besonders schnell reagiert, alle einschlägigen Regeln und Empfehlungen befolgt und im vollen Besitz aller geistigen und körperlichen Kräfte ist, wenn er ein Kfz führt. Der Idealfahrer fährt defensiv und konzentriert sich auf das Fahren, er hält die empfohlene Richtgeschwindigkeit ein und beobachtet stets die Straße und deren nächste Umgebung. Bleibt er mit einem Defekt liegen, wird sofort der Warnblinker eingeschaltet und ein Warndreieck aufgestellt. […] Seine Aufmerksamkeit wird weder durch die Landschaft noch durch Unterhaltung, Telefon, Rundfunk oder Rauchen abgelenkt, sie ist auch nicht durch Alkohol, Drogen, Medikamente oder Ermüdung beeinträchtigt“ (*Kaufmann*, in: Geigel, Kapitel 25, Rn. 118).

188 Siehe direktes Zitat auf S. 8.

zwingend auf digitale Informationen angewiesen,[189] die von den Herstellern per Softwareupdates (auch vom Fahrzeughalter unbemerkt) *Over-the-Air* auf die Fahrzeuge aufgespielt werden können.[190]

Auch Akteure, die zuweilen keine Rolle im Haftungssystem für Schäden unter der Beteiligung von Kraftfahrzeugen gespielt haben, gilt es aufgrund des technischen Fortschritts nunmehr haftungsrechtlich zu betrachten. Die Rede ist von den Betreibern der Mobilfunknetze, die die Mobilfunkinfrastruktur – dabei allen voran die 5G-Technologie – zur Verfügung stellen. Die Mobilfunkinfrastruktur dient als Grundlage der Vernetzung und Kommunikation von Maschinen und ist für die Funktionsfähigkeit intelligenter und autonomer Mobilität unumgänglich.[191] Problematisch wird es dann, wenn innerhalb der infrastrukturellen Systeme Fehler auftreten, die sich beim Nutzer niederschlagen. Exemplarisch sei an den Fall gedacht, dass es aufgrund eines Datenübertragungs- bzw. Kommunikationsfehlers innerhalb des Mobilfunknetzes zu einem Schaden kommt.

I. Verschuldensunabhängige Haftung des Fahrzeughalters § 7 Abs. 1 StVG

Wird bei dem Betrieb eines Kraftfahrzeugs ein Mensch getötet, der Körper oder die Gesundheit eines Menschen verletzt oder eine Sache beschädigt, so ist der Halter verpflichtet, dem Verletzten den daraus entstehenden Schaden zu ersetzen, § 7 Abs. 1 StVG.

Aus dem Gesetzestext ergeben sich die Tatbestandsmerkmale der Haftung des Fahrzeughalters, nämlich das Eintreten einer Rechtsgutsverletzung bei dem

---

[189] Audi, Audi Studie zum autonomen Fahren: die Wege der Daten; BSI, Künstliche Intelligenz – das unheimlich autonome Fahrzeug.

[190] *Brill*: How many times has your AI System Broken the law?; *Bayreuth*, GWR 2016, 393; vgl. auch *Meents/Obradovic*, ZfPC 2022, 13, 18, die davon ausgehen, dass der Hersteller, aufgrund einer Duldungspflicht des Fahrzeughalters oder -nutzers, die Updates ohne deren Zustimmung aufspielen dürfen; *Nilsson/Larson*, Secure Firmware Updates over the Air in Intellignet Vehicles; *Rudschies*, Updates over the air: Wie das Auto per Software aufgefrischt wird; *Tsiukhai/Titova*, OTA-Technologie: Vernetzte Autos auch unterwegs sicher und schnell aktualisieren.

[191] IHK für München und Oberbayern, Autonomes Fahren – Chancen und Potenziale.

Betrieb eines Kraftfahrzeugs. Aufgrund eines fehlenden Verschuldenselements, setzt die Haftung aus § 7 Abs. 1 StVG kein Verhaltensunrecht voraus.[192] Vielmehr handelt sich um einen Fall der sog. Gefährdungshaftung.[193]

1. Fahrzeughalter

Halter ist nach ständiger Rechtsprechung derjenige, der das Fahrzeug für eigene Rechnung in Gebrauch hat und die Verfügungsgewalt über das Fahrzeug besitzt.[194]

2. Rechtsgutsverletzung

Die Rechtsgutsverletzung muss sich auf Leben, Körper oder Gesundheit eines Menschen, also auf Personenschäden, oder auf die Beschädigung von Sachen[195] beziehen.

3. Bei Betrieb eines Kraftfahrzeugs

Des Weiteren kommt ein Schadensersatz nach dieser Vorschrift nur dann in Betracht, wenn die Rechtsgutsverletzung *bei dem Betrieb* des Kraftfahrzeugs verursacht wird.

Zur Frage, wann ein Kraftfahrzug *im Betrieb* ist, gibt es verschiedene Betrachtungsweisen. Einerseits die anfänglich in der Rechtsprechung vorherrschende maschinentechnische und andererseits die derzeit vom BGH befürwortete verkehrstechnische Betrachtungsweise.[196] Nach der maschinentechnischen Betrachtungsweise ist ein Fahrzeug solange in Betrieb, wie seine Motorkräfte auf dieses oder eines seiner Betriebseinrichtungen einwirken.[197]

---

[192] *Kuhnert*, in: Haus/Krumm/Quarch, § 7 StVG, Rn. 4; *Burmann*, in: Burmann/Heß/Hühnermann/Jahnke, StVG, § 7 Rn. 1; BGH, Beschluss vom 11.05.2005, Az.: XII ZB 33/04 (NJW 2005, 2081).

[193] *Walter*, in: BeckOGK StVG, § 7 StVG, Rn. 3.

[194] BGH, Urteil vom 10.03.1983, Az.: VII ZR 301/82 (NJW 1983, 1492, 1493); BGH, Urteil vom 26.11.1996, Az.: VI ZR 97/96 (NZV 1997, 116); OLG Koblenz, Urteil vom 27.01.2004, Az.: VI ZR 342/02 (NJW-RR 2004, 822, 823); OLG Köln, Urteil vom 22.12.2011, Az.: 81 O 72/11 (NZV 2012, 239); OLG Hamm, Beschluss vom 16.01.2013, Az.: IV ZB 32/12 (NJW 2013, 1248).

[195] Zum Begriff der Sache siehe § 90 BGB.

[196] *Walter*, in: BeckOGK StVG, § 7 StVG, Rn. 89

[197] *König*, in: Hentschel/König/Dauer, § 7 StVG, Rn. 5a; *Walter*, in: BeckOGK StVG, § 7 StVG, Rn. 89.

Das reicht vom Anlassen bis zum Abstellen des Motors.[198] Die verkehrstechnische Betrachtungsweise setzt demgegenüber lediglich voraus, dass das Fahrzeug sich im Verkehr befindet und andere Verkehrsteilnehmer gefährden kann.[199] Hiernach müsste der Motor gar nicht laufen, sodass schon das Öffnen einer Tür im Verkehrsraum ausreicht, wenn dadurch Dritte gefährdet werden.[200] Nach beiden Betrachtungsweisen könnten auch autonome Kraftfahrzeuge unter das Tatbestandsmerkmal *bei dem Betrieb* subsumiert werden und damit insgesamt einer Haftung nach § 7 Abs. 1 StVG unterfallen.[201]

4. Einschränkung bei autonomen Kraftfahrzeugen

Auch wenn autonome Kraftfahrzeuge unter den Wortlaut des § 7 Abs. 1 StVG fallen, könnte es aufgrund ihrer technischen Besonderheiten allerdings ungerechtfertigt erscheinen den Halter für Schäden haften zu lassen, die bei dem Betrieb eines autonomen Kraftfahrzeugs entstehen. Denn autonome Kraftfahrzeuge haben keine bedienbaren Lenk-, Beschleunigungs- oder Bremseinrichtungen, die es einem Insassen erlauben würden auf die Ausübung der Fahraufgabe Einfluss zu nehmen. Anders ist es bei herkömmlichen Kraftfahrzeugen, die, selbst dann, wenn sie über Automatisierungen bis zum Level 4 verfügen, jederzeit durch einen Insassen übersteuert werden können, weil weiterhin Lenk-, Beschleunigungs- und Bremseinrichtungen zugänglich sind.[202]

Nach der ständigen Rechtsprechung des BGH kommt es für die Haftung nach § 7 Abs. 1 StVG auf den Sinn und Zweck der Norm an.[203] Zwar sei die Haftung nach § 7 Abs. 1 StVG „der Preis dafür, dass durch die Verwendung eines Kraftfahrzeugs erlaubterweise eine Gefahrenquelle eröffnet wird".[204] Stets erforderlich ist aber, dass der von dem Kraftfahrzeug verursachte Schaden

---

198 *Walter*, in: BeckOGK StVG, § 7 StVG, Rn. 89.

199 *Walter*, in: BeckOGK StVG, § 7 StVG, Rn. 89.

200 So schon Reichsgericht, Urteil vom 08.03.1939, Az.: VI 239/38.

201 Siehe auch *König*, in: Hentschel/König/Dauer, § 1f StVG, Rn. 15, der darauf hinweist, dass der Gesetzgeber das zivilrechtliche Haftungssystem im Wesentlichen unberührt gelassen hat; *Wendehorst*, in: Martini/Wendehorst, Art. 1 KI-VO, Rn. 71.

202 Zu den fünf Stufen der Automatisierung siehe S. 9 ff.

203 BGH, Urteil vom 26.03.2019, Az.: VI ZR 236/18 (NJW 2019, 2227), BGH, Urteil vom 11.02.2014, Az.: VI ZR 161/13 (NJW 2014, 1182).

204 BGH, Urteil vom 26.03.2019, Az.: VI ZR 236/18 (NJW 2019, 2227), BGH, Urteil vom 11.02.2014, Az.: VI ZR 161/13 (NJW 2014, 1182).

eine Auswirkung der Gefahr sein muss, „hinsichtlich derer der Verkehr nach dem Sinn der Haftungsvorschrift schadlos gehalten werden soll“,[205] also die Schadensfolge in den Bereich der Gefahren fallen muss, „um derentwillen die Rechtsnorm erlassen worden ist“.[206] Daher soll im Folgenden Aufschluss über den wahren Willen des historischen Gesetzgebers bei der Entstehung der Halterhaftung gegeben und hierzu auch die Hintergründe und der verfolgte Sinn und Zweck für den Erlass der Regelung ergründet werden, um beurteilen zu können, ob es gerechtfertigt wäre auch Halter von autonomen Kraftfahrzeugen einer potentiellen Haftung nach § 7 Abs. 1 StVG zu unterwerfen.

a) Der Wille des historischen Gesetzgebers: Das Gesetz über den Verkehr mit Kraftfahrzeugen vom 3. Mai 1909

Das Gesetz über den Verkehr mit Kraftfahrzeugen vom 3. Mai 1909 war die erste einheitliche und rechtsverbindliche Regelung für das gesamte Kaiserreich.[207] Von der ersten Erwähnung der Notwendigkeit eines solchen Gesetzes im Reichstag im Jahre 1904 bis hin zu dessen Entstehung im Jahre 1909 sind mehr als fünf Jahre vergangen. In diesem Zeitraum hat sich der Reichstag mehrmals diesem Thema gewidmet. Aus dessen Verhandlungen werden sich die Hintergründe für die Notwendigkeit des Erlasses der Haftungsnorm entnehmen sowie auch der damit verfolgte Sinn und Zweck erkennen lassen.

aa) Die Gesetzesentstehung von 1904–1909

Am 29. Januar 1904 wurde eine Resolution[208] beim Reichsamt des Inneren in Berlin eingebracht, welcher folgendermaßen lautete:

> „Die verbündeten Regierungen zu ersuchen, darauf hinzuwirken, dass tunlichst bald landesgesetzliche Bestimmungen erlassen werden, welche geeignet sind, Leben, Gesundheit und Eigentum der Reichseingesessenen vor Unfällen und Schädigungen, welche durch übermäßig schnelles Fahren von Automobilen auf öffentlichen Straßen und Plätzen verursacht werden, in verstärkterem Maße zu schützen, als dies bisher der Fall gewesen ist“.[209]

[205] BGH, Urteil vom 26.03.2019, Az.: VI ZR 236/18 (NJW 2019, 2227).
[206] BGH, Urteil vom 26.03.2019, Az.: VI ZR 236/18 (NJW 2019, 2227 m. w. N).
[207] Landkreis Tuttlingen, Geschichte des Führerscheins.
[208] Heutige Wortbedeutung: *Antrag*.
[209] Stenographischer Bericht über die Verhandlungen des Reichstags, XI. Legislaturperiode 1906, Zweiter Band, 32. – 58. Sitzung, S. 1143.

Über diese Resolution wurde in der 39. Sitzung des Reichstags am 9. Februar 1906 diskutiert. Moniert wurde übermäßig schnelles Fahren und Rohheiten der Kraftfahrzeugführer durch Missbrauch des Automobils.[210] Sie seien unvorsichtig, rücksichtslos und würden sich bei der Verursachung von Schäden der Verantwortung entziehen.[211] Insbesondere haben Kraftfahrzeugführer eine nicht unerhebliche Anzahl von Menschen verletzt oder getötet ohne dafür zur Rechenschaft gezogen worden zu sein.[212] Die damaligen Zeitungen berichteten über diese zahlreichen Unfälle und bezeichneten das Automobil teilweise als den „Schrecken der Straße".[213]

Nicht nur Personenschäden, sondern auch Sachschäden, wie beispielsweise Schäden an Tieren, sind entstanden. So hat beispielsweise das Vorbeifahren an einem Pferd[214] mit überhöhter Geschwindigkeit dazu geführt, dass dieses Scheu wurde und sich ein Bein gebrochen hat.[215] Unklar war jedoch, ob der Eigentümer des Pferdes in einem daraufhin angestoßenen Zivilprozessverfahren Ersatz für den Schaden an seinem Pferd erhalten würde. Weiter wurde im Reichstag ausgeführt, dass es schon verboten sei und unter Strafe stehe Bahngleise überhaupt zu betreten,[216] sodass es unerklärlich sei, weshalb es zugelassen werde, dass Automobile die mit mindestens derselben Geschwindigkeit oder gar noch schneller als die Eisenbahn fahren können, durch belebte Straßen und Städte fahren dürfen. Daher bedürfe es dringend Bestimmungen, dass der Schaden, der angerichtet wird, ersetzt werden soll. Insbesondere würden die Fahrzeugführer häufig mit gefährlicher Geschwindigkeit fahren und nur selten die Geschwindigkeit verringern, wenn Personen die Straße überqueren, vielmehr würden sie häufig beängstigend dicht an diesen Personen vorbeifahren. Es sei empörend, mit welcher Rohheit

---

210 *Will*, in: Quellen erhöhter Gefahr, S. 45 f.

211 Stenographischer Bericht über die Verhandlungen des Reichstags, XI. Legislaturperiode 1906, Zweiter Band, 32. – 58. Sitzung, S. 1143 ff.

212 Stenographischer Bericht über die Verhandlungen des Reichstags, XI. Legislaturperiode 1906, Zweiter Band, 32. – 58. Sitzung, S. 1144 m. w. N.

213 Stenographischer Bericht über die Verhandlungen des Reichstags, XI. Legislaturperiode 1906, Zweiter Band, 32. – 58. Sitzung, S. 1145.

214 Zum besseren Verständnis: Zu dieser Zeit erfolgte der weit überwiegende Teil der Fortbewegung auf den Straßen mit Pferden oder Ochsengespannen.

215 *Will*, in: Quellen erhöhter Gefahr, S. 42 ff.

216 Zum besseren Verständnis: Weil die Bahn für damalige Verhältnisse mit enorm hoher Geschwindigkeit fuhr.

Automobilfahrer fahren würden und dies selbst dann, wenn eine Straße überfüllt sein sollte. Daher sei dringend Abhilfe gefordert weshalb Grundsätze aufzustellen seien, die für ganz Deutschland gelten sollen. Das wirksamste Mittel um gegen diese Probleme und den täglichen Missbrauch der öffentlichen Straßen vorzugehen sei es, eine scharfe zivilrechtliche Haftbarkeit des Automobilbesitzers festzustellen.[217]

Etwa vier Jahre später, am 12. Februar 1908, wurde in der 99. Sitzung des Reichstags über einen neuerlichen, dem von 1904 entsprechenden, Antrag beraten. Dabei wurde zum Ausdruck gebracht, dass ein größerer Schutz für Fußgänger und für diejenigen Mitglieder der Menschheit notwendig sei, die nicht im Auto fahren und sich kein Auto leisten können. Es sei insbesondere nicht das Auto an sich oder deren Gebrauch gegen das man sich richte, vielmehr müsse man gegen die Ausschreitungen, Rohheiten, Brutalität und Rücksichtslosigkeiten, Anmaßungen und Überhebungen von Automobilfahrern und Chauffeuren ankämpfen. Problematisch sei insbesondere der Kreis der Fahrberechtigten – so vermisse es an einer Probe oder einer Prüfung derjenigen, denen eine Fahrerlaubnis ausgestellt wird. Um eine Fahrerlaubnis zu bekommen müsse man mit dem eigenen Automobil lediglich ein paar dutzend Male auf einem kleinen Hof eines Polizeipräsidiums herumfahren. Fahrzeugführer würden daher weder beweisen, dass sie imstande sind ein Auto auf der öffentlichen Straße zu führen noch eine entsprechende Prüfung ablegen, um ihr Können und ihre Tüchtigkeit zu demonstrieren. Es gehe sogar so weit, dass Chauffeure mittlerweile eine Freude daran empfunden haben Menschen anzufahren und sie in Angst zu versetzen. Insoweit wurde festgestellt, dass vom Jahre 1905 bis zum Jahre 1908 die Anzahl der Automobile von 2.000 lediglich um 20 %, also auf 2.400 anstieg, wohingegen die Zahl der Verlustziffer sich vervierfacht hat, also um 400 % anstieg. Betroffen von der gestiegenen Verlustziffer waren insbesondere Arbeiter, Kinder, Kaufleute, Schüler und Dienstboten.[218] Es sei daher höchste Zeit ein entsprechendes Gesetz zu verabschieden, um gegen diese Entwicklung vorzugehen, denn „iustitia fundamentum regnorum“ (Gerechtigkeit ist das Fundament aller

---

[217] Stenographischer Bericht über die Verhandlungen des Reichstags, XI. Legislaturperiode 1906, Zweiter Band, 32. – 58. Sitzung, S. 1145 ff.

[218] Stenographischer Bericht über die Verhandlungen des Reichstags, XI. Legislaturperiode 1906, Zweiter Band, 32. – 58. Sitzung, S. 3066 ff.

Staaten).[219] Der damalige Staatssekretär des Reichsjustizamts konkretisierte die Opferzahlen – so handelte es sich bei den verletzten Personen zu 8 % um Fahrzeugführer, zu 15 % um Insassen und zu 77 % um sonstige Personen, die sich auf der Straße bewegten. Um diesen Entwicklungen zu begegnen, gäbe es bereits einen Gesetzesentwurf, welcher dreierlei Bestimmungen umfasste, nämlich zivilrechtliche, polizeiliche und strafrechtliche Bestimmungen. Besonders betont wurde die Notwendigkeit, zu untersuchen, ob die Chauffeure die Geistesgegenwart haben sich mit plötzlichen Anforderungen des Straßenverkehrs zurechtzufinden und auch, ob sie eine ausreichende moralische Qualifikation für ihr Amt haben. Denn wenn man besser ausgebildete Fahrzeugführer hätte, dann könne man es auch zulassen, dass zwischenzeitlich erlassene Fahrgeschwindigkeitsbegrenzungen in den großen Städten gemildert und von 15 km/h auf 20 – 25 km/h erhöht werden. Ein guter Fahrzeugführer könne mit 40–50 km/h Fahrgeschwindigkeit nämlich nicht annähernd so gefährlich werden wie ein schlechter Fahrzeugführer mit 10–15 km/h Fahrgeschwindigkeit.[220]

Nach dem Willen des historischen Gesetzgebers wolle aber kein verständiger Mensch, dass die Automobilindustrie, in der so viele Menschen arbeiten und in der so viel Kapital investiert ist, geschädigt wird. Die Missstimmung in der Bevölkerung richtete sich einzig und allein gegen die Auswüchse der Fahrzeugführer, nicht gegen das Automobil als solches.[221] Diese Meinung teilte auch der Prinz von Preußen: „Die Unglücksfälle, die vorgefallen sind, liegen zum Teil an den sogenannten wilden Fahrern und wilden Chauffeuren, vor denen nicht genug gewarnt werden kann".[222] Aufgrund von rasenden und übermütigen Fahrzeugführern und der damit einhergehenden Gefährdung der Menschen, waren die Straßen unpassierbar, weshalb es notwendig sei, die Kraftfahrzeugführer besser auszubilden.[223]

---

219 Stenographischer Bericht über die Verhandlungen des Reichstags, XII. Legislaturperiode 1908, Band 230, 85. – 110. Sitzung, S. 3070.

220 Stenographischer Bericht über die Verhandlungen des Reichstags, XII. Legislaturperiode 1908, Band 230, 85. – 110. Sitzung, S. 3070 ff.

221 Stenographischer Bericht über die Verhandlungen des Reichstags, XII. Legislaturperiode 1908, Band 230, 85. – 110. Sitzung, S. 3073.

222 Stenographischer Bericht über die Verhandlungen des Reichstags, XII. Legislaturperiode 1908, Band 230, 85. – 110. Sitzung, S. 3079.

223 Stenographischer Bericht über die Verhandlungen des Reichstags, XII. Legislaturperiode 1908, Band 230, 85. – 110. Sitzung, S. 3080.

Abschließend wurde auch diskutiert, dass die Nutznießer von Automobilunternehmen, also die Fahrzeughalter, für jeden Schaden haften sollen, die durch eines ihrer Automobile verursacht wird und diese sich versichern sollten, um im Falle eines Unfalls finanziell nicht ruiniert zu werden.[224] Der Hintergrund dieser Forderung war jedoch ein sehr schlichter. Die Fahrzeughalter waren solvente Personen, die sich sowohl Automobil als auch Versicherungsbeiträge leisten konnten, wohingegen die Fahrzeugführer, die zumeist Bedienstete wie Chauffeure oder Handwerker waren, nicht über eigenes nennenswertes Vermögen verfügten, sodass die Schäden durch Verkehrsunfälle nicht hätten gedeckt werden können. Ziel war es also eine solvente Person haftbar machen zu können, wenn eine weniger solvente Person den Unfall verursacht hatte.

bb) Zwischenergebnis

Aus den Diskussionen des Parlaments des Deutschen Kaiserreichs wird unzweideutig erkennbar, weshalb ein Gesetz zur Regelung des Verkehrs mit Kraftfahrzeugen notwendig gewesen ist. Nicht die Automobilindustrie oder das Kraftfahrzeug an sich sind unangenehm aufgefallen und Gegenstand der Diskussionen. Nicht die technischen Einrichtungen des Fahrzeugs, dessen abstrakte Gefährlichkeit oder etwaige Nachwirkungen von Unfallfolgen (wie beispielsweise das Auslaufen von Kraftstoff mit anschließendem Brand und Schädigung Dritter) werden thematisiert. Auch richtet sich der Unmut der Bevölkerung nicht gegen das Automobil selbst, welches eine Vielzahl von Arbeitsplätzen geschaffen und die Wirtschaft beflügelt hat. Vielmehr ist der Auslöser zur Regelung eines Gesetzes über den Verkehr mit Kraftfahrzeugen auf ein bestimmtes und klar erkennbares Problem zurückzuführen: Die Kraftfahrzeugführer – entweder in Gestalt der Eigentümer selbst oder deren Bediensteter. Diese wurden für die Führung eines Kraftfahrzeugs weder ordentlich geschult, noch mussten sie eine Prüfung ablegen die ihre moralischen und geistigen Qualitäten oder ihre Tüchtigkeit und ihr Können mit dem Umgang des Automobils nachweisen. Die Kraftfahrzeugführer fuhren mit Rücksichtslosigkeit, Rohheit und übermäßiger Geschwindigkeit sowohl über Landstraßen als auch in innerstädtischen Bereichen und stellten eine

[224] Stenographischer Bericht über die Verhandlungen des Reichstags, XII. Legislaturperiode 1908, Band 230, 85. – 110. Sitzung, S. 3080.

Gefahr für die Allgemeinheit dar, indem sie – teilweise versehentlich und teilweise auch aus Überheblichkeit oder gar bewusst zum Zwecke der persönlichen Freude und Erheiterung – Menschen an- und überfuhren, was zu Sachbeschädigungen, Körperverletzungen und Tod führte. Diese sog. *wilden Fahrer* richteten unkontrollierbare Schäden an und wurden dafür nur selten zur Rechenschaft gezogen, da sie am Unfallort nicht gehalten haben und die Geschädigten sich selbst überließen. Dieselben Probleme wiederholten sich bei der Durchführung von offiziellen Rennfahrten – weder eine starke Motorisierung noch das Automobil selbst versetzten die Bevölkerung in Schrecken, vielmehr kam es bei den Rennfahrten zu teilweise auch tödlichen Unfällen, weil mit Höchstgeschwindigkeiten durch Ortschaften gefahren worden ist, in denen unbeteiligte Dritte die Straßen passierten.[225]

Diese Brutalitäten, in der heutigen Bundesrepublik kaum vorstellbar, sind im Kontext der damaligen Zeit und des damaligen Lebens zu betrachten. Die heutige Bundesrepublik bestand um 1900 aus vier Königreichen, es hat einen Adelsstand und eine offen gelebte Mehrklassengesellschaft gegeben, wobei die Rechte eines Adeligen oder eines Unternehmers bei weitem als wertvoller betrachtet worden sind, als das Leben von Tagelöhnern oder Industriearbeitern. Daher verwundert es wenig, wenn diejenigen Menschen, die die finanziellen Mittel besaßen um sich den Luxus eines der nur wenigen Automobile im Lande leisten zu können, sich überlegen fühlten, rücksichtslos verhielten und bei Unfällen des Öfteren auch nicht anhielten. Sie scherten sich schlicht nicht um die körperliche Unversehrtheit der unteren Bevölkerungsklassen oder dessen Habe.

Um die mit dem Automobil einhergehenden Unfälle, insbesondere an Leib und Leben der unteren Klassen der Bevölkerung, einzudämmen, sollte daher ein entsprechendes Gesetz geschaffen werden. Hierbei sollte einerseits berücksichtigt werden, dass es teilweise nicht möglich war die Fahrzeugführer zu identifizieren, da diese am Unfallort nicht anhielten und andererseits, dass die Fahrzeugführer unter Umständen nicht über ausreichendes Vermögen verfügen würden, um für die verursachten Schäden aufkommen zu können, beispielsweise wenn nicht die Eigentümer des Automobils, sondern deren Chauffeure oder sonstige Bedienstete gefahren sind. Daher legte die

---

[225] Hessisches Institut für Landesgeschichte, Unfälle beim Kaiserpreis-Autorennen in Bad Homburg, 13. Juni 1907; *Saltenberg*, Spektakulär, dieses Rennen!

Reichsregierung unter Berücksichtigung dieser Probleme im Juni 1908 einen Gesetzesentwurf vor, aus dem im Mai 1909 sodann das *Gesetz über den Verkehr mit Kraftfahrzeugen* hervorgegangen ist,[226] dessen § 7 Abs. 1 nunmehr seit 125 Jahren unverändert geblieben ist.[227] Denn der Gesetzgeber von 1909 sah sich veranlasst ein Gesetz zu entwickeln, aus dem sich insbesondere die zivilrechtliche Haftung für Schäden bei der Nutzung eines Automobils ergibt und dabei gleichzeitig die Solvenz des Schuldners durch den Zugriff auf den deutlich betuchteren Kraftfahrzeughalter sichergestellt wird. So sollte der Ersatz aber nicht nur zu einem Rechtsanspruch, sondern auch zu einem tatsächlichen Ersatz der Schäden führen, weshalb sich der Anspruch gegen den vermögenderen Kraftfahrzeughalter und nicht nur gegen einen in der Regel weniger solventen Fahrzeugführer richten sollte, welcher die verursachten Schäden mangels Vermögen hätte gar nicht ersetzen können.[228] Da zu keiner Zeit die Gefährlichkeit des Automobils Thema der Diskussionen gewesen ist, sondern die Gefahr fast ausschließlich aus der Fahrweise der Kraftfahrzeugführer entstanden und thematisiert worden ist, ist zu schlussfolgern, dass der Gesetzgeber mit der neu geschaffenen Haftungsvorschrift den Sinn und Zweck verfolgt hat, die Bevölkerung vor der schnellen, rücksichtslosen und (lebens-)gefährlichen Fahrweise der Kraftfahrzeugführer zu schützen, nicht aber vor den Gefahren eines Automobils an sich.

Auch wenn eine Rechtsgutsverletzung unter Beteiligung eines autonomen Kraftfahrzeugs unter § 7 Abs. 1 StVG subsumiert werden könnte, so wäre es im Ergebnis nicht mit dem Gedanken des historischen Gesetzgebers bei der Schaffung des § 7 Abs. 1 StVG vereinbar, künftig auch Halter autonomer Kraftfahrzeuge der Haftung nach § 7 Abs. 1 StVG zu unterwerfen.[229] Selbiges gilt auch ungeachtet der später hinzugekommenen Argumentation der Rechtsprechung, dass es Gefahren aufgrund der „gewaltigen Steigerung

---

[226] Reichsgesetzblatt von 1909, Nr. 26, S. 437–444.

[227] Reichsgesetzblatt von 1909, Nr. 26, S. 439.

[228] *Kirchner*, in: Guttentagsche Sammlung Deutscher Reichsgesetze, S. 55 ff.

[229] So im Ergebnis auch: *Jänisch/Schrader/Reck*, NZV 2015, 313, 315, „ausufernde Gefährdungshaftung"; *Pieroth/Schmitz-Justen*, NZV 2020, 293, 296; *Roth-Stielow*, DAR 1958, 123, 124; *Schirmer*, RW 4/2018, 453, 476; *Schrader*, DAR 2016, 242, 245; differenzierend *Zech*, der zwischen gewerblichen und privaten Kraftfahrzeughaltern unterscheidet und bei letzteren mangels „Risikostreuung" keine Rechtfertigung mehr für eine Gefährdungshaftung sieht, in: 73. DJT, Band I, S. A 65.

des Kraftwagenverkehrs“ gäbe.[230] Denn die Tatsache, dass herkömmliche Kraftfahrzeuge in Masse hergestellt wurden, wohingegen der Ausbau der Straßennetze erheblich mehr Zeit in Anspruch nahm, führte dazu, dass die Anzahl der Kraftfahrzeuge anstieg, die im selben Verkehrsraum geführt wurden.[231] Dadurch stieg auch denklogisch die mathematische Wahrscheinlichkeit an, dass bewusstes oder unbewusstes menschliches Fehlverhalten der Fahrzeugführer, die Unfallwahrscheinlichkeit unter Beteiligung eines Kraftfahrzeugs erhöhen wird. Diese Annahme ist anhand offizieller Statistiken belegbar. So liegen die tatsächlichen Gründe für Unfälle unter der Beteiligung von Kraftfahrzeugen fast ausschließlich in menschlichem Versagen. Das Bundesministerium für Digitales und Verkehr hat diesbezüglich Informationen veröffentlicht, wonach 92 % der Unfälle mit Personenschäden auf menschliches Fehlverhalten, 7 % auf allgemeine Unfallursachen wie beispielsweise Straßenverhältnisse, Witterungs-einflüsse oder Wildunfälle und lediglich 1 % auf technische Mängel des Fahrzeugs selbst zurückzuführen sind.[232] Vor diesem Hintergrund ist es daher zwar nachvollziehbar, wenn in der Rechtsprechung angenommen wurde, dass die Gefahren, die vom Anstieg des Kraftfahrzeugverkehrs ausgehen, in der Vergangenheit gestiegen seien.[233] Jedoch wird die Gefahr des Kraftfahrzeugverkehrs mit steigender Anzahl von autonomen Kraftfahrzeugen wieder schwinden, da es darin keine menschlichen Fahrzeugführer mehr geben wird.[234] Denn wenn menschliches Fehlverhalten als Ursache für Verkehrsunfälle eliminiert wird, dann nimmt im selben Maße auch die Gefahr ab, die vom Kraftfahrzeugverkehr ausgeht.[235] Diese Argumentation deckt sich auch mit dem Willen des heutigen Gesetzgebers. Denn der Hersteller

---

230 BGH, Urteil vom 01.10.1957, Az.: VI ZR 225/56 (NJW 1957, 1878); BGH, Urteil vom 03.12.1958, Az.: V ZR 28/57 (NJW 1959, 627).

231 Siehe zu *induziertem Verkehr* und einem erhöhten Flächenverbrauch S. 22 f.

232 BMDV, Die häufigsten Unfallursachen.

233 BGH, Urteil vom 01.10.1957, Az.: VI ZR 225/56 (NJW 1957, 1878); BGH, Urteil vom 03.12.1958, Az.: V ZR 28/57 (NJW 1959, 627).

234 *Nehm*, Augen zu im Straßenverkehr; *Pehm*, IWRZ 2018 259, 264; *Spindler*, CR 12/2015, 766, 774.

235 So auch *Bertoncello/Wee*, Ten ways autonomous driving could redefine the automotive world; *Kusano* et al., Comparison of Waymo rider-only data to human benchmarks at 7.1 million miles.

autonomer Kraftfahrzeuge hat gem. § 12 Abs. 1 Nr. 6 AFGBV i. V. m. Anlage I, Ziffer 10 AFGBV anhand von Testfahrten nachzuweisen, dass das Maß an Sicherheit des Kraftfahrzeugs mit autonomer Fahrfunktion höher ist, als das Maß an Sicherheit bei Fahrzeugen, die von Personen geführt werden.[236] Aus diesem Erfordernis lässt sich schließen, dass der Gesetzgeber nicht nur die Vermutung hat, dass Kraftfahrzeugführer der Hauptgefährdungsfaktor im Straßenverkehr sind, sondern vielmehr fest davon ausgeht, weshalb er einen Beweis vom Hersteller über das höhere Maß an Sicherheit von autonom geführten Kraftfahrzeugen im Vergleich zu personengeführten Fahrzeugen erwartet. Sowohl aus einer historischen Betrachtungsweise als auch aus Sicht des heutigen Gesetzgebers, ist eine unbedingte Anwendbarkeit des § 7 Abs. 1 StVG auf autonome Kraftfahrzeuge daher abzulehnen. Vielmehr wird durch den Wegfall der Hauptgefahrenquelle, die die Schaffung des § 7 Abs. 1 StVG erst notwendig gemacht hat, eine differenzierende Betrachtungsweise hinsichtlich der Haftung autonomer Kraftfahrzeuge angezeigt sein. So könnte sich ein geeigneter Haftungstatbestand strukturell aus § 833 BGB ableiten lassen.

b) Schaffung eines neuen Haftungstatbestandes nach Vorbild der Tierhalterhaftung

Es ist nicht zu übersehen, dass der Gefährdungshaftungstatbestand des Fahrzeughalters aus § 7 Abs. 1 StVG parallelen zur Tierhalterhaftung aus § 833 BGB hat. Denn auch die Tierhalterhaftung ist als Gefährdungshaftungstatbestand ausgestaltet.[237] Beachtlich ist jedoch, dass § 833 BGB differenzierender ausgestaltet ist als der § 7 Abs. 1 StVG. So enthält der § 833 Satz 1 BGB zwar einen Gefährdungshaftungstatbestand zulasten des Tierhalters, allerdings gilt dieser nicht uneingeschränkt für alle Tiere, sondern nur für Tiere,

236 Siehe zum Katalog für Testszenarien S. 45.

237 Ständige Rechtsprechung, vgl. BGH, Beschluss vom 26.01.2017, Az.: 9 W 69/17 Bau (NJW-RR, 2017, 725, 726); BGH, Urteil vom 25.3.2014, Az.: VI ZR 372/13 (NJW 2014, 2434); BGH, Urteil vom 09.06.1992, Az.: VI ZR 49/91 (NJW 1992, 2474); BGH, Urteil vom 14.07.1977, Az.: VI ZR 234/75 (NJW 1977, 2158); BGH, Urteil vom 13.11.1973, Az.: VI ZR 152/72 (NJW 1974, 234, 235); *Haag*, in: Geigel, Kapitel 18, Rn 1; *Spickhoff*, in: BeckOGK BGB, § 833 BGB, Rn. 32; *Spindler/Förster*, in: BeckOK BGB, § 833 BGB, Rn. 1; *Terbille*, VersR 1994, 1151, 1152.

die keine *Haustiere*[238] sind. Für Haustiere regelt § 833 Satz 2 BGB dagegen, dass eine Haftung nur dann begründet wird, wenn ein Verschulden des Tierhalters vorliegt. Die scharfe Gefährdungshaftung des § 833 Satz 1 BGB gilt daher nur für Schadensverursachungen durch Tiere, die keine Haustiere sind, wohingegen für die Schadensverursachung durch Haustiere nur dann gehaftet wird, wenn ein Verschulden des Tierhalters vorliegt. Zugunsten der Geschädigten ist das in § 833 Satz 2 BGB geforderte Verschulden des Tierhalters aber nicht vom Geschädigten nachzuweisen; vielmehr enthält § 833 Satz 2 BGB eine Beweislastumkehr, die dem Tierhalter auferlegt zu beweisen, dass ihn kein Verschulden an der Rechtsgutsverletzung des Geschädigten trifft. Zusammengefasst hat der Gesetzgeber also zwischen Nicht-Haustieren und Haustieren differenziert und für Rechtsgutsverletzungen durch letztere einen eigenen Haftungstatbestand geschaffen, der zur Haftungsbegründung zusätzlich ein Verschulden des Tierhalters voraussetzt, wobei das Verschulden jedoch vermutet wird.[239]

Mit Blick auf eine künftige differenzierende Haftung zwischen autonomen und nicht-autonomen Kraftfahrzeugen, wäre es durchaus denkbar, einen neuen Haftungstatbestand nach Vorbild des § 833 BGB zu schaffen. So könnte die verschuldensunabhängige Gefährdungshaftung des § 7 Abs. 1 StVG, um einen zweiten Satz ergänzt werden, der einen Haftungstatbestand für autonome Kraftfahrzeuge enthält. Dieser könnte, ebenso wie § 833 Satz 2 BGB gegenüber Tierhaltern, vorsehen, dass zulasten des Halters eines autonomen Kraftfahrzeugs eine vermutete Verschuldenshaftung begründet wird, wenn dieser seinen Verkehrssicherungspflichten nicht nachkommt.

Ob und weshalb eine solche Differenzierung des § 7 Abs. 1 StVG nach dem Vorbild des § 833 BGB sinnvoll wäre, gilt es zu prüfen. Dazu sollen im Folgenden einerseits die Ursprünge der Tierhalterhaftung und andererseits auch die Ziele des Haftungsrechts eruiert werden.

---

[238] Haustiere sind zahme Tiere, die in der Hauswirtschaft zu dauernder Nutzung oder Dienstleistung gezüchtet und gehalten werden und dabei aufgrund von Erziehung und Gewöhnung der Beaufsichtigung und dem beherrschenden Einfluss des Tierhalters unterstehen (OLG Stuttgart, Urteil vom 07.06.2018 – Az. 13 U 194/17 (BeckRS 2018, 16107)), so etwa Hunde, Katzen, Pferde, Rinder, Schafe, Schweine etc. (*Staudinger*, in: HK-BGB, § 833 BGB, Rn. 9).

[239] *Spindler/Förster*, in: BeckOK BGB, § 833 BGB, Rn. 1

aa) Gesetzgeberischer Wille im Lichte der Tierhalterhaftung

In seinen Ursprüngen aus dem römischen Recht galt eine unbedingte Haftung des Tierhalters nur, wenn der Schaden durch ein Tier verursacht wurde das bösartig (also wild,[240] wenn auch gezähmt) war; ansonsten galt auch schon im römischen Recht grundsätzlich das Verschuldensprinzip.[241] Diese Unterscheidung aus dem römischen Recht zwischen wilden und zahmen (nicht gezähmten) Tieren wurde auch während der Entstehung der Tierhalterhaftung im BGB diskutiert. Als Hauptargument wurde genannt, dass bei wilden oder gefährlichen Tieren auch sorgfältige Vorkehrungen hinsichtlich der erforderlichen Sicherungsmaßnahmen für den Schutz des Verkehrs nicht ausreichend seien, da mit ihnen eine außergewöhnliche Gefahr verbunden sei, sodass zwar im Grundsatz eine verschuldensabhängige Tierhalterhaftung gelten sollte, bei wilden Tiere aber eine Gefährdungshaftung einschlägig sein sollte.[242] Diese Unterscheidung wurde jedoch verworfen, stattdessen hat man es umgekehrt herum gemacht und die Halter aller Tiere, mit Ausnahme von Nutztieren, der Gefährdungshaftung unterworfen sowie eine verschuldensabhängige Haftung für die Halter von Nutztieren geschaffen.[243] Die Unterscheidung zwischen Nutztieren und anderen Tieren hat der Gesetzgeber bewusst getroffen,[244] um die Interessen der Landwirte zu berücksichtigen, die Sorge vor einer unbilligen und ausufernden Haftung hatten.[245] Beispielhaft soll zum besseren Verständnis ein kurzer Fall dargestellt werden, der im Reichstag diskutiert worden ist. Ein Landwirt hatte Wachhunde auf seinem Grundstück postiert sowie die Zugänge zu seinem Gehöft mit Schildern versehen, auf denen vor den Wachhunden gewarnt wurde. Für den Fall, dass sich dennoch jemand unbefugt Zugang zu dessen Hof verschaffen sollte, sollte der Landwirt nicht für Schäden zur

---

240 Vgl. zu wilden Tieren § 960 BGB.

241 *Jatzow*, in: Motive des BGB, S. 809.

242 Zur Entstehungsgeschichte der Tierhalterhaftung im BGB ausführlich *Spickhoff*, in: BeckOGK BGB, § 833 BGB, Rn. 9 ff.

243 BGH, Urteil vom 06.07.1976, Az.: VI ZR 177/75 (NJW 1976, 2130); *Eberl-Borges*, in: Staudinger BGB, § 833 BGB Rn. 2 f.; *Mugdan*, in: Materialien zum BGB, S. 1268.

244 BGH, Urteil vom 27.05.1986, Az.: VI ZR 275/85 (NJW 1986, 2501, 2502); *Mugdan*, in: Materialien zum BGB, S. 1268.

245 *Eberl-Borges*, in: Staudinger BGB, § 833 BGB Rn. 3; *Mugdan*, in: Materialien zum BGB, S. 1301, 1403 ff.

Rechenschaft gezogen werden können, die der unbefugte Eindringling durch das Tier erleidet, da dies weder fair noch gerecht sei, sondern zu höchst unbilligen Ergebnissen führen würde.[246] Gegenargumente dergestalt, dass solche Situationen durch die Berücksichtigung von Mitverschuldensanteilen der Geschädigten gelöst werden könnten, wurde – richtiger Weise – entgegnet, dass die Judikatur bei der Beurteilung der Mitverschuldensanteile auf Abwege geraten könnte, indem sie im Wege der Auslegung, über das berechtigte Maß hinaus Entscheidungen treffen könnte, die nicht im Sinne des Gesetzgebers seien; einem Richter sollte daher von Anfang an legislativ die Möglichkeit versagt werden, dem Halter eines solchen Nutztieres auch nur einen Teil des Schadensersatzes auferlegen zu können, wenn den Halter kein Verschulden trifft.[247] Als weiteres Gegenargument wurde vorgebracht, dass eine umfassende Gefährdungshaftung zulasten aller Tierhalter kodifiziert werden sollte, da dies der öffentlichen Sicherheit diene und eine solche unbedingte Haftung bereits im französischen Recht bestehe und sich auch bewährt habe.[248] Jedoch wurde auch dieses Argument dahingehend bekämpft, dass es einerseits nicht wünschenswert ist das französische Recht als Vorbild zu nehmen und andererseits, dass nicht nur die öffentliche Sicherheit, sondern auch der gesellschaftliche Nutzen zu betrachten ist. So kann nach der französischen Gardienhaftung (Sachhalterhaftung – sog. *gardien de la chose*) sowohl derjenige, der eine Sache hält und das Verhalten der Sache steuert (*gardien du comportement de la chose*), als auch derjenige, der die Struktur und die Eigenschaften der Sache bestimmt, also quasi der Hersteller (*gardien de la structure de la chose*), für Schäden durch diese haftbar gemacht werden.[249] Problematisch ist jedoch, dass kaum dogmatisch saubere Haftungseinschränkungen möglich sind, sondern hierzu teilweise ungewöhnliche Konstruktionen hinsichtlich der Kausalität erforderlich sind, was im deutschen Recht unerwünscht ist.[250] Zudem soll derjenige der durch die Haltung eines Tieres auch einen gesellschaftlichen Nutzen schafft, nicht

---

[246] *Mugdan*, in: Materialien zum BGB, S. 1403.
[247] *Mugdan*, in: Materialien zum BGB, S. 1301 und 1404.
[248] *Mugdan*, in: Materialien zum BGB, S. 1301.
[249] *Riehm*, in: 73. DJT, Band II/2, S. K 123
[250] *Riehm*, in: 73. DJT, Band II/2, S. K 123; siehe auch *Will*, in: Quellen erhöhter Gefahr, S. 136 f.

für das Verhalten des Tieres zur Rechenschaft gezogen werden können, wenn ihm an dem Schaden kein Verschulden anzulasten ist. Abgestellt wurde auf all diejenigen, welche vermöge ihres Berufes dazu genötigt seien Nutztiere zu halten, so vor allem Landwirte.[251] Insoweit ist anerkannt, das landwirtschaftliche Güter wie Nahrung, Rohstoffe und Treibstoff einen hohen gesellschaftlichen Nutzen haben.

Bei der Schaffung des Gesetzes wurde also ausdrücklich berücksichtigt, dass jemand, der keinerlei Verschulden für Schäden trägt, die von seinem Nutztier verursacht wurden, auch nicht in die bloß abstrakte Gefahr einer auch nur anteiligen Schadenstragung kommen soll, damit ungerechte Ergebnisse vermieden werden. Daher ist der in der Literatur teilweise vertretenen Auffassung, dass § 833 Satz 2 BGB ausschließlich auf Einfluss von Lobbyisten und ohne vernünftigen Grund geschaffen worden ist,[252] zu widersprechen. Vielmehr gab es mit dem Bestreben unbillige Ergebnisse zu vermeiden, der Betrachtung auch des gesellschaftlichen Nutzens sowie des Wunsches, dass es keine Möglichkeit geben soll durch richterliche Auslegung den gesetzgeberischen Willen zu beeinträchtigen, objektive Gründe für eine Differenzierung zwischen Nutztieren und anderen Tieren, die in sich logisch und vor allem auch gerecht sind. Insoweit ist auch auf die Ausführungen von *Schmalhorst* zu verweisen,[253] die darstellt, dass die Verschuldenshaftung gem. § 833 Satz 2 BGB schon von Anfang an vom Gesetzgeber gewollt gewesen ist und es sich um einen bloßen Zufall handelte, dass deren Berücksichtigung nicht bereits im ersten Gesetzgebungsanlauf stattgefunden hat.[254] Die Tatsache, dass der Gesetzgeber den Haftungstatbestand des § 833 Satz 2 BGB auch bis heute nicht entfernte, lässt ebenfalls darauf schließen, dass er nicht nur damals, sondern bis heute noch und auch weiterhin an der Verschuldenshaftung für Nutztiere festhalten will.

Dogmatisch handelt es sich bei diesem milderen Haftungstatbestand des § 833 Satz 2 BGB um eine Einstandspflicht für die vermutete Verletzung von Verkehrssicherungspflichten durch Unterlassen der gebotenen Aufsicht über eine Gefahrenquelle.[255] Trotz des Unterschieds zwischen § 833 Satz 1 BGB

---

[251] *Mugdan*, in: Materialien zum BGB, S. 1301.
[252] *Wagner*, in: 73. DJT, Band II/2, S. K 151.
[253] *Schmalhorst*, in: Die Tierhalterhaftung im BGB von 1896, S. 141 ff.
[254] *Spickhoff*, in: BeckOGK BGB, § 833 BGB, Rn. 16.
[255] *Larenz/Canaris*, in: Schuldrecht BT 2, S. 487.

und § 833 Satz 2 BGB treffen jedoch sowohl die Gefährdungshaftung als auch die Haftung wegen vermutetem Verschuldens stets den Halter, woran deutlich wird, wie nah sich die wesentlichen Wertungskriterien von Gefährdungshaftung und der Haftung für Verkehrspflichtverletzungen stehen.[256] De lege ferenda wäre es mit Blick auf die Struktur des § 833 BGB daher denkbar § 7 Abs. 1 StVG um eine vermutete Verschuldenshaftung nach Vorbild der Tierhalterhaftung zugunsten autonomer Kraftfahrzeuge zu ergänzen, statt die Halter der derzeit bestehenden scharfen verschuldensunabhängigen Gefährdungshaftung des § 7 Abs. 1 StVG zu unterwerfen.[257] So wie die Unterscheidung zwischen Nutztieren und anderen Tieren nicht nur nachvollziehbar, sondern auch gesellschaftlich wünschenswert ist, verhält es sich mit autonomen Kraftfahrzeugen. Diese werden nicht nur ein bloßes Luxusgut darstellen, sondern vor allem auch gesellschaftlichen Zwecken dienen. So werden sie beispielsweise vollkommen neue Transportmöglichkeiten im ÖPNV eröffnen, die einerseits rund um die Uhr und unabhängig von einem Fahrzeugführer angeboten werden könnten und andererseits nicht nur in Ballungsgebieten, sondern auch in ländlichen Gebieten zu einer deutlich höheren Mobilität der Bevölkerung beitragen würden.[258] Ein weiterer wichtiger Aspekt wäre, dass die Sicherheit auf den Straßen mit steigender Anzahl von autonomen Kraftfahrzeugen erheblich sicherer werden würde, da neun von zehn Verkehrsunfällen mit Personenschaden auf menschliches Versagen zurückzuführen sind, was in autonomen Kraftfahrzeugen mangels menschlicher Fahrzeugführung nicht mehr vorkommen kann.[259] Weiterhin würde ein erhöhtes Angebot im ÖPNV perspektivisch auch dem Umweltschutz zugutekommen können. Je mehr Menschen den ÖPNV statt eines eigenen Pkws nutzen, desto weniger werden schädliche CO_2-Emissionen pro Kopf

---

256 *Hanisch*, in: Haftung für Automation, S. 178; *Larenz/Canaris*, in: Schuldrecht BT 2, S. 487;

257 *Bräutigam/Klindt*, NJW 2015, 1137, 1139; *Hey*, in: Die außervertragliche Haftung des Herstellers autonomer Fahrzeuge bei Unfällen im Straßenverkehr, S. 230 f.

258 So auch Bundesverkehrsminister Volker Wissing: „Autonomes Fahren ist die Antwort auf die Probleme im ÖPNV überall dort, wo wir in ländlichen Regionen weniger dichte Besiedlung haben und deswegen muss Deutschland dieses Thema ganz nach vorne bringen", in: BMDV, Bund und Hamburg bringen „Autonomes Ridepooling" auf die Straße.

259 Siehe Statistik zu Unfallursachen S. 65.

produziert. Diesbezüglich wäre es auch denkbar den ÖPNV bedarfsgerechter einzustellen, als es derzeit der Fall ist. Aktuell wird der ÖPNV durch Fahrpläne koordiniert, die festgelegten Uhrzeiten für die Ansteuerung von Bus- und Bahnhaltestellen folgen. Da bei autonomen Kraftfahrzeugen der Fahrzeugführer entfällt, den man bis heute für die Ansteuerung der jeweiligen Haltestellen benötigt, würde es möglich werden die Haltestellen nur dann anzusteuern, wenn durch einen potentiellen Passagier Transportbedarf – beispielsweise durch eine App – angekündigt werden würde. Mag dies in Ballungsgebieten aufgrund der hohen Transportfrequenz auf den ersten Blick zunächst weniger sinnvoll erscheinen, so wäre dies mit Blick auf die Nachtzeit auf den zweiten Blick durchaus sinnig. Statt eines starren Fahrplans bei Nacht, der derzeit den dauerhaften Einsatz von Personal und Maschine erfordert, könnte man durch bedarfsgerechte Bestellung des ÖPNV vor allem den Kosteneinsatz zugunsten des ÖPNVs reduzieren, indem man Personalkosten spart und Leerfahrten vermeidet. Überdies würde ein solch abrufbarer ÖPNV insbesondere in ländlichen Gebieten zu einer erhöhten Flexibilität und Mobilität der dortigen Bevölkerung beitragen. Dies beginnt bei der Ermöglichung von Fahrten zu Schulen und reicht bis hin zur Einrichtung von Transportverkehr zu Arbeitsstätten, wie etwa Fabriken und Lagerhallen.[260] Die gesellschaftliche Relevanz solcher *On-Demand-Shuttles* wurde begrüßenswerter Weise erkannt, weshalb ab dem Jahr 2024 auch ein entsprechendes Projekt in Hamburg gestartet wird.[261] Im Vergleich zu herkömmlichen Kraftfahrzeugen kann man daher durchaus den gesellschaftlich hohen Nutzen autonomer Kraftfahrzeuge erkennen, die – ebenso wie im Falle des § 833 BGB – eine unterschiedliche Wertung mit Blick auf die Haftungsbegründung zu rechtfertigen vermag.

bb) Ziele des Haftungsrechts

Statt einer scharfen Gefährdungshaftung könnte eine vermutete Verschuldenshaftung für autonome Kraftfahrzeuge vor allem auch mit Blick auf die Ziele des Haftungsrechts angezeigt sein. Primäres Ziel des Haftungsrechts

---

[260] Siehe zu den Einsatzmöglichkeiten autonomer Kraftfahrzeuge auch S. 23 ff.

[261] BMDV, Integration von autonomen Fahrzeugen in Mobilitätsanwendungen – ALIKE; *Bogenberger*, MOIA Begleitforschung; Stadt Hamburg, Projekt ALIKE – Autonome On-Demand-Shuttles.

ist nicht nur der bloße Ausgleich von Schäden an sich,[262] sondern insbesondere auch zu gewährleisten das Schäden allgemein akzeptabel, also fair und gerecht, ausgeglichen werden.[263] Es geht nicht nur darum sämtliche Schäden auszugleichen, die entstanden sind, sondern vor allem darum, zu identifizieren, welche Ansprüche berechtigt erscheinen und ausgeglichen werden sollten und welche nicht.[264]

Daneben werden auch sekundäre Ziele verfolgt, wie etwa die Prävention von Schäden[265] oder eine soziale Steuerung,[266] beispielsweise durch Streuung von Risiken auf das Kollektiv, so etwa durch Umlage der Haftungsrisiken auf Versicherungen[267] oder Hersteller, die diese dann wiederum auf ihre Produktpreise aufschlagen können.[268] Anhand dieser Steuerungsfunktion soll keine Risikominimierung um jeden Preis getroffen, sondern versucht werden, die richtige Wahl hinsichtlich der optimalen Risikoverteilung zu treffen.[269]

(1) Mittelpunkt und Ziel der Gefährdungshaftung

Beim Verschuldensprinzip handelt es sich um den Regelfall des Haftungsrechts, wonach Schadensersatz nur dann zu leisten ist, wenn der Schädiger vorsätzlich oder fahrlässig gehandelt hat.[270] Eine Ausnahme davon sehen gesetzlich

---

262 *Schäfer/Ott*, in: Lehrbuch der ökonomischen Analyse des Zivilrechts, S. 167; *von Caemmerer*, RabelsZ, 5, 19; *Wagner*, in: MüKo BGB, vor § 823, Rn. 45.

263 *Heiderhoff/Gramsch*, ZIP 2020, 1937, 1938, 1941 ff.; *Jansen*, in: Die Struktur des Haftungsrechts, S. 36; *Larenz/Canaris*, in: Schuldrecht BT 2, S. 354.

264 *Coleman*, in: Risks and Wrongs, S. 209; *Jansen*, in: Die Struktur des Haftungsrechts, S. 36; *Larenz/Canaris*, in: Schuldrecht BT 2, S. 354; *Zech*, in: 73. DJT, Band I, S. A 87.

265 *Leupold/Wiesner*, in: Leupold/Wiebe/Glossner, Teil 9.6.3., Rn. 11; *Wagner*, in: MüKo BGB, vor § 823, Rn. 49, 58 f.; Nach *Weyers* steht die Aufgabe der Schadensprävention gleichrangig neben der Aufgabe des Ausgleichs von Schäden, in: Unfallschäden, S. 397, 446 ff.

266 *Habersack/Zickgraf*, ZHR 2018, 252, 255 f.; *Heiderhoff/Gramsch*, ZIP 2020, 1937, 1938; *Jansen*, in: Die Struktur des Haftungsrechts, S. 37; *Leupold/Wiesner*, in: Leupold/Wiebe/Glossner, Teil 9.6.3., Rn. 11; *Wagner*, in: MüKo BGB, vor § 823, Rn. 49 f.; *Zech*, BJM 1/2014, S. 1 f.

267 Kritisch *Weyers*, in: Unfallschäden, S. 536 ff.

268 *Cane* spricht insoweit von „Reallokationsgerechtigkeit“, in: The Law of Obligations, S. 159 ff.; *Jansen*, in: Die Struktur des Haftungsrechts, S. 37; *Schäfer/Ott*, in: Lehrbuch der ökonomischen Analyse des Zivilrechts, S. 166; *Zech*, in: 73. DJT, Band I, S. A 87.

269 *Zech*, in: 73. DJT, Band I, S. A 87.

270 *Deutsch/Ahrens*, in: Deliktsrecht, Rn. 6; *Schmidt*, in: Weber, Rechtswörterbuch, Rechtsbegriff: Gefährdungshaftung.

kodifizierte Gefährdungshaftungstatbestände vor, die kein Verschulden des Schädigers voraussetzen, sondern lediglich an die Inbetriebnahme einer Einrichtung anknüpfen, die schädigend und für die Einrichtung typisch ist.[271] Im Mittelpunkt der Gefährdungshaftung stehen die Prinzipien der Gefahrenveranlassung und der Gefahrenbeherrschung.[272] Hintergrund ist, dass derjenige der eine *besondere Gefahr*[273] schafft und beherrscht, auch für diese einstehen soll.[274] Es handelt sich daher um eine reine Erfolgshaftung.[275] Statt wie beim Verschuldensprinzip für *Unrecht* einstehen zu lassen, ist es daher primäres Ziel der Gefährdungshaftung, *Unglück* abzuwälzen und einer gerechten Verteilung zuzuführen.[276]

(2) Besondere Gefahr als Legitimation einer Gefährdungshaftung

Wann eine besondere Gefahr vorliegt, die eine Legitimation für eine Gefährdungshaftung darstellt, ist indes nur schwer eingrenzbar und liegt de lege lata in der Entscheidungskompetenz des Gesetzgebers,[277] der durch seine gesetzgeberische Entscheidung den Unglücksschaden vom einen auf den anderen umverteilen kann.[278] So kann der Schaden wahlweise dem Schädiger, dem Staat oder der Gesellschaft aufgebürdet oder aber nach dem Grundsatz *casum sentit dominus* als bloßes Unglück beim Geschädigten belassen werden.[279] Als Anhaltspunkt für das Wertungskriterium einer *besonderen Gefahr* kann der potentielle Schaden herangezogen werden, namentlich eine besonders

271 *Schmidt*, in: Weber, Rechtswörterbuch, Rechtsbegriff: Gefährdungshaftung.
272 *Deutsch/Ahrens*, in: Deliktsrecht, Rn. 7; *Larenz/Canaris*, in: Schuldrecht BT 2, S. 605.
273 *Deutsch/Ahrens*, in: Deliktsrecht, Rn. 519; *Jansen*, in: Die Struktur des Haftungsrechts, S. 623; *Larenz/Canaris*, in: Schuldrecht BT 2, S. 607.
274 *Deutsch/Ahrens*, in: Deliktsrecht, Rn. 512.
275 *Schmidt*, in: Weber, Rechtswörterbuch, Rechtsbegriff: Verschulden.
276 *Deutsch/Ahrens*, in: Deliktsrecht, Rn. 7; *Esser*, in: Gefährdungshaftung, S. 1, 69 ff.; *Larenz/Canaris*, in: Schuldrecht BT 2, S. 354; *Weyers*, Unfallschäden, S. 397.
277 *Deutsch/Ahrens*, in: Deliktsrecht, Rn. 5; *Hanisch*, in: Haftung für Automation, S. 178; *Larenz/Canaris*, in: Schuldrecht BT 2, S. 607; *von Caemmerer*, in: Wandlungen des Deliktsrechts, S. 63.
278 *Larenz/Canaris*, in: Schuldrecht BT 2, S. 608.
279 *Larenz/Canaris*, in: Schuldrecht BT 2, S. 608, 609.

hohe Eintrittswahrscheinlichkeit oder gar Unausweichlichkeit[280] des Schadens oder ein Schaden der besonders schwer oder hoch[281] sein würde.[282]

(a) Besondere Gefahren autonomer Kraftfahrzeuge

Gemessen am vorher Gesagten ist zu prüfen, ob eine *besondere Gefahr* in autonomen Kraftfahrzeugen gesehen werden kann.

(aa) Schadenseintrittswahrscheinlichkeit

Autonome Kraftfahrzeuge sind aufgrund des immensen technischen Fortschritts nicht in ihrer Gefährlichkeit und erst recht nicht in ihrer Handhabung mit herkömmlichen Kraftfahrzeugen der letzten 140 Jahre vergleichbar. Vielmehr werden autonome Kraftfahrzeuge die Rolle des Automobils in puncto Sicherheit und Komfort neu definieren.[283] Wie aufgezeigt darf erwartet werden, dass die Unfallgefahren, die von einem autonomen Kraftfahrzeug ausgehen, um circa 92 % geringer sein werden, als die Unfallgefahren, die von einem herkömmlichen Kraftfahrzeug ausgehen, da es in autonomen Kraftfahrzeugen keinerlei Vorrichtungen geben wird, die den Insassen das Führen des Kraftfahrzeugs ermöglichen werden und der Mensch als Fahrzeugführer somit als Hauptfaktor von Unfallursachen wegfällt.[284] Besonders hohe oder gar unausweichliche Schäden, speziell verursacht

---

280 BGH, Urteil vom 10.05.1976, Az.: III ZR 150/73 (VersR 1976, 930, 931); *Blaschczok* spricht hier von „Ausgeliefertheit“, Gefährdungshaftung und Risikozuweisung, S. 58 ff.; *Esser*, in: Gefährdungshaftung, S. 90, 103; *Jansen*, in: Die Struktur des Haftungsrechts, S. 623; *Köndgen*, in: Haftpflichtfunktionen, S. 27; *Schweighofer*, mit Hinweis auf die Rechtsprechung des Österreichischen obersten Gerichtshofs, in: Robotik, S. 155; *von Caemmerer*, in: Wandlungen des Deliktsrechts, S. 63.

281 *Jansen*, in: Die Struktur des Haftungsrechts, S. 623.

282 *Deutsch*, NJW 1992, 73, 74; *Deutsch/Ahrens*, in: Deliktsrecht, Rn. 7; *Jansen*, in: Die Struktur des Haftungsrechts, S. 623; *Kötz*, AcP 1970, 21, 28 ff.; *Koziol*, in: Festschrift für Wilburg, S. 178; *Will*, in: Quellen erhöhter Gefahr, S. 283.

283 Mercedes-Benz Group AG, in: Autonomes Fahren, „Das autonome Fahren definiert die Rolle des Automobils neu. Es wird nicht nur die Sicherheit und den Komfort beim Fahren erhöhen. Es gibt uns die Zeit zurück, die wir bisher mit Fahren beschäftigt waren und die wir dann für andere Dinge nutzen können“.

284 Siehe zu den Unfallursachen S. 65; siehe auch *Schirmer*, RW 4/2018, 453, 459.

durch autonome Kraftfahrzeuge, sind, abgesehen von Einzelfällen oder aufgrund von höherer Gewalt, daher nicht zu erwarten.

(bb) Schadenshöhe

Es ist ebenfalls nicht zu erwarten, dass eine Unfallverursachung durch ein autonomes Kraftfahrzeug zu Schäden führen würde, dessen Schadenshöhe über das bereits bekannte Maß bei Körper- und Sachschäden hinausgeht. Insoweit ist festzustellen, dass der menschliche Fahrzeugführer durch eine Software ersetzt wird und die reine Schadenshöhe sich daher auf dem gleichen Niveau bewegen dürfte, wie bei einer Unfallverursachung durch ein herkömmliches Kraftfahrzeug. Mit Blick auf die Gesamtunfallstatistik ist jedoch wegen der zu erwartenden generellen Verringerung der Unfallbeteiligung autonomer Kraftfahrzeuge bei Verkehrsunfällen, sogar von einer signifikanten Verringerung der zu erwartenden Schadensbeträge insbesondere für die Allgemeinheit, Versicherungen und dadurch mittelbar auch zugunsten von Haltern, Passagieren und Herstellern auszugehen. Diesbezüglich ist festzustellen, dass die Fahrbewegungen und Reaktionsgeschwindigkeiten eines autonomen Kraftfahrzeugs sich mindestens an denen eines Idealfahrers orientieren werden,[285] wobei aufgrund der starken technologischen Entwicklung davon ausgegangen werden kann, dass auch die Fähigkeiten eines menschlichen Idealfahrers übertroffen werden. Dies insbesondere deshalb, weil die Software sowohl schon vor dem Fahrtantritt als auch während der Fahrt in Echtzeit über Parameter, wie beispielsweise Straßenverlauf, Verkehrsaufkommen, Wetterinformationen etc., verfügen wird, wodurch präventive Wahrscheinlichkeitsberechnungen durchgeführt und potentielle Unfälle schon frühzeitig vermieden werden können. Im Ergebnis sind daher keine Schäden zu erwarten, die als besonders hoch oder besonders schwer einzustufen sind. Vielmehr ist, aufgrund der über die menschlichen Fähigkeiten hinausgehenden hohen technologischen Möglichkeiten, mit Blick auf die Gesamtzahl der Verkehrsunfälle, eher von einer Reduktion der Unfälle und Schäden im Straßenverkehr auszugehen.

(cc) Neue Risiken

Denkbar wäre es möglicherweise, dass neue und bisher unbekannte Risiken mit autonomen Kraftfahrzeugen verbunden sein könnten, die als *besondere Gefahr* gewertet werden könnten.

---

[285] Vgl. direktes Zitat auf S. 77.

(aaa) Autonomierisiko

So wird teilweise angeführt, dass es ein neu zu berücksichtigendes *Autonomierisiko* geben könnte.[286] Hiermit wird das Risiko befürchtet, dass die Software einer künstlichen Intelligenz (im Folgenden: KI) eigenständig, also autonom, falsche Entscheidungen bei der Steuerung des autonomen Kraftfahrzeugs treffen könnte, wodurch es zu Rechtsgutsverletzungen kommen könnte.[287] Dies ist angesichts der in einem autonomen Kraftfahrzeug befindlichen KI in der Theorie zwar nicht von der Hand zu weisen, allerdings als vernachlässigbar einzustufen, da es sich bei Schädigungen aufgrund einer fehlerhaften Fahrzeugführung durch das Softwaresystem des autonomen Kraftfahrzeugs nicht um ein qualitativ neues Risiko handelt, sondern einen schlichten Produktfehler am Fahrzeug selbst darstellt.[288] Wie die Unfallstatistiken zeigen, haben technische Mängel aber nie eine besondere Rolle bei Verkehrsunfällen gespielt.[289] Insoweit ist davon auszugehen, dass Hersteller autonomer Kraftfahrzeuge erst dann in den Markt einführen werden, wenn die darin befindliche KI ein Stadium der technischen Fehlerfreiheit erreicht haben, das vergleichbar mit der technischen Fehlerfreiheit herkömmlicher Kraftfahrzeuge ist. Insoweit führte ein Vorstandsmitglied von Mercedes-Benz aus:

> „Die KI wird vor der Markteinführung umfangreich geprüft und getestet, sowohl digital als auch in realen Fahrzeugen.“[290]
>
> „Wenn wir Systeme entwickeln, dann beziehen wir uns auf den absoluten und vorbildlichen Fahrer. Also unsere Systeme sind darauf ausgerichtet, dass der vorbildliche Fahrer mit Erfüllung aller Regelungen fährt.“[291]

Der bloßen Behauptung, dass aufgrund zunehmender Verbreitung von Robotern im Alltag die Eintrittswahrscheinlichkeit von Schädigungen

---

[286] *Cornelius*, ZRP 2019, 8, 9; Ministerium der Justiz des Landes Nordrhein-Westfalen, Arbeitsgruppe „Digitaler Neustart“, S. 47 f.

[287] *Cornelius*, ZRP 2019, 8, 9.

[288] Zur Software im Lichte der Produkthaftung ausführlich auf S. 126 ff.; *Jungo Brüngger*, in: 73. DJT, Band II/1, S. K 19; vgl. auch *Riehm*, der den Begriff des Autonomierisikos als zu vage und zu wenig greifbar ansieht, in: 73. DJT, Band II/2, S. K 109; *Wagner*, in: MüKo BGB, § 1 ProdHaftG, Rn. 61; *Wilhelmi*, in: 73. DJT, Band II/2, S. K 113.

[289] Siehe Statistik zu den Unfallursachen S. 65.

[290] *Jungo Brüngger*, in: 73. DJT, Band II/1, S. K 16.

[291] *Jungo Brüngger*, in: 73. DJT, Band II/2, S. K 99.

zunehmen würde oder dass dies als „besonderes Risiko"[292] aufzufassen wäre,[293] ist daher jedenfalls mit Blick auf autonome Kraftfahrzeuge zu widersprechen. Denn ähnlich einem menschlichen Fahrzeugführer wird die Software des autonomen Kraftfahrzeugs das Fahrzeug unter Beachtung der an die Fahrzeugführung gerichteten Verkehrsvorschriften führen. Aber anders als menschliche Fahrzeugführer wird sich die Programmierung der Software emotionslos an den geltenden Gesetzen orientieren und subjektive Befindlichkeiten, wie beispielsweise dem Drang mit überhöhter Geschwindigkeit zu fahren oder zu dicht aufzufahren, um den Vorausfahrenden zum Spurwechsel zu verleiten, nicht nachgeben. So werden autonome Kraftfahrzeuge nicht die Möglichkeit haben, rücksichtslose oder gefährliche Fahrmanöver auf Anweisung der Passagiere oder des Halters zu vollführen, sodass das autonome Kraftfahrzeug weder mit überhöhter Geschwindigkeit, noch mit zu geringem Abstand fahren oder die Beschilderung oder Lichtzeichenanlagen etc. missachten werden.[294]

Auch wenn die autonome Technologie neuartig sein mag, so wären aber die Risiken und Fehler durch die KI nicht neu. Dies soll anhand einer Parallele zu einem menschlichen Fahrzeugführer veranschaulicht werden: Eine Vielzahl der Fehler, die von menschlichen Fahrzeugführern begangen werden, sind auf eine fehlerhafte Informationsverarbeitung zurückzuführen. So entsteht eine erhebliche Anzahl von Risiken im Straßenverkehr nur deswegen, weil die Fahrzeugführer, beispielsweise durch Übermüdung, Rausch oder Ablenkung, unaufmerksam werden oder bloß eine fehlerhafte Einschätzung über die physikalischen Größen *Strecke* oder *Zeit* treffen.[295] Im Prinzip kommt es also auch bei einem menschlichen Fahrzeugführer zu Fehlern bei der Verarbeitung von Informationen die ihn umgeben, wenn es wegen einer Unaufmerksamkeit oder einer fehlerhaften Einschätzung zu einem Verkehrsunfall kommt. Diese Überlegung kann gleichermaßen auf die Fahrzeugsteuerung durch die KI eines autonomen Kraftfahrzeugs übertragen

---

[292] *Zech*, in: 73. DJT, Band I, S. A 30.

[293] *Teubner*, AcP 2018, 155, 164; *Yuan*, RW 4/2018, 477, 478; *Zech*, in: 73. DJT, Band I, S. A 29, A 41, A 49.

[294] Siehe auch *Heiderhoff/Gramsch*, ZIP 2020, 1937, 1940: „Die für Menschen typischen auf Fahrlässigkeit beruhenden Schäden [...] wird das System ohnehin kaum verursachen"; vgl. auch *Riehm*, in: 73. DJT, Band II/2, S. K 98.

[295] DESTATIS, Unfallbilanz 2023.

werden. Die KI verarbeitet Daten und reagiert mit Fahrbewegungen; soweit die Daten nicht korrekt verarbeitet worden sind, kann es zu einem Verkehrsunfall kommen – ein Risiko würde also aus denselben Ursachen entstehen, wie es auch bei einem Menschen der Fall sein würde. Wie dargelegt ist die gesamte Entwicklung autonomer Kraftfahrzeuge aber darauf ausgerichtet diese (mindestens) als *Idealfahrer*[296] auszugestalten.[297] Insoweit liegt mit Blick auf die *Autonomie* kein *besonderes Risiko*, sondern vielmehr eine Risikoreduktion durch den Wegfall deutlich fehleranfälliger menschlicher Fahrzeugführer vor. Denn ein durchschnittlicher Mensch ist in seiner Informationsverarbeitungskapazität auf maximal 7± 2 limitiert, sodass er nur bis zu neun Informationseinheiten im Kurzzeitgedächtnis präsent halten und gleichzeitig verarbeiten kann.[298] Auf Grundlage neuerer Forschung wird sogar vertreten, dass diese Zahl zu hoch angesetzt sei und Menschen tatsächlich nur 3 bis 4 Informationseinheiten simultan verarbeiten könnten, ohne dass es zu schlagartigen Abfällen im Auffassungsvermögen käme.[299] Demgegenüber kann eine KI mehrere Millionen Informationen gleichzeitig verarbeiten.[300]

Möglicherweise wäre eine besondere Gefahr in der Autonomie des Kraftfahrzeugs dann zu erblicken, wenn man Herstellern gestatten würde, die Software so zu programmieren, dass diese neben prognostizierbaren Entscheidungen auch nicht-prognostizierbare Entscheidungen fällen könnte.[301] Da die damit einhergehenden Risiken aber weder abschätzbar noch beherrschbar wären,[302] wäre dies de lege lata rechtswidrig.[303] Ausnahmen

---

[296] Zum Begriff des Idealfahrers: BGH, Urteil vom 17.03.1992, Az.: VI ZR 62/91 (NJW 1992, 1684, 1685); Siehe auch *Kaufmann* in Fußnote 187; vgl. auch *Heiderhoff/Gramsch*, ZIP 2020, 1937, 1939.

[297] Siehe S. 77.

[298] *Miller*, The magical number seven, The Psychological Review 1956 (63/2), S. 81 ff.; vgl. auch *Baddeley*, The Magical Number Seven: Still Magic After All TheseYears?, The Psychological Review 1994 (101/2), S. 353 ff.; vgl. auch *Shiffrin/Nosofsky*, Seven Plus or Minus Two: A Commentary On Capacity Limitation, The Psychological Review 1994 (101/2), S. 357 ff.

[299] *Rouder* et al., An assessment of fixed-capacity models of visual working memory, PNAS 2008 (105/16), S. 5975 ff.

[300] *Nolan*, Artificial Intelligence in Science, S. 24.

[301] Zum Grundprinzip der Lernfähigkeit der Software *Zech*, in: 73. DJT, Band I, S. A 31 ff.

[302] *Matthias*, in: Automaten als Träger von Rechten, S. 33 ff.

[303] *Teubner*, AcP 2018, 155, 175; *Zech*, in: 73. DJT, Band I, S. A 55.

müssten daher de lege ferenda vom Gesetzgeber geregelt werden, der dabei gleichzeitig Maßnahmen zur Prävention treffen müsste.[304] Zwar ist es eine normative Frage, welcher Grad von Sicherheit dann zu verlangen sein würde,[305] technologisch haben es die Hersteller aber durchaus in der Hand Sicherungsmittel in die Software einzuprogrammieren oder anderweitig Sicherheit zu garantieren.[306] So ist *Zech* darin beizupflichten, dass das Wissen des Programmierers bei lernenden Systemen möglicherweise kleiner sein könnte, als es bei klassischen Programmierungen der Fall sein würde, es aber unstrittig ist, dass stets die Möglichkeit besteht, dass auf eine Software und die damit verbundenen Lernfähigkeiten und -prozesse und in der Folge somit auch auf das Lernergebnis und die autonome Fahrzeugführung Einfluss genommen werden kann.[307] So sind exemplarisch die Blackbox- und Whitebox Tests als Methoden zum Erkenntnisgewinn[308] oder eine technische Absicherung ex ante („security by design")[309] zu nennen. Hinsichtlich letzterem ist beispielhaft das sog. *supervised learning* zu nennen, wonach autonome Kraftfahrzeug anhand von zuvor gesammeltem Datenmaterial trainiert werden, sodass insbesondere die sicherheitsrelevanten Funktionen wie die Fahrzeugsteuerung nicht grenzenlos der Autonomie der Software ausgesetzt werden.[310] Die Tatsache, dass Informatiker bei der Beschreibung der Software einerseits von einem *deterministischen System* sprechen, also das Verhalten der Software auf eine Programmierung zurückzuführen ist, andererseits aber auch davon sprechen, dass die Software autonome Entscheidungen trifft, sind in sich daher nicht widersprüchlich,[311] sondern vielmehr einheitlich zu verstehen. Denn auch wenn die Software autonome Entscheidungen treffen kann und auch soll, heißt das nicht, dass diese Entscheidungen nicht

---

[304] *Teubner*, AcP 2018, 155, 175; *Zech*, in: Gless/Seelmann, S. 191 ff.

[305] *Riehm*, in: 73. DJT, Band II/1, S. K 51; *Zech*, in: 73. DJT, Band I, S. A 34; Zu den Sicherheitserwartungen an die das Fahrzeug führende Software siehe S. 130 ff.

[306] *Lohmann*, AJP/PJA 2017, 152, 158 mit Hinweis auf ISO-Norm 13482:2014 und ISO-Norm 12100:2010; *Reichwald/Pfisterer*, CR 2016, 208, 212: „Die Entwickler solcher Systeme müssen bestimmte Eigenschaften garantieren"; *Zech*, in: 73. DJT, Band I, S. A 35, A 42, A 52; *Zech*, in: 73. DJT, Band II/2, S. K 103.

[307] *Zech*, in: 73. DJT, Band I, S. A 29, A 35, A 89; *Zech*, in: 73. DJT, Band II/2, S. K 103.

[308] Hierzu ausführlich *Martini*, in: Blackbox Algorithmus, S. 44 ff.

[309] *Zech*, in: 73. DJT, Band I, S. A 47.

[310] *Jungo Brüngger*, in: 73. DJT, Band II/1, S. K 27; *Yuan*, RW 4/2018, 477, 485 ff.

[311] So aber *Casper*, in: 73. DJT, Band II/2, S. K 93.

innerhalb eines Rahmens mit vorgegebenen Parametern und Grenzen getroffen werden können, die vorher von einem Menschen als Sicherungsmittel einprogrammiert worden sind.

Auch die Tatsache, dass autonom fahrende Kraftfahrzeuge zunächst im unternehmerischen Bereich[312] und dort in begrenzten festgelegten Betriebsbereichen eingesetzt werden,[313] spricht, insbesondere aufgrund der behördlichen Kontrolle ebendieser begrenzten Bereiche,[314] dafür, dass die autonome Fahrzeugführung an geeigneten vorselektierten Orten erfolgt und auch aus diesem Grund weniger Unfälle zu befürchten sind. So können Hersteller, durch die zusätzliche streng regulierte örtliche Begrenzung, ex post aufkommende Fehler im autonomen Fahrverhalten der Kraftfahrzeuge entdecken und mit Blick auf die Zukunft analysieren und minimieren.[315] Das wird Hersteller dabei unterstützen Erfahrungen mit dem Verhalten der autonomen Fahrzeugsteuerung im realen Straßenverkehr zu sammeln und technologische Komponenten für die autonome Fahrfunktion weiterentwickeln zu können. Dadurch wird Schadensprävention begünstigt, sodass es perspektivisch zum Entfallen der Notwendigkeit festgelegter Betriebsbereiche kommen und ein unbeschränkter autonomer Straßenverkehr ermöglicht werden kann.

Zusammenfassend lässt sich daher festhalten, dass ein neues Autonomierisiko wohl nicht zu befürchten sein wird, da es sich nicht von den bereits bekannten Fehlern von Menschen bei der Informationsverarbeitung unterscheiden würde und es den Herstellern de lege lata auch nicht gestattet ist autonome Systeme unkontrolliert und ohne jeden Sicherungsmechanismus auf die Straßen zu bringen. Vielmehr sprechen die Argumente, dass eine KI Informationen in deutlich höherer Zahl und Geschwindigkeit gleichzeitig verarbeiten kann, sowie das Bestreben von Herstellern und Behörden die KI in einem autonomen Kraftfahrzeug so intensiv wie möglich zugunsten der Sicherheit zu programmieren und zu testen, dafür, dass ein Autonomierisiko bzw. eine damit verbundene *besondere Gefahr* wohl nicht zu befürchten sein wird.

---

[312] Zu den vorgesehenen Einsatzbereichen S. 23 ff.

[313] Zum festgelegten Betriebsbereich auf S. 20 ff.

[314] §§ 7 – 10 AFGBV.

[315] *Steege*, SVR 2023, 9, 11.

(bbb) Vernetzungsrisiko

Des Weiteren soll auf die Frage eingegangen werden, ob das *Vernetzungsrisiko* als neu hinzukommende Gefahr eine *besondere Gefahr* darstellt. Grundsätzlich wird mit dem Vernetzungsrisiko die Gefahr gesehen, dass eine hohe Anzahl von Systemen (die Fahrzeuge untereinander und/oder mit Teilen der Infrastruktur)[316] miteinander kommunizieren und es dadurch zu komplexen und unüberschaubaren Kausalzusammenhängen kommen könnte, wodurch es erschwert oder gar unmöglich gemacht werden könnte Schadensverursachungsbeiträge korrekt zuzuordnen.[317] In der Theorie wäre es durchaus denkbar, dass die Vernetzung von Kraftfahrzeugen und der Infrastruktur die Eintrittswahrscheinlichkeit von Schäden begünstigen könnte, wenn fehlerhafte Informationen auf die wesentlichen Einrichtungen des autonomen Kraftfahrzeugs, also vor allem auf die Steuerung, durchschlagen würden. So wäre insbesondere denkbar, dass ein autonomes Kraftfahrzeug einen Schaden verursacht, weil es ungerechtfertigt eine Notbremsung durchführt oder ein unnötiges Ausweichmanöver einleitet, nur weil es falsche Informationen über ein angeblich bevorstehendes aber tatsächlich nicht existentes Hindernis erhält. Auch könnte die Schwere der Schäden sich drastisch erhöhen, falls falsche Informationen nicht nur an ein autonomes Kraftfahrzeug übermittelt werden würden, sondern Teile der Verkehrsinfrastruktursysteme an eine Vielzahl autonomer Kraftfahrzeuge keine (korrekten) Informationen mehr übermitteln würden.[318] So könnten durch falsche oder fehlende Informationen an eine Vielzahl autonomer Kraftfahrzeuge unkoordinierte Bewegungen ausgelöst werden, die den Verkehr großflächig zum Erliegen bringen könnten. Des Weiteren könnte das gleichzeitige Empfangen einer hohen Anzahl verschiedener Informationen auch die Feststellung derjenigen fehlerhaften Informationen oder Systeme erschweren, die maßgeblich zum Entstehen der Schäden geführt haben. Dadurch könnte die korrekte rechtliche Zuordnung von Schadensverursachungsbeiträgen vor hohe Hürden gestellt werden, sodass es zu erheblichen

---

[316] Siehe zur Fahrzeug-zu-Infrastruktur oder Maschine-zu-Maschine Kommunikation S. 22.

[317] *Cornelius*, ZRP 2019, 8, 10; *Heiderhoff/Gramsch*, ZIP 2020, 1937, 1943; *Zech*, in: 73. DJT, Band I, S. A 46 ff.

[318] Siehe zur deliktischen Haftung des Mobilfunknetzbetreibers S. 167 ff.

Beweisschwierigkeiten kommen könnte. Würde man alle diese Aspekte als möglich und hinreichend wahrscheinlich unterstellen, so würde man im Vernetzungsrisiko eine *besondere Gefahr* erblicken müssen, da es sowohl mit Blick auf die erhöhte Eintrittswahrscheinlichkeit, das Ausmaß und die Folgen eines potentiellen Schadens sowie auch durch die Unüberschaubarkeit der Kausalzusammenhänge zu erheblichen Schwierigkeiten sowohl für die öffentliche Sicherheit als auch für die rechtliche Bewertung kommen könnte.

Aus einer praktischen Sichtweise heraus, sollte man die oben angesprochenen Szenarien aber nicht dadurch begünstigen, indem man Herstellern gestattet solch besondere Gefahren durch eine derartige Vernetzung überhaupt zu schaffen. Damit die Gefahren gar nicht erst real werden, muss schon präventiv ein rechtlicher Rahmen geschaffen werden, der eine unkoordinierte und fehleranfällige Vernetzung zwischen einer Vielzahl von Akteuren im Straßenverkehr von Beginn an reguliert. Denkbar wäre es beispielsweise den Herstellern aufzugeben die autonomen Kraftfahrzeuge so zu konstruieren, dass sie zwar die Möglichkeit haben externe Informationen zu empfangen, die empfangenen externen Informationen aber nur als unverbindliche Hinweise zu verstehen sind. Das autonome Kraftfahrzeug müsste also in letzter Konsequenz immer anhand derjenigen Informationen, die es mittels seiner eigenen Sensoren selbst gesammelt hat, die relevanten Entscheidungen zur Durchführung der unmittelbaren Fahrbewegungen treffen. Am Beispiel des fälschlicherweise suggerierten Hindernisses würde das konkret bedeuten, dass das autonome Kraftfahrzeug die empfangenen externen Informationen über ein (tatsächlich nicht) bevorstehendes Hindernis zwar bei der Durchführung von (Wahrscheinlichkeits-)Berechnungen nutzbar machen dürfte, die Entscheidung über die tatsächlichen unmittelbaren Fahrbewegungen jedoch anhand der eigenen bereits existenten Daten, beziehungsweise anhand der durch die eigenen vorhandenen Sensoren selbständig gesammelten Informationen, getroffen werden müssten. Dies bietet gleich mehrere erhebliche Vorteile. So reduziert es die Eintrittswahrscheinlichkeit von Fehlern und dadurch bedingte Verkehrsunfälle auf ein Minimum. Denn wenn die Entscheidung des autonomen Kraftfahrzeugs primär auf den trainierten und eingespeisten Daten des Herstellers sowie auf den eigenen sensorisch gesammelten Daten basiert, würden fehlende oder fehlerhafte externe Informationen aus der Vernetzung durch das System vernachlässigt werden können. Um beim Beispiel des fälschlicherweise suggerierten Hindernisses zu bleiben: Das autonome Kraftfahrzeug würde von einer Datenquelle aus dem gemeinschaftlichen Netzwerk die fehlerhafte Information erhalten, dass sich in wenigen hundert Metern ein Hindernis befindet. Wenn die eigenen Sensoren an angegebener Stelle nun aber kein Hindernis erkennen, würde das autonome Kraftfahrzeug diese Information als unerheblich bewerten und keine unnötige und potentiell gefährliche unmittelbare Reaktion, wie beispielsweise eine Notbremse, initiieren. Durch die Fähigkeit externe Informationen mittels eigener Sensoren verifizieren zu können, würde auch die Eintrittswahrscheinlichkeit von schädigenden Ereignissen erheblich reduziert. Dies soll anhand des zweiten genannten Beispiels (Ausfall von Teilen der Verkehrsinfrastruktursysteme) verdeutlicht werden: Bei einem plötzlichen Ausfall der Verkehrsinfrastruktursysteme oder der externen Kommunikation mit anderen Verkehrsteilnehmern, könnte ein autonomes Kraftfahrzeug weiterhin ohne Beeinträchtigungen sicher manövrieren, da dessen Entscheidungen hinsichtlich der Fahrzeugsteuerung nicht maßgeblich von der Vernetzung respektive der externen Informationen abhängig wären, sondern sich primär nach seinen eigenen Daten und Sensoren richten. In der logischen Konsequenz würde eine solche Priorisierung der eigenen Daten und Systeme die Schwere von potentiellen Massenschäden erheblich reduzieren, da unkoordinierten Bewegungen aufgrund fehlerhafter oder fehlender Informationen durch die eigene Informationsgewinnung vorgebeugt würden. Schließlich würde durch solch ein Vorgehen auch die Problematik der Nachvollziehbarkeit der Kausalzusammenhänge und Schadensverursachungsbeiträge aufgelöst werden. Denn einerseits müssten externe Informationen vom autonomen Kraftfahrzeug verifiziert werden und andererseits würde durch die Verifikation nachvollziehbar werden, welche Informationen bei der Entscheidung des autonomen Kraftfahrzeugs Berücksichtigung gefunden haben und welche nicht.

Das theoretische Vernetzungsrisiko würde also praktisch dadurch entschärft werden können, indem das autonome Kraftfahrzeug die Entscheidungen betreffend die Fahrzeugführung anhand seiner bereits vorhandenen und herstellerseitig trainierten sowie anhand der durch eigene Sensoren selbst gesammelten Daten trifft. Ein Restrisiko, das externe Daten in Ausnahmefällen auch falsch interpretiert werden bzw. bei dessen Berücksichtigung auch zu einer falschen Entscheidung führen können, dürfte zwar nicht zu vermeiden sein. Jedoch würden die angesprochenen

Risiken (Eintrittswahrscheinlichkeit und Schwere eines Schadens sowie die Zuordnung der Schadensverursachungsbeiträge), durch die verstärkte Unabhängigkeit von externen Daten aus dem gemeinschaftlichen Netzwerk – was schließlich auch das prägende Wesen[319] der *Autonomie* ausmacht – insgesamt als vernachlässigbar einzustufen sein, sodass im Ergebnis auch beim Vernetzungsrisiko eine *besondere Gefahr* zu verneinen ist.

(ccc) Europäisch-legislative Perspektive

Auch wenn die Verordnung (EU) 2024/1689 über künstliche Intelligenz (im Folgenden: KI-VO) trotz ihres Inkrafttretens am 1. August 2024 erst ab dem 2. August 2026 (bzw. ab dem 2. August 2027 soweit es dessen Art. 6 Abs. 1 betrifft, (Art. 113 KI-VO)), Geltung entfaltet, soll abschließend überblicksartig auch auf die KI-VO eingegangen werden, da sie eine Differenzierung von KI-Systemen nach Risikoklassen vornimmt und möglicherweise eine *besondere Gefahr* anzunehmen sein könnte, wenn die KI eines autonomen Kraftfahrzeugs aus europäisch-legislativer Perspektive als *Hochrisiko-KI-System* einzustufen wäre. Gemäß Art. 6 Abs. 1 KI-VO, gilt ein KI-System als Hochrisiko-KI-System, wenn die folgenden zwei Bedingungen erfüllt sind. Zum Ersten muss das KI-System als *Sicherheitsbauteil* eines Produkts verwendet werden, dass unter die in Anhang I der KI-VO aufgeführten Harmonisierungsvorschriften fällt oder das KI-System muss selbst ein solches Produkt sein und zum Zweiten muss das Produkt, dessen Sicherheitsbauteil das KI-System ist bzw. das KI-System als Produkt selbst, einer Konformitätsbewertung durch Dritte im Hinblick auf das Inverkehrbringen oder die Inbetriebnahme des Produkts unterzogen werden. In Anhang 1 Nr. 18 der KI-VO wird auf die Kfz-Genehmigungs-VO Bezug genommen, in der es um Kraftfahrzeuge geht. Fraglich ist daher zunächst, ob das die Fahrzeugführung beeinflussende KI-System eines autonomen Kraftfahrzeugs als Sicherheitsbauteil eines Kraftfahrzeugs qualifiziert werden kann. Laut Definition in Art. 3 Nr. 14 KI-VO handelt es sich bei einem Sicherheitsbauteil um einen Bestandteil eines Produkts oder KI-Systems, das eine Sicherheitsfunktion für dieses Produkt oder das KI-System erfüllt oder dessen Ausfall oder Störung die Gesundheit und Sicherheit von Personen oder Eigentum gefährdet.

[319] So auch *Will*, in: BeckOK StVR, § 1d StVG, Rn. 8.

Auf das das autonome Kraftfahrzeug steuernde KI-System trifft beides zu. Das KI-System erfüllt eine Sicherheitsfunktion, indem es die ordnungsgemäße Fahrt des autonomen Kfz sicherstellt, um Insassen und Dritte vor Schäden zu schützen. Gleichzeitig könnten auch nur kurze Ausfälle oder Störungen bei der Bedienung der Beschleunigungs-, Brems- oder Lenkanlage eines autonomen Kraftfahrzeugs dazu führen, dass Insassen und auch außerhalb des Kfz befindliche Personen sowie auch Eigentum, wie beispielsweise andere im Verkehr befindliche Kfz, geschädigt werden könnten. Relativierend ist aber zu berücksichtigen, dass der Begriff des Sicherheitsbauteils in Erwägungsgrund 55 der KI-VO vom Verordnungsgeber adressiert wird. Darin stellt er wiederum klar, dass von einem Sicherheitsbauteil nur dann die Rede sein kann, wenn das Bauteil nicht für die Funktionsfähigkeit und den Betrieb des Produktes selbst notwendig ist.[320] Da es in einem autonomen Kraftfahrzeug aber weder Lenkrad noch Pedale gibt, ist das das Fahrzeug antreibende und steuernde KI-System zwingend notwendig für die Funktionsfähigkeit und den Betrieb des autonomen Kraftfahrzeugs selbst, weshalb das KI-System eines autonomen Kraftfahrzeugs nicht als Sicherheitsbauteil, sondern vielmehr als Hauptbestanteil des autonomen Kraftfahrzeugs bewertet werden muss.[321] Mangels Klassifikation als Sicherheitsbauteil gem. Art. 6 Abs. 1 lit. a) KI-VO, handelt es sich bei dem KI-System eines autonomen Kraftfahrzeugs daher nicht um ein Hochrisiko-KI-System im Sinne des Art. 6 Abs. 1 der KI-VO.

Anderes mag für Kraftfahrzeuge gelten, die unterhalb des Levels 5 liegen,[322] so beispielsweise für Kraftfahrzeuge des Levels 4, die – wenn auch eingeschränkt – ebenfalls autonom fahren können, wegen des Vorhandenseins von Lenkrad und Pedalen als Produkt aber nicht gänzlich auf das KI-System angewiesen sind, um Betrieben werden zu können. Da das KI-System eines Kraftfahrzeugs des Levels 4 ebenfalls Sicherheitsfunktionen erfüllt und Ausfälle oder Störungen zu Schädigungen an Gesundheit oder Eigentum führen können, ließe sich das KI-System eines Kraftfahrzeugs des Levels 4 durchaus unter den Begriff des Sicherheitsbauteils subsumieren. Neben der Erfüllung

---

320 *Wendehorst*, in: Martini/Wendehorst, Art. 3 KI-VO, Rn. 154.

321 Vgl. auch *Wendehorst*, in: Martini/Wendehorst, Art. 3 KI-VO, Rn. 154, die zur Abgrenzung zwischen Sicherheits- und Hauptbestandteil beispielhaft den Motor in einem Kraftfahrzeug nennt; siehe auch Ausführungen auf S. 147.

322 Zu den einzelnen Leveln auf S. 9 ff.

dieser ersten Bedingung zur Einordnung als Hochrisiko-KI-System wäre bei Kraftfahrzeugen des Levels 4 auch die zweite Bedingung des Art. 6 Abs. 1 lit. b) KI-VO erfüllt, da eine Konformitätsbewertung von Kraftfahrzeugen durch Dritte in der Kfz-Genehmigungs-VO vorgesehen ist.

Diese Unterscheidung bei der Klassifikation zwischen Fahrzeugen des Levels 4 und 5 scheint auf den ersten Blick nur schwer nachvollziehbar, sodass eine Klassifikation des KI-Systems eines autonomen Kraftfahrzeugs als Hochrisiko-KI-System möglicherweise durch Art. 6 Abs. 2 KI-VO erreicht werden könnte. So sieht beispielsweise Art. 6 Abs. 2 KI-VO vor, dass zusätzlich zu den in Art. 6 Abs. 1 KI-VO genannten Hochrisiko-KI-Systemen alle KI-Systeme als hochriskant einzustufen sind, die in Anhang III der KI-VO genannt werden. Anhang III Nr. 2 KI-VO nennt unter dem Oberbegriff *Kritische Infrastruktur* auch KI-Systeme, die im Rahmen des Straßenverkehrs verwendet werden sollen. Allerdings wäre bereits unklar, was damit konkret gemeint ist. So wäre es einerseits denkbar, dass Kraftfahrzeuge im Straßenverkehr gemeint wären, sodass KI-Systeme die Kraftfahrzeuge steuern generell als hochriskant einzustufen wären. Allerdings wäre es ein leichtes gewesen den Bezug auf Kraftfahrzeuge auch präzise zum Ausdruck zu bringen, sodass es andererseits überzeugender erscheint, dass hier nicht Kraftfahrzeuge, sondern vielmehr die Verkehrsinfrastruktur außerhalb von Kraftfahrzeugen, also z. B. Lichtzeichenanlagen oder digitale Wechselverkehrszeichen, gemeint sind, die mit einem KI-System ausgestattet sind.[323] Für diese Auslegung spricht ferner, dass der Verordnungsgeber in Erwägungsgrund 33 der KI-VO auf die Definition von *kritischer Infrastruktur* in Art. 2 Nr. 4 der Richtlinie (EU) 2022/2557 über die Resilienz kritischer Einrichtungen Bezug nimmt und auch in Erwägungsgrund 110 der KI-VO physisch steuerbare Systeme von kritischer Infrastruktur abgrenzt. Demzufolge wäre das KI-System eines autonomen Kraftfahrzeugs auch nach Art. 6 Abs. 2 KI-VO nicht als Hochrisiko-KI-System einzustufen.

Somit ist mangels Einordnung des KI-Systems eines autonomen Kraftfahrzeugs als Hochrisiko-KI-System auch aus europäisch-legislativer Perspektive eine *besondere Gefahr* autonomer Kraftfahrzeuge nicht abzuleiten. Selbst wenn man aber annehmen würde, dass das KI-System eines autonomen

[323] VDA, Position – KI-Verordnung, S. 6; die Präzision der Formulierung ebenfalls kritisierend *Ruschemeier*, in: Martini/Wendehorst, Art. 6 KI-VO, Rn. 86.

Kraftfahrzeugs als Hochrisiko-KI-System im Sinne des Art. 6 KI-VO einzustufen wäre, so wäre eine *besondere Gefahr* dennoch abzulehnen. Denn für die vom Verordnungsgeber geregelte Einstufungsvorschrift des Art. 6 KI-VO ist keine nachvollziehbare Begründung vorhanden, sodass nicht klar ist, weshalb die Bedingungen des Art. 6 KI-VO dazu führen, dass ein KI-System als Hochrisiko-KI-System eingestuft wird.[324] Insoweit wird lediglich in Erwägungsgrund 47 erwähnt, dass angenommen werde, dass KI-Systeme nachteilige Auswirkungen auf die Gesundheit und Sicherheit von Personen haben, weshalb diese laut Erwägungsgrund 50 als hochriskant einzustufen sind, wenn sie ein Sicherheitsbauteil eines Produkts oder selbst Produkt sind. Eine solche pauschale Einordnung von KI-Systemen als hochriskant ist jedoch nicht überzeugend.[325] Vielmehr konnte durch eine differenzierende Auseinandersetzung mit den Gefahren des KI-Systems autonom fahrender Kraftfahrzeuge aufgezeigt werden,[326] dass eine deutliche Reduktion von Unfällen und somit eine erhöhte Sicherheit von Insassen und Dritten erwartet werden kann, sodass selbst mit Blick auf eine etwaige Klassifizierung von autonomen Kraftfahrzeugen als Hochrisiko-KI-System im Sinne der KI-VO eine *besondere Gefahr* nicht anzunehmen ist.

(b) Zwischenergebnis

Mit Blick auf autonome Kraftfahrzeuge liegen keine *besonderen Gefahren* vor, sodass die Schaffung eines neuen oder die Zuordnung zu einem bereits bestehenden Gefährdungshaftungstatbestand nicht angezeigt ist. Für die Legitimation der Schaffung oder Zuordnung autonomer Kraftfahrzeuge zu einem entsprechenden Gefährdungshaftungstatbestand hätte eine *besondere Gefahr* beim Einsatz autonomer Kraftfahrzeuge erblickt werden müssen. Als Anhaltspunkt für das Wertungskriterium einer *besonderen Gefahr* wird regelmäßig der potentiell denkbare Schaden betrachtet und diesbezüglich die Fragen aufgeworfen, ob eine besonders hohe Eintrittswahrscheinlichkeit oder gar Unausweichlichkeit von Schäden zu befürchten sind oder Schäden bevorstehen würden, die besonders schwer oder hoch sein würden.

---

[324] Vgl. zur Pauschalität der Einordnung von Hochrisiko-KI-Systemen auch Art. 6 Abs. 2 KI-VO i. V. m. Anhang III KI-VO.

[325] Ebenso *Steege*, SVR 2023, 9, 10.

[326] Siehe S. 75 ff.

Anhand der Statistiken des Bundesministeriums für Digitales und Verkehr lässt sich eindeutig erkennen, dass 92 % der Verkehrsunfälle mit Personenschaden auf menschliches Fehlverhalten und nur zu 1 % auf technische Mängel zurückzuführen sind.[327] Hieraus kann der Schluss gezogen werden, dass die Abwesenheit eines menschlichen Fahrzeugführers die Anzahl der Verkehrsunfälle drastisch abfallen lassen wird, sodass eine hohe Schadenseintrittswahrscheinlichkeit durch autonome Kraftfahrzeuge zu verneinen ist. Nicht nur sind herkömmliche Kraftfahrzeuge technisch bereits als sicher zu betrachten, so werden die Hersteller die Sicherheitsaspekte autonome Kraftfahrzeuge darüber hinaus noch weiter verstärken.[328] Daher ist auch nicht zu erwarten, dass die Höhe der Schäden die durch autonome Kraftfahrzeuge verursacht werden könnten, über das bereits bekannte Maß der Schadenshöhen bei Verkehrsunfällen durch herkömmliche Kraftfahrzeuge hinausgehen würden, um eine *besondere Gefahr* annehmen zu können. Ganz im Gegenteil, kann mit Blick auf die Unfallstatistiken darauf geschlossen werden, dass wegen der zu erwartenden generell geringen Unfallbeteiligung autonomer Kraftfahrzeuge bei Verkehrsunfällen sogar eher von einer signifikanten Verringerung der zu erwartenden Schadensbeträge ausgegangen werden kann, was insbesondere der Allgemeinheit, den Versicherungen und dadurch mittelbar auch den Haltern, Passagieren und Herstellern und insgesamt der Gesellschaft zugutekommen wird.

Auch das vorgebrachte *Autonomierisiko* ist insgesamt wenig überzeugend, da es nicht als qualitativ neues Risiko, sondern als bereits bekannter Produktfehler einzustufen ist.[329] Diesbezüglich ist davon auszugehen, dass autonome Kraftfahrzeuge erst dann von Herstellern auf den Markt eingeführt werden, wenn die KI des Kraftfahrzeugs ein Stadium der technischen Fehlerfreiheit erreicht haben, das vergleichbar mit der technischen Fehlerfreiheit herkömmlicher Kraftfahrzeuge ist. Insoweit wurde beispielsweise von einem Vorstandsmitglied von Mercedes-Benz geäußert, dass die Software autonomer Kraftfahrzeuge, mithin also die die Autonomie ermöglichende Komponente, vor der Markteinführung sowohl in digitalen Simulationen als auch in realen Kraftfahrzeugen umfangreich geprüft und getestet wird und sich am

---

327 Siehe Statistik zu den Unfallursachen S. 65.

328 Siehe die direkten Zitate auf S. 77.

329 Siehe S. 77 ff.

Vorbild eines Idealfahrers orientieren wird.[330] Festzustellen war daher, dass zwar die Technologie neu sein mag, die damit verbundene Fahrzeugführung im Grundsatz aber mit der Fahrzeugführung durch einen Menschen verglichen werden kann. Denn in beiden Fällen gründet sich das Risiko, das sich bei der Fahrzeugsteuerung realisieren könnte, auf einen Fehler bei der Informationsverarbeitung durch den Informationsempfänger.[331] So kann einerseits ein menschlicher Fahrzeugführer einen Verkehrsunfall verursachen, weil er die ihn umgebenden Informationen wegen Unaufmerksamkeiten oder fehlerhafter Einschätzungen falsch verarbeitet und andererseits kann auch die KI eines autonomen Kraftfahrzeugs die ihn erreichenden Daten falsch interpretieren und mit schädigenden Fahrbewegungen reagieren. Das Risiko ist daher nicht neu, sondern wird lediglich vom menschlichen Fahrzeugführer auf die steuernde Software des autonomen Kraftfahrzeugs übergehen; letztere wird sich im Vergleich zu einem menschlichen Fahrzeugführer allerdings im Mindesten wie ein Idealfahrer verhalten und erheblich weniger Fehler bei der Informationsverarbeitung machen, sodass im Ergebnis nicht von einer *besonderen Gefahr* ausgegangen werden kann. Dieses Ergebnis gilt auch dann, wenn der Gesetzgeber es Herstellern gestatten würde, die das Kraftfahrzeug steuernde Software so zu programmieren, dass diese nicht-prognostizierbare Entscheidungen fällen könnte.[332] Denn *nicht-prognostizierbar* ist nicht gleichbedeutend mit *grenzenlos*, sodass es am Hersteller wäre die Nicht-Prognostizierbarkeit innerhalb bestimmter Rahmenbedingungen und Grenzen einzuschränken und entsprechende Sicherheiten einzuprogrammieren oder anderweitig zu garantieren. So verfolgt der Hersteller Mercedes-Benz schon heute den Ansatz des *supervised learning*, wodurch die sicherheitsrelevanten Komponenten eines autonomen Kraftfahrzeugs, wie beispielsweise die Fahrzeugsteuerung, nicht grenzenlos der Software ausgesetzt werden.[333] Schließlich führt auch die strikte gesetzliche Regulierung von Kraftfahrzeugen mit autonomer Fahrfunktion durch den Gesetzgeber, zur Ablehnung der Annahme eines *Autonomierisikos* und jedenfalls auch einer *besonderen Gefahr*, da der Gesetzgeber insbesondere festgelegte Betriebsbereiche für den Einsatz von

---

[330] Siehe S. 77.
[331] Siehe S. 78 f.
[332] Siehe S. 79 f.
[333] Siehe S. 80.

Kraftfahrzeugen vorgesehen hat, die sich autonom bewegen können. Durch diese räumliche Begrenzung und die hierzu erforderlichen vorgelagerten Testfahrten und behördlichen Prüfungen, werden autonome Kraftfahrzeuge engen Kontrollen unterliegen, die das Autonomierisiko auf ein Minimum reduzieren dürften. Zudem hat der Hersteller die Möglichkeit etwaige Fehler auch im realen Betrieb zu entdecken und mit Blick auf die Zukunft abzustellen, was zusätzlich zur Schadensprävention beitragen, perspektivisch zum Entfallen der Notwendigkeit von festgelegten Betriebsbereichen führen und einen unbeschränkten autonomen Straßenverkehr ermöglichen können wird.

Des Weiteren ist mit Blick auf eine *besondere Gefahr* auch auf das neue *Vernetzungsrisiko* autonomer Kraftfahrzeuge einzugehen.[334] Es wäre denkbar, dass eine hohe Anzahl von Akteuren im vernetzten Straßenverkehr die Eintrittswahrscheinlichkeit und die Schwere von Schäden steigern und auch die rechtliche Bewertung von Schadensereignissen erheblich erschweren könnten. Es wäre allerdings nicht zu empfehlen die mit der Vernetzung verbundenen Risiken sehenden Auges in Kauf zu nehmen oder gar durch mangelnde rechtliche Vorgaben zu begünstigen. Vielmehr müssen präventive gesetzgeberische Maßnahmen getroffen werden, um eine unkoordinierte und fehleranfällige Vernetzung zwischen einer Vielzahl von Akteuren von Beginn an zu regulieren. Im Ergebnis wäre es begrüßenswert, wenn Hersteller dazu verpflichtet würden autonome Kraftfahrzeuge so zu konstruieren, dass sie zwar externe Informationen aus einem gemeinschaftlichen Netzwerk empfangen und auch verarbeiten könnten, diese externen Informationen jedoch nur als sekundäre Informationsquelle herangezogen werden und vom autonomen Kraftfahrzeug verifiziert werden müssen. Die primären Datenquellen, auf die das autonome Kraftfahrzeug für die Fahrzeugsteuerung zurückgreift, wären dagegen die trainierten und eingespeisten Daten des Herstellers sowie die eigenen sensorisch gesammelten Daten des autonomen Kraftfahrzeugs. Eine solche Priorisierung der eigenen Daten und Systeme würde das Risiko und die Schwere potentieller (Massen-)Schäden erheblich reduzieren, da unkoordinierten Bewegungen aufgrund fehlerhafter oder fehlender Informationen durch die eigene Informationsgewinnung sowie der Verifikation fremder Informationen vorgebeugt würden. Zudem würde

[334] Siehe S. 82 ff.

durch die Maßgabe der primären Eigendatennutzung sowie der gleichzeitigen Verifikation von externen Daten vor ihrer Nutzung, auch die Hürde der rechtlichen Zuordnung von Verursachungsbeiträgen im Schadensfalle übersprungen werden können. Denn durch den Fahrtenschreiber wird so nachvollzogen werden können, welche Daten vom autonomen Kraftfahrzeug berücksichtigt worden sind, falls es zu einem Unfallereignis kommen sollte. Soweit man eine uneingeschränkte Vernetzung als alternativlos betrachten sollte, weil die technischen Möglichkeiten es nicht erlauben würden die Vernetzung in ein Abstufungsverhältnis zu bringen, so wäre wohl eine *besondere Gefahr* im Vernetzungsrisiko angelegt, die eine Gefährdungshaftung rechtfertigen könnte. Allerdings dürfte ein solches Szenario zu bezweifeln sein, sodass es vorzugswürdig wäre eine solche besondere Gefahr gar nicht erst aufkommen zu lassen, wenn man diese schon ex ante erkennt, sodass durch eine entsprechende Regulierung durch den Gesetzgeber de lege ferenda hinsichtlich der Vernetzung autonomer Kraftfahrzeuge untereinander sowie auch mit der Verkehrsinfrastruktur dazu beitragen würde, dass keine *besondere Gefahr* entstehen würde.

Abschließend konnte auch unter Berücksichtigung der europäisch-legislativen Perspektive, im Lichte der künftig geltenden KI-VO, keine *besondere Gefahr* autonomer Kraftfahrzeuge festgestellt werden.[335] So nimmt die KI-VO zwar eine Differenzierung von KI-Systemen nach Risikoklassen vor, jedoch fällt das KI-System eines autonomen Kraftfahrzeugs schon nicht unter die Definition eines *Hochrisiko-KI-Systems*, da dies erfordern würde, dass es sich bei dem KI-System um ein *Sicherheitsbauteil* handelt. Das setzt jedoch voraus, dass das KI-System nicht für die Funktionsfähigkeit und den Betrieb des autonomen Kraftfahrzeugs notwendig ist, es sich also nicht um ein Hauptbestandteil des autonomen Kraftfahrzeugs selbst handelt, was jedoch der Fall ist.[336] Beachtlich ist, dass eine *besondere Gefahr* aber auch dann nicht anzunehmen wäre, wenn man ein autonomes Kraftfahrzeug unter die Definition eines Hochrisiko-KI-Systems subsumieren würde, da es keine nachvollziehbare Bewertungsgrundlage für die Klassifikation von KI-Systemen als hochriskante KI-Systeme gibt, sondern die Klassifikation

---

[335] Siehe S. 85 ff.

[336] Siehe S. 85 f.

vielmehr pauschal durch den Verordnungsgeber vorgegeben wird, was jedoch nicht überzeugend ist.[337]

In der Gesamtschau kann daher festgehalten werden, dass die aufgezeigten Gefahren herkömmlicher Kraftfahrzeuge durch autonome Kraftfahrzeuge deutlich verringert werden und der Straßenverkehr insgesamt erheblich sicherer gemacht werden wird. Auch neueren Gefahren wie dem *Vernetzungsrisiko* kann durch vorausschauende und präventive gesetzgeberische Maßnahmen begegnet werden, sodass es auch künftig nicht zu *besonderen Risiken* kommen würde. Das autonome Kraftfahrzeug sollte daher nicht als Risiko, sondern vielmehr als gesellschaftliche Chance für mehr Mobilität, Flexibilität und Wirtschaftswachstum begriffen werden.[338]

(3) Primäres Ziel des Haftungsrechts – Gerechtigkeit

Im Weiteren wird auf das primäre Ziel des Haftungsrechts einzugehen und aus verschiedenen Blickwinkeln zu betrachten sein, durch welche rechtliche Gestaltung, im Falle von Schädigungen durch autonome Kraftfahrzeuge, das primäre Ziel des Haftungsrechts, nämlich Fairness und Gerechtigkeit, gewährleistet werden kann. Hierzu sollen Erwägungen zur Kontrolle über die Fahrzeugführung, zum Einflussbereich des Fahrzeughalters, der Beweisführung in einem Schadensfalle und ein Vergleich mit den besonderen Gefahren im Schienen- und Luftverkehr angestellt werden.

(a) Kontrolle über die Fahrzeugführung

Anders als ein Hersteller wird ein Fahrzeughalter es nicht mehr in der Hand haben die Fahrbewegungen eines autonomen Kraftfahrzeugs zu beeinflussen, weder unmittelbar durch eigene Führung des Kraftfahrzeugs noch mittelbar durch Gestattung der Führung des Kraftfahrzeug durch einen

---

337 Siehe S. 88.

338 So auch der DRV, Stellungnahme zum Gesetzesentwurf der Bundesregierung, S. 1, der durch die Automatisierung von Kraftfahrzeugen ein höheres Sicherheitsniveau erwartet; *Heiderhoff/Gramsch*, ZIP 2020, 1937, 1940: „Das System hat [...] das Potenzial, auch über die menschlichen Fähigkeiten hinausgehend zu funktionieren und auch solche Schäden zu vermeiden, die bei menschlichen Mitarbeitern auch bei sorgfältiger Arbeit vorkommen können. Ein Haftungsrecht muss darauf abzielen, zum Ausbau dieser Vorteile zu motivieren"; siehe auch *Casper*, in: 73. DJT, Band II/2, S. K 94 sowie *Schirmer*, RW 4/2018, 453, 470.

Dritten; alles andere wäre auch widersinnig, einerseits mit Blick auf die zentrale Funktion eines autonomen Kraftfahrzeugs bei der Durchführung von Fahrbewegungen, nämlich die Autonomie selbst, sowie andererseits die schlichte Abwesenheit der entsprechenden Beschleunigungs- und Lenkvorrichtungen. Der Mensch ist daher nur Passagier eines Kraftfahrzeugs das alle Fahraufgaben ohne sein Zutun erledigt.[339] Beachtlich ist daher, dass der Hersteller von autonomen Kraftfahrzeugen sowohl den Fahrzeugführern als auch den Fahrzeughaltern die Kontrolle über das Fahrverhalten selbiger gänzlich entzieht.[340] Schäden, die während der Fahrten mit dem autonomen Kraftfahrzeug verursacht werden, würden aus Sicht des Halters und insbesondere des Passagiers eines autonomen Kraftfahrzeugs daher regelmäßig ohne ihr Zutun verursacht und wären mit Schäden vergleichbar, die durch Flugzeugabstürze oder Eisenbahnunfälle verursacht werden. Denn genauso wie der Passagier eines Flugzeugs oder einer Eisenbahn keinen Einfluss auf dessen Fahr- beziehungsweise Flugbewegungen hat, so hat auch der Halter oder der Passagier eines autonomen Kraftfahrzeugs keinen Einfluss auf dessen Fahrbewegungen. In allen drei Fällen müssen Halter und Passagier sich auf die Fehlerfreiheit des Verkehrsmittels verlassen. Aus einer rein praktischen Perspektive erscheint es daher fernliegend dem Halter die Bürde der verschuldensunabhängigen Gefährdungshaftung aufzulasten, wenn er es noch nicht einmal mehr in der Hand hat, entscheiden zu können, ob er die Fahrzeugführung seines Kraftfahrzeugs einem erfahrenen und besonnenem oder einem jungen und noch unerfahrenen Fahrer überlässt, um so das Risiko zu beeinflussen, das von seinem Kraftfahrzeug im Straßenverkehr ausgeht. Denn die Freiheit entscheiden zu können, wer ein Kraftfahrzeug steuert, hat, wie die Unfallstatistiken zeigen,[341] erhebliche Auswirkungen auf die Gefährlichkeit im Straßenverkehr. So mag man sich beispielhaft die Situation vor Augen führen, dass aus einem Freundschaftsdienst heraus einem übermüdeten Bekannten oder dem Nachwuchs, der seit wenigen

---

339 *Brisch/Müller-ter Jung*, CR 2016, 411, 412; *Jungo Brüngger*, in: 73. DJT, Band II/1, S. K16; *Schirmer*, RW 4/2018, 453, 455; *Wagner*, in: Lohsse/Schulze/Staudenmeyer, S. 27, 39; *Zech*, in: 73. DJT, Band I, S. A 51, A 63; *Zech*, ZfPW 2019, 198, 207.

340 *Pehm*, IWRZ 2018, 259, 262, der von einem „Kontrollverlust" spricht; *Sosnitza*, CR 11/2016, 764, 771.

341 Siehe Statistik zu den Unfallursachen S. 65.

Tagen den Führerschein erworben hat, das Kraftfahrzeug geliehen wird, was in der Folge zu einem höheren abstrakten Risiko eines Unfalls führt oder umgekehrt, dass der Halter die Fahrzeugführung stets nur bereits erfahrenen Kraftfahrzeugführern überlassen wird, von denen er weiß, dass sie noch nie verschuldet in einen Verkehrsunfall verwickelt gewesen sind und stets besonnen und vorausschauend fahren. Denn auch dann, wenn der Halter nicht in eigener Person die Fahrzeugführung übernimmt, so hat er es jedenfalls in der Hand das Fahrzeug geeigneteren oder weniger geeigneteren Fahrzeugführern zu überlassen, was direkte Auswirkungen auf die Unfallwahrscheinlichkeit hat. Diese Option entfällt bei einem autonomen Kraftfahrzeug nun gänzlich. Wenn der Halter es aber nicht mehr in der Hand hat, eine, wenn auch nur abstrakte, Erhöhung der Risiken im Straßenverkehr durch Gebrauchsüberlassung zu begünstigen, erscheint es daher sachgerecht stattdessen denjenigen für etwaige Verkehrsunfälle haften zu lassen, der anstelle des Halters Einfluss auf die Fahrzeugführung hat, mithin also den Hersteller.[342] Insoweit muss mit Blick auf autonome Kraftfahrzeuge der Ansicht widersprochen werden, dass der Halter eines Kraftfahrzeugs auch dessen Herr sei;[343] denn unabhängig von den Eigentums- und Besitzzuweisungen entfällt bei autonomen Kraftfahrzeugen die Herrschaft des Halters über die relevanteste Eigenschaft des Verkehrsmittels, nämlich die Kontrolle über die Fahrzeugführung. Diese wird stattdessen vom Hersteller beziehungsweise von der von ihm programmierten (und gegebenenfalls auch trainierten und kontinuierlich geupdateten) Software ausgeübt.[344] Selbst wenn vom Hersteller bestritten werden sollte, dass er die volle Kontrolle über die Fahrzeugführung ausüben könnte, so sei auf eine treffende Aussage von *Riehm* hingewiesen, wonach es wünschenswert sein kann eine Haftung selbst dann zuzulassen,

---

342 Siehe zum Einfluss des Herstellers auf die das autonomen Kraftfahrzeug steuernde Software auch S. 160 f.

343 *Jungo Brüngger*, in: 73. DJT, Band II/1, S. K 21.

344 *Ebert*, in: 73. DJT, Band II/2, S. K 124; *Wagner*, in: 73. DJT, Band II/2, S. K 144; vgl. auch *Zech*, der die „Risikokontrolle“ beim Hersteller sieht., in: 73. DJT, Band I, S. A 51 und in: 73. DJT, Band II/2, S. K 103. Dieses Argument von *Zech* wurde vom Hersteller (Mercedes-Benz) aufgegriffen und nicht angegriffen, stattdessen nur darauf verwiesen, dass der Halter immerhin in den Genuss eines autonomen Kraftfahrzeugs käme (*Jungo Brüngger*, in: 73. DJT, Band II/1, S. K 21), sodass im Ergebnis wohl die überlegene Risikokontrolle des Herstellers unterstellt werden kann.

wenn erwartete Verhaltensstandards nicht beherrscht werden können, da schlicht erwartet wird, dass sie beherrscht werden müssen.[345] Auch wenn das Kraftfahrzeug autonom am Straßenverkehr teilnimmt und der Hersteller die Einflussmöglichkeiten bestreitet, so ist es dennoch am Hersteller durch entsprechende technische Regeln und Grenzen den ausschlaggebenden Rahmen für die Software zu schaffen, innerhalb dessen Möglichkeiten das Kraftfahrzeug sich auch ohne menschliche Einflussnahme, also autonom, bewegen kann.[346] Der bloße Hinweis darauf, dass man zwar die Software herstelle oder in seinen Kraftfahrzeugen implementiere, die Sicherheit der von der Software ausgehenden Fahrzeugführung jedoch nicht gewährleisten könne, verfängt daher nicht, da es allenfalls dazu führen würde, dass die Markteinführung entweder verschoben werden oder die Produktion insgesamt unterbleiben müsste,[347] nicht aber dazu, dass man bekannte Risiken auf Dritte (wie beispielsweise die Halter) verschiebt. Die Beibehaltung des Ansatzes, dass der Halter gem. § 1 PflVG versichert sei und so die gewohnte Haftungskette eingehalten werden könnte, wäre ebenfalls nicht überzeugend, da es nur den Hersteller als Urheber des Risikos der Fahrzeugführung ignorieren und ohne ersichtlichen Grund die Last des Schadensersatzes auf die Allgemeinheit umwälzen würde. Insoweit ist *Ebert* darin beizupflichten, dass es sich vom Grundsatz her zwar lohnen muss Risikominimierung zu betreiben und Schäden zu verhindern, es aber auch Konsequenzen haben muss, wenn man Dritte gefährdet, sodass es sich nicht anböte die Schadlast mit der Gießkanne auf das Kollektiv zu verteilen und damit unbillige Ergebnisse zu fördern.[348] Da wie aufgezeigt der Halter aber keinen Einfluss auf die Fahrzeugführung des autonomen Kraftfahrzeugs haben wird, wäre es nicht überzeugend, wenn es bei einer verschuldensunabhängigen Haftung des Halters bleiben würde. Anderenfalls würde sich in erhöhtem Maße eine Regresskonstellation zwischen Haftpflichtversicherer und Hersteller einstellen, was auch zu unnötigen und

---

[345] *Riehm*, in: 73. DJT, Band II/2, S. K 99, vgl. auch *Mayrhofer*, in: 73. DJT, Band II/2, S. K 142.

[346] Siehe zu den denkbaren technischen Grenzen die Ausführungen zum *Autonomierisiko* (S. 77 ff.) und zum *Vernetzungsrisiko* (S. 82 ff.).

[347] *Wagner*, AcP 2017, 707, 733; *Wagner*, in: MüKo BGB, § 3 ProdHaftG Rn. 8; *Zech*, 73. DJT, Band I, S. A 55.

[348] *Ebert*, in: 73. DJT, Band II/1, S. K 40.

hohen Transaktionskosten bei den Versicherern führen würde.[349] Schließlich ist auch erneut auf die Entstehungsgeschichte des § 7 Abs. 1 StVG hinzuweisen. So wurde die Halterhaftung nicht wegen des Kraftahrzeugs als bloßen Gegenstand, oder wegen dessen abstrakter Gefährlichkeit oder etwaiger schädigender Nachwirkungen von Unfallfolgen geschaffen, vielmehr wurde die Halterhaftung geschaffen, um eine privilegierte Bevölkerungsschicht, die Zugang zum Automobil als neuestes Luxusgut hatte, zur Rechenschaft ziehen zu können, weil sie oder deren Fahrzeugführer erhebliche Schäden anrichteten, ohne die geschädigten dafür in irgend einer Weise zu kompensieren.[350] Da es heutzutage aber 59 Millionen Kraftfahrzeuge gibt und sich die Fahrzeugdichte auf 719 Kraftfahrzeuge pro 1.000 Einwohner erhöht hat,[351] handelt es sich bei einem Kraftfahrzeug schon nicht mehr um ein Luxusgut, wie es vor über einem Jahrhundert der Fall gewesen ist. Genauso wenig ist es unmöglich sich für Schäden entsprechend kompensieren zu lassen, da jedes Kraftfahrzeug – anders als im Jahre 1904 – ein Kennzeichen gem. § 9 FZV hat, anhand dessen es identifiziert werden kann. Die gesamte Entwicklung der letzten 140 Jahre hat dazu geführt, dass das Kraftfahrzeug als Fortbewegungsmittel immer sicherer wurde und die Haftungsregeln gegenüber Haltern immer schärfer wurden. Nachdem die hauptsächlichen Risiken der Fahrzeugführung nun aber nicht mehr vom Halter, sondern vom Hersteller beeinflusst werden, wäre es vorzugswürdig diesen auch für Schäden einstehen zu lassen, die das autonome Kraftfahrzeug verursacht.

(b) Vergleich mit den besonderen Gefahren im Schienen- und Luftverkehr

Angesichts des gezogenen Vergleichs mit der Situation im Schienen- oder Luftverkehr[352] mag man möglicherweise das Argument ins Felde führen, dass die Haftung für Unfälle mit Flugzeugen und Eisenbahnen de lege lata als verschuldensunabhängige Gefährdungshaftung zulasten der jeweiligen

[349] *Ebert*, in: 73. DJT, Band II/1, S. K 39 f.

[350] Siehe zur Entstehung des StVG S. 58 ff.

[351] KBA, Bestand – Zahlen zum 1. Januar 2024 im Überblick; KBA, Pressemitteilung Nr. 08/2021 – Der Fahrzeugbestand am 1. Januar 2021.

[352] Siehe S. 93 f.

Halter ausgestaltet sind,[353] sodass man geneigt sein könnte zu meinen, dass daher auch für autonome Kraftfahrzeuge eine verschuldensunabhängige Gefährdungshaftung gelten sollte. Jedoch würde dies die deutlichen Unterschiede hinsichtlich der *besonderen Gefahr*[354] verkennen, die mit dem Betrieb einer Eisenbahn oder eines Flugzeugs verbunden und mit den besonderen Gefahren autonomer Kraftfahrzeuge schon im Ansatz nicht vergleichbar sind. Anders als Kraftfahrzeuge können schienengebundene Fortbewegungsmittel Hindernissen nicht ausweichen. Zudem erschwert dessen enormes Gewicht ein rasches Anhalten erheblich und begünstigt die Wucht von Unfällen. Und schließlich muss auch die hohe Anzahl an Menschenleben berücksichtigt werden, die infolge der Massenbeförderung regelmäßig in einer Eisenbahn Platz finden.[355] Bei einem Flugzeug ist, ebenso wie bei der Eisenbahn, neben dem enormen Gewicht, der mangelnden Fähigkeit in kurzer Zeit anhalten zu können und der ebenfalls hohen Anzahl an Menschenleben in der Kabine, zusätzlich auch die mangelnde Möglichkeit einer Notbremse oder einer Flucht, die erheblich höhere Leistung und Schubkraft sowie die Tatsache zu berücksichtigen, dass es nicht nur horizontal, sondern auch vertikal gesteuert werden muss. Daher werden besonders hohe Anforderungen an Mensch und Fluggerät gestellt, sodass schon kleinere Bedienungs- oder Materialfehler zum Absturz mit meist katastrophalen Folgen für Insassen sowie am Boden betroffenen Menschen und Objekten führt.[356]

Anders herum ist es beachtlich, dass die neue Technologie der autonomen Kraftfahrzeuge es ihnen erlauben wird nicht nur auf den Verkehr in ihrer unmittelbaren Umgebung zu reagieren, sondern darüber hinaus auch eine Datenkommunikation mit Teilen der Infrastruktur und anderen Kraftfahrzeugen zu führen und dadurch auch „um die Ecke und durch

---

[353] Vgl. § 1 Abs. 1 HPflG, § 33 Abs. 1 Satz 1 LuftVG.

[354] Zur *besonderen Gefahr* S. 75 ff.

[355] BGH, Urteil vom 27.04.1960, Az.: VI ZR 113/59 (NJW 1960, 1345, 1346); OLG Düsseldorf, Urteil vom 14.01.1994, Az.: 22 U 196/93 (NZV 1995, 149); OLG Dresden, Urteil vom 28.5.1998, Az.: 4 U 3588/97 (NZV 1999, 244); *Deutsch/Ahrens*, in: Deliktsrecht, Rn. 544; *Piontek*, in: Filthaut/Piontek/Kayser, Rn. 5; *Rebler/Scheidler*, MDR 2010, 300, 301; *Vogeler*, in: BeckOGK HPflG, § 1 Rn. 7.

[356] *Förster*, in: BeckOGK LuftVG, § 33 Rn. 3.

Wände"[357] schauen zu können, sodass Unfallgefahren vor ihrer Entstehung an schon präventiv vermieden werden können.[358] Die reine Erfolgshaftung im Schienen- und Luftverkehr ist angesichts der genannten besonderen Gefahren daher nachvollziehbar und gerecht. Bei autonomen Kraftfahrzeugen bestehen jedoch keine mit dieser Ausprägung und Intensität vergleichbaren besonderen Gefahren. Vielmehr kann man autonome Kraftfahrzeuge in deutlich kürzerer Zeit zum Halten bringen, man kann das Fahrzeug regelmäßig an beliebigen Orten verlassen, die Anzahl der Insassen – selbst beim Einsatz im ÖPNV – beträgt nur ein Bruchteil dessen, die in einem schienengebundenen Fahrzeug oder in einem Flugzeug Platz finden würden und Unfälle mit Kraftfahrzeugen führen, im Gegensatz zu Unfällen von schienengebundenen Fahrzeugen oder Flugzeugen, in fast allen Fällen nicht zu Todesfällen.[359] Die neuartige Technologie autonomer Kraftfahrzeuge wird darüber hinaus zu deutlich mehr Unfallprävention beitragen, da 92 % der Unfälle mit Personenschaden auf menschliches Fehlverhalten zurückzuführen sind.[360] Da menschliches Fehlverhalten in Ermangelung eines Fahrzeugführers in einem autonomen Kraftfahrzeug aber entfallen wird, ist darauf zu schließen, dass sich auch die Zahl der Unfälle ebenfalls um 92 % verringern wird.

Der Vollständigkeit halber soll an dieser Stelle noch erwähnt werden, dass Vergleiche mit Haftungsregeln für Gen- oder Atomtechnik von vornherein scheitern würden, da ein einziger Schadensfall zu vollkommen unkalkulierbaren Schäden für hunderttausende Menschen gleichzeitig führen könnte, weshalb eine Gefährdungshaftung in diesen Bereichen alternativlos ist.[361] Da das Ausmaß von Schadensereignissen durch autonome

---

357 Mercedes-Benz Group AG, Car-to-X Kommunikation geht in Serie: Mit der Umgebung vernetzt.

358 Zum Vernetzungsrisiko und den Präventionsmöglichkeiten, S. 82 ff.

359 *DESTATIS*, Unfallbilanz 2023, Laut den Daten des statistischen Bundesamtes sind im Jahre 2023 2.830 Menschen bei Verkehrsunfällen ums Leben gekommen. Gemessen an der Gesamtanzahl der Unfallbeteiligten, entspricht das höchstens 0,11 % Unfalltote (Unterstellt, dass bei jedem Unfall mindestens eine Person beteiligt ist, dann sind mindestens 2.500.000 Personen als Unfallbeteiligte zugrunde zu legen. Die Zahl der tatsächlich Beteiligten wird vermutlich höher sein, jedoch soll die Anzahl der Unfälle als statistische Referenz dienen. Somit kommt folgende Berechnung zustande: (2.830 dividiert durch 2.500.000) multipliziert mit 100 = 0,11 %).

360 Siehe Statistik zu den Unfallursachen S. 65.

361 *Wilhelmi*, in: 73. DJT, Band II/2, S. K 112.

Kraftfahrzeuge nicht mit dem Ausmaß von Schadensereignissen im Schienen- oder Luftverkehr oder der Gen- oder Atomtechnik vergleichbar ist, wäre es auch vor diesem Hintergrund abzulehnen autonome Kraftfahrzeuge einer Gefährdungshaftung zu unterwerfen.

(c) Beweisführung im Schadensfall

Schließlich ist auch zu berücksichtigen, dass genauso wenig wie ein Geschädigter auch der Fahrzeughalter keinen Einblick in den schädigenden Betrieb des autonomen Kraftfahrzeugs hat.[362] Wenn der Halter mangels Zugangs zum Beweisstoff aber nicht genügend Kenntnis haben wird, um einen Schuldbeweis führen und aufklären zu können, beispielsweise, dass der Unfall gem. § 17 Abs. 3 StVG unabwendbar war, wäre ihm mit einer bloßen Beweislastumkehr auch kaum geholfen,[363] sodass es zu unbilligen Ergebnissen kommen könnte. Daher wäre es auch aus dem Aspekt der Beweisbarkeit vorzugswürdig, denjenigen der Haftung zu unterwerfen, der unmittelbar über den notwendigen Beweisstoff verfügt und vor allem diesen auch versteht,[364] mithin also den Hersteller.[365] Diese grundsätzliche Wertung wird auch durch die Rechtsprechung des BGH[366] zur Produzentenhaftung untermauert; so hat der BGH mit dem Argument, dass Fehler eines Produktes, die aus einem vom Hersteller beherrschten Gefahrenkreis stammen und für den Nutzer nur schwer oder gar nicht erkennbar sind, eine Beweislastumkehr zulasten der Hersteller entwickelt.[367] Dem Halter wird insoweit nicht nur

---

[362] *Ebers*, in: 73. DJT, Band II/2, S. K 105.; *Geibel*, „Man schaut eben nicht hinter die Werkstore" in: 73. DJT, Band II/2, S. K 85; *Riehm*, in: 73. DJT, Band II/1, S. K 52; *Schweighofer*, in: Robotik, S. 155; *von Caemmerer*, in: Wandlungen des Deliktsrechts, S. 63; *Zech*, in: 73. DJT, Band I, S. A 59.

[363] *von Caemmerer*, in: Wandlungen des Deliktsrechts, S. 63; *Zech*, in: 73. DJT, Band I, S. A 59.

[364] *Horner/Kaulartz*, CR 2016, 7, 10; zu den zivilprozessualen Folgen *Wieczorek*, CR 2017, 620 ff.

[365] Siehe zu Beweisschwierigkeiten in der Praxis auch Fußnote 666.

[366] BGH, Urteil vom 11.06.1996, Az.: VI ZR 202/95 (NJW 1996, 2507).

[367] *Jungo Brüngger*, in: 73. DJT, Band II/1, S. K 30; *Wagner*, VersR, 2020, 717, 726; *Riehm*, in: 73. DJT, Band II/1, S. K 52, K55; *Zech* sieht im Ergebnis eine Beweislastumkehr zulasten des Herstellers ebenfalls als denkbare Lösungsmöglichkeit für eine Haftung von Herstellern autonomer Kraftfahrzeuge an, präferiert jedoch die Gefährdungshaftung als das einfachste und klarste Mittel, um Beweisprobleme zu umgehen, in: 73. DJT, Band II/2, S. K 102 ff.

die vollumfängliche Informationsgrundlage, sondern – selbst wenn er vollumfänglichen Zugang zu allen relevanten Informationen hätte[368] – darüber hinaus vor allem auch das technische Verständnis fehlen, um einen entsprechenden Beweis anhand dieser Informationen führen zu können.[369] Im Sinne einer gerechten Haftungsverteilung wäre es daher auch aus dem Aspekt der Beweisführung angezeigt den Hersteller für Unfälle haften zu lassen, die autonome Kraftfahrzeuge während des Betriebs verursachen, statt den Fahrzeughalter der Gefährdungshaftung zu unterwerfen. Denn es ist der Hersteller, der ein überlegenes technologisches Wissen hinsichtlich autonomer Kraftfahrzeuge hat und alle damit im Zusammenhang stehenden Informationen verstehen, interpretieren und bei einer Beweisführung auch nutzbar machen könnte.[370]

(d) Einflussbereich des Fahrzeughalters

Trotz der vorgebrachten Argumente zugunsten der primären Haftung des Herstellers, wäre es jedoch verfehlt den Halter von jedweder Haftung auszunehmen. Denn diesem obliegen gem. § 1f Abs. 1 StVG[371] i. V. m. § 13 AFGBV[372] ebenfalls Pflichten, um die Erhaltung der Verkehrssicherheit seines autonomen Kraftfahrzeugs sicherzustellen, auf die wiederum der Hersteller keinen Einfluss hat,[373] wie die tägliche Durchführung erweiterter Abfahrkontrollen vor Betriebsbeginn gem. § 13 Abs. 1 Nr. 2, Abs. 7 AFGBV, die regelmäßige Wartung der für die autonome Fahrfunktion erforderlichen Systeme sicherzustellen (§ 1f Abs. 1 Satz 2 Nr. 1 StVG) und zu gewährleisten, dass die Aufgaben der Technischen Aufsicht durch eine geeignete Person erfüllt werden (§ 1f Abs. 1 Satz 2 Nr. 3 StVG i. V. m. § 13 Abs. 2 AFGBV). Außerdem Vorkehrungen zu treffen, dass die sonstigen, nicht an die Fahrzeugführung

---

368 *Jungo Brüngger*, in: 73. DJT, Band II/1, S. K 31.

369 Im Ergebnis wohl auch *Ebert*, in: 73. DJT, Band II/1, S. K 41; andere Ansicht *Jungo Brüngger*, in: 73. DJT, Band II/1, S. K 31 f.

370 Zu den ergänzenden Anforderungen an den Hersteller S. 43 ff.

371 Siehe zu § 1f StVG S. 38 ff.

372 Siehe zu § 13 AFGBV S. 46 ff.

373 *Mayrhofer*, in: 73. DJT, Band II/2, S. K 141; vgl. auch *Riehm*, der ebenfalls auf unterschiedliche Verkehrspflichten von Halter und Hersteller und deren „Verantwortung für ihre jeweiligen Einflusssphären“ abstellt, in: 73. DJT, Band II/1, S. K 59; ebenso *Zech*, der für den Grundsatz „liability follows control“ plädiert, in: 73. DJT, Band II/2, S. K 84.

gerichteten, Verkehrsvorschriften eingehalten werden (§ 1f Abs. 1 Satz 2 Nr. 2 StVG), wie etwa die Überprüfung des allgemeinen Fahrzeugzustands (§ 23 Abs. 1 StVO), insbesondere der Beleuchtung (§ 17 StVO, § 49a StVZO) der Ladung (§§ 22, 32 StVO) und der Bereifung (§ 36 StVZO, § 2 Abs. 3a StVO). Die Durchführung der Hauptuntersuchung (§ 29 StVZO), der Eintragung etwaiger Änderungen am Fahrzeug (§ 19 StVZO) sowie auch die Pflicht Sicherheitsgurte zu benutzen (§ 21a StVO), Unfallstellen zu sichern (§ 15 StVO) und bestimmte Ausrüstung mitzuführen (§ 31b StVZO).[374] Es wäre daher zu begrüßen, wenn Halter von autonomen Kraftfahrzeugen zwar von der Gefährdungshaftung des § 7 Abs. 1 StVG ausgenommen würden, demgegenüber aber im Lichte ihrer Verkehrssicherungspflichten haften, wenn sie diesen schuldhaft nicht nachkommen.[375]

(4) Sekundäre Ziele des Haftungsrechts – Schadensprävention und Risikoverteilung

Abschließend sollen in Kürze auch die sekundären Ziele des Haftungsrechts besprochen werden. Hierzu soll auf die Möglichkeit der Schadensprävention einerseits und der optimalen Risikoverteilung andererseits eingegangen werden.

(a) Schadensprävention

Bezüglich der Schadensprävention gilt es festzustellen, dass eine Zuweisung der primären Haftung für Schäden durch autonome Kraftfahrzeuge auf den Hersteller zur Steuerung dessen Aktivitätsniveaus führen würde, da dadurch umfassendere und adäquatere Verhaltensanreize zur Schadensminimierung gesetzt würden,[376] statt eine Zuweisung der Haftung auf den Fahrzeughalter, der zwar Einfluss auf das autonome Kraftfahrzeug als Gegenstand,[377] nicht jedoch Einfluss auf die für die Risikominimierung erheblich bedeutendere Fahrzeugsteuerung des Kraftfahrzeugs hat.[378] Der Halter hätte es nur in der

---

[374] BT-Drucks. 19/27439, S. 25; *König*, in: Hentschel/König/Dauer, § 1f StVG, Rn. 5.

[375] *Bayreuth*, GWR 2016, 393, 394; *Pehm*, IWRZ 2018, 259, 263; *Singler*, Freilaw 1/2017, 14, 18; *Steege*, SVR 2023, 9, 13; *Stöber/Möller/Willmer*, NZV 2024, 117, 120; *Stöber/Pieronczyk/Möller*, DAR 2020, 609, 610.

[376] *Zech*, in: 73. DJT, Band I, S. A 56, A 88, A 101; *Zech*, in: 73. DJT, Band II/2, S. K 104.

[377] Siehe zum Einflussbereich des Fahrzeughalters S. 101 f.

[378] *Günther*, Roboter und rechtliche Verantwortung, S. 241; *Jansen*, in: Die Struktur des Haftungsrechts, S. 157; *Zech*, in: 73. DJT, Band I, S. A 62.

Hand seinen Verkehrssicherungspflichten nachzukommen, was qualitativ allerdings nicht mit dem Gefahrenpotential der Fahrzeugsteuerung vergleichbar ist. Insoweit ist es insbesondere der Hersteller, der die Gefahren des autonom fahrenden Kraftfahrzeugs durch sorgfältige Konstruktion und Programmierung beherrschen können wird und daher auch in die Pflicht genommen werden sollte, auf die diesbezügliche Vervollkommnung der Gefahrenabwehr hinzuarbeiten.[379]

(b) Risikoverteilung

Hinsichtlich der Risikoverteilung kommen als Haftungssubjekte primär der Hersteller und der Halter in Betracht. Gemäß der derzeitigen gesetzlichen Situation, würde der Halter gem. § 7 Abs. 1 StVG auch bei autonomen Kraftfahrzeugen diejenigen Schäden zu ersetzen haben, die beim Betrieb seines Kraftfahrzeugs verursacht werden. In den meisten Fällen wird jedoch nicht der Halter, sondern dessen Versicherung für etwaige Ansprüche direkt in Anspruch genommen werden und den Schaden auch entsprechend regulieren, § 115 Abs. 1 Satz 1 Nr. 1 VVG i. V. m. § 1 PflVG. Wie aufgezeigt sprechen aber mehrere Gründe gegen die Beibehaltung der verschuldensunabhängigen Halterhaftung,[380] sodass eine Haftung des Herstellers in Betracht gezogen werden muss. Diesbezüglich kann festgestellt werden, dass Hersteller regelmäßig besonders solvent sind. Dessen ungeachtet werden sie sich zudem entsprechend versichern können, sodass auch einem etwaigen Insolvenzrisiko des Herstellers ohne weiteres begegnet werden könnte. Nicht zuletzt wäre auch aus Praktikabilitätsgründen ebenfalls an eine zu ergänzende flankierende Versicherungspflicht des Herstellers im Sinne des § 1 PflVG zu denken, um den Fahrzeughersteller dazu zu verpflichten eine Haftpflichtversicherung für seine autonom fahrenden Modelle abzuschließen und aufrechtzuerhalten.[381]

---

379 *Ebert*, in: 73. DJT, Band II/1, S. K 41; *von Caemmerer*, in: Wandlungen des Deliktsrechts, S. 63.

380 Historische Betrachtung des § 7 Abs. 1 StVG (S. 58 ff.), fehlen einer besonderen Gefahr (S. 74 ff.), Entziehung der Kontrolle über die Fahrzeugführung (S. 93 ff.), unnötige und hohe Transaktionskosten durch Regressfälle zwischen Versicherungen und Hersteller (S. 96 f), Beweisschwierigkeiten und ein überlegenes technologisches Verständnis des Herstellers (S. 100 f.) sowie geringere Möglichkeiten des Halters zur Schadensprävention (S. 102 ff.).

381 Ähnlich Schaub, JZ 2017, 342, 345; vgl. auch *Ebert*, in: 73. DJT, Band II/1, S. K 40; Jänisch/Schrader/Reck, NZV, 2015, 313, 318; *Zech*, in: 73. DJT, Band I, S. A 103.

Dies stünde auch im Einklang mit Rufen aus der Versicherungswirtschaft, dass Regress- oder andere Rückgriffprozesse und insbesondere neuartige, umständliche und störanfällige Kompensationsmodelle vermieden werden sollten und es stattdessen vorzugswürdiger wäre, einen vorrangig Haftenden zu benennen, dessen Solvenz sichergestellt ist.[382] Es wäre daher aus der Perspektive der optimalen Risikoverteilung vorzugswürdig, primär den Hersteller statt den Halter der Haftung zu unterwerfen, falls ein autonomes Kraftfahrzeug einen Schaden verursacht.

cc) Zwischenergebnis

Im Mittelpunkt der Gefährdungshaftung stehen die Prinzipien der Gefahrenveranlassung und der Gefahrenbeherrschung sowie das Vorliegen einer *besonderen Gefahr*.[383] Wie aufgezeigt werden von autonomen Kraftfahrzeugen aber keine besonderen Gefahren ausgehen, sodass eine Gefährdungshaftung für autonome Kraftfahrzeuge abzulehnen ist. So ist festzustellen, dass die Schadenseintrittswahrscheinlichkeit durch die Nutzung autonomer Kraftfahrzeuge signifikant sinkt[384] und korrespondierend dazu ebenfalls von einer signifikanten Verringerung der zu erwartenden Schadensbeträge[385] insbesondere für Versicherungen und dadurch mittelbar auch für Halter, Passagiere, Hersteller und damit verbunden auch die Allgemeinheit auszugehen ist.

So konnte mit Blick auf ein *Autonomierisiko* keine *besondere Gefahr* festgestellt werden, da Hersteller von Kraftfahrzeugen die Entwicklung ihre KI-Systeme am absoluten und vorbildlichen Fahrer orientieren[386] und eine zunehmende Verbreitung von autonomen Kraftfahrzeugen die Eintrittswahrscheinlichkeit von Schädigungen daher nicht erhöhen, sondern vielmehr reduzieren wird.[387] Eine *besondere Gefahr* aufgrund der Autonomie der Kraftfahrzeuge könnte möglicherweise dann angenommen werden, wenn man es dem Hersteller gestatten würde die fahrzeugsteuernde Software so zu programmieren,

---

[382] *Ebert*, in: 73. DJT, Band II/1, S. K 40.
[383] Siehe S. 75 ff.
[384] Siehe S. 65 und 77 f.
[385] Siehe S. 76.
[386] Siehe S. 77 ff.
[387] Siehe S. 77 ff.

dass diese nicht-prognostizierbare Entscheidungen treffen könnte. Dies wäre jedoch de lege lata rechtswidrig und würde bei einer gesetzgeberischen Umsetzung de lege ferenda gleichzeitig zumindest die Anordnung von Präventionsmaßnahmen durch den Hersteller erfordern.[388] So müsste der Hersteller auf die Software und die damit verbundenen Lernfähigkeiten und -prozesse sowie auf das Lernergebnis und in der Folge auf die autonome Fahrzeugführung stets Einfluss haben, was beispielsweise dadurch erreicht werden könnte, indem man autonome Entscheidungen des Kraftfahrzeugs gestattet, dies allerdings nur innerhalb von vorher gesetzten Parametern und Grenzen.[389]

Demgegenüber kann mit Blick auf das *Vernetzungsrisiko* eine *besondere Gefahr* nicht ohne Weiteres verneint werden. So könnte die Vernetzung von autonomen Kraftfahrzeugen mit der Infrastruktur durchaus die Eintrittswahrscheinlichkeit von Schäden begünstigen, wenn fehlerhafte Informationen auf die wesentlichen Einrichtungen des autonomen Kraftfahrzeugs, also vor allem auf die Fahrzeugsteuerung, durchschlagen würden.[390] Auch könnten durch falsche oder fehlende Informationen an eine Vielzahl autonomer Kraftfahrzeuge unkoordinierte Bewegungen ausgelöst werden, die den Verkehr großflächig zum Erliegen bringen könnten.[391] Des Weiteren war festzustellen, dass das gleichzeitige Empfangen einer hohen Anzahl verschiedener Informationen von verschiedenen Sendern auch die Feststellung der fehlerhaften Informationen oder Systeme erschweren, die maßgeblich zum Entstehen der Schäden geführt haben, wodurch die korrekte rechtliche Zuordnung von Schadensverursachungsbeiträgen vor hohe Hürden gestellt werden und es zu erheblichen Beweisschwierigkeiten kommen könnte.[392] Mit Blick auf die erhöhte Eintrittswahrscheinlichkeit, das Ausmaß und die Folgen eines potentiellen Schadens sowie auch durch die Unüberschaubarkeit der Kausalzusammenhänge könnte es zu erheblichen Schwierigkeiten sowohl für die öffentliche Sicherheit als auch für die rechtliche Bewertung kommen, was die Annahme einer *besonderen Gefahr*

---

388 Siehe S. 79 f.
389 Siehe S. 80 f.
390 Siehe S. 82.
391 Siehe S. 82.
392 Siehe S. 82 f.

rechtfertigen würde. Allerdings sollte der Gesetzgeber derartige Szenarien nicht dadurch ermöglichen, indem er eine solche Vernetzung grenzenlos gestattet, sondern vielmehr präventiv einen rechtlichen Rahmen schaffen, der eine unkoordinierte und fehleranfällige Vernetzung zwischen einer Vielzahl von Akteuren von Beginn an reguliert.[393]

Auch unter Berücksichtigung der Ziele des Haftungsrechts – Fairness, Gerechtigkeit, Schadensprävention und Risikoverteilung – ist eine Gefährdungshaftung für autonome Kraftfahrzeuge abzulehnen. So ist in Betracht zu ziehen, dass der Hersteller autonomer Kraftfahrzeuge sowohl dem Fahrzeugführer als auch dem Fahrzeughalter die risikosteigernde Kontrolle über das Fahrverhalten des Kraftfahrzeugs entzieht,[394] sodass es sachgerechter ist, den Hersteller für etwaige Verkehrsunfälle haften zu lassen, der anstelle des Fahrzeugführers oder des -halters die Fahrzeugführung beeinflussen kann.[395] Insoweit ist das Gegenargument der fehlenden vollen Kontrolle des Herstellers über die Fahrzeugführung abzulehnen, da schlicht zu erwarten ist, dass der Hersteller ebendiese Kontrolle herstellen könnte.[396]

Auch die Beibehaltung des derzeit bestehenden Ansatzes, dass der Halter gem. § 1 PflVG versichert sei und so die gewohnte Haftungskette eingehalten werden könnte, ist nicht überzeugend, da es den Hersteller als Urheber des Risikos der Fahrzeugführung verwässern und ohne ersichtlichen Grund die Last des Schadensersatzes auf die Allgemeinheit umwälzen würde.[397]

Des Weiteren war festzustellen, dass das Ausmaß von Schadensereignissen durch autonome Kraftfahrzeuge nicht mit dem Ausmaß von Schadensereignissen im Schienen- oder Luftverkehr oder der Gen- oder Atomtechnik vergleichbar ist, sodass es auch vor diesem Hintergrund abzulehnen ist, Halter autonomer Kraftfahrzeuge einer Gefährdungshaftung zu unterwerfen.[398]

Außerdem ist es im Sinne einer gerechten Haftungsverteilung auch aus dem Aspekt der Beweisführung angezeigt, den Hersteller für Unfälle haften zu lassen, die autonome Kraftfahrzeuge während des Betriebs verursachen,

[393] Siehe S. 83 ff.
[394] Siehe S. 93 ff.
[395] Siehe S. 93 ff.
[396] Siehe S. 95 f.
[397] Siehe S. 96 f.
[398] Siehe S. 97 ff.

statt den Fahrzeughalter der Gefährdungshaftung zu unterwerfen, da es der Hersteller ist, der ein überlegenes technologisches Wissen hinsichtlich autonomer Kraftfahrzeuge hat und alle damit im Zusammenhang stehenden Informationen verstehen, interpretieren und bei einer Beweisführung auch nutzbar machen könnte.[399]

Schließlich ist eine Gefährdungshaftung zulasten der Fahrzeughalter autonomer Kraftfahrzeuge auch aus Erwägungen zur Schadensprävention und Risikoverteilung abzulehnen. So ist es einerseits der Hersteller, der die Gefahren des autonom fahrenden Kraftfahrzeugs durch sorgfältige Konstruktion und Programmierung beherrschen können wird und daher auch in die Pflicht genommen werden sollte, auf die diesbezügliche Vervollkommnung der Gefahrenabwehr hinzuarbeiten.[400] Und andererseits ist der Hersteller regelmäßig auch besonders solvent und auch fähig sich entsprechend zu versichern, was auch dem Wunsch der Versicherungswirtschaft entsprechen würde, Regress- oder andere Rückgriffprozesse und insbesondere neuartige, umständliche und störanfällige Kompensationsmodelle zu vermeiden.[401]

Trotz der Ablehnung der Gefährdungshaftung zulasten des Fahrzeughalters eines autonomen Kraftfahrzeugs, ist jedoch zu beachten, dass der Halter nicht vollends aus der Haftung entlassen werden sollte, da er weiterhin Pflichten hat, um die Erhaltung der Verkehrssicherheit seines autonomen Kraftfahrzeugs sicherzustellen, auf die wiederum der Hersteller keinen Einfluss hat. Daher wäre es zwar vorzugswürdig den Halter von der Gefährdungshaftung des § 7 Abs. 1 StVG auszunehmen, demgegenüber aber im Lichte seiner Verkehrssicherungspflichten haften zu lassen, wenn er diesen schuldhaft nicht nachkommt.[402]

c) Schlussfolgerung und Empfehlung für autonome Kraftfahrzeuge

Wie dargelegt ist das Gesetz über den Verkehr mit Kraftfahrzeugen aus historischer Sicht nicht deshalb erlassen worden, um vor den Gefahren des Kraftfahrzeugs als technischen Gegenstand selbst zu schützen. Sinn und Zweck des Erlasses des Gesetzes war es vielmehr die Bevölkerung vor Schäden

---

[399] Siehe S. 100 ff.
[400] Siehe S. 102 f.
[401] Siehe S. 103 f.
[402] Siehe S. 101 f.

aufgrund der rücksichtslosen und gefährlichen Fahrweise privilegierter Teile der Bevölkerung sowie dessen Bediensteter zu schützen und insbesondere auch einen solventen Schuldner zu haben.[403] Durch autonome Kraftfahrzeuge wird die Gefahr von rücksichtslosen und gefährlichen Fahrweisen jedoch eliminiert. Weiterhin ist der Hersteller in der Regel auch ein solventer Schuldner. Durch eine Haftungsverschiebung zu seinen Lasten, würde der Hersteller zudem nicht bedeutend schlechter gestellt, da die Haftungsrisiken kalkuliert und in den Produktpreisen entsprechend berücksichtigt werden könnten. Daher wäre es aus diesen Aspekten nicht gerechtfertigt auch den Halter eines autonomen Kraftfahrzeugs der verschuldensunabhängigen Haftung zu unterwerfen.

Auch die Risikobeherrschung durch den Hersteller spricht dafür bei autonomen Kraftfahrzeugen von der Halterhaftung des § 7 Abs. 1 StVG Abstand zu nehmen und primär den Hersteller in die Haftung zu nehmen. Dem Hersteller würde nicht alleine wegen seines technischen Verständnisses die primäre Haftung auferlegt werden,[404] sondern vor allem deshalb, weil er Einfluss auf die das Fahrzeug steuernden Software hat und somit der Herr der Fahrbewegungen des autonomen Kraftfahrzeugs ist.[405] Irrelevant ist diesbezüglich, dass der Fahrzeughalter das Ziel der Fahrt bestimmen kann, erheblich ist vielmehr, dass der Fahrzeughalter disproportional weniger Einfluss auf die Fahrzeugsteuerung haben wird als der Hersteller. Hierfür spricht insbesondere auch die Möglichkeit der Over-The-Air Updates,[406] die eine nachträgliche Veränderung ebendieser Software durch den Hersteller zulassen. Sofern der Schaden auf einer Verkehrspflichtverletzung des Fahrzeughalters beruht, stünde es dem Hersteller frei Regress beim Halter zu nehmen, um einen gerechten Schadensausgleich zu erreichen.[407] Neben der Beherrschung der Konstruktion und der Fahrbewegungen eines autonomen Kraftfahrzeugs sowie der ihr zugrundeliegenden Software durch den Hersteller[408], erscheint

---

[403] Siehe S. 58 ff.

[404] So aber *Jungo Brüngger*, in: 73. DJT, Band II/1, S. K 23.

[405] Siehe zum Einfluss des Herstellers auf die Software des autonomen Kraftfahrzeugs S. 159 ff.

[406] Siehe S. 54 f und S. 160 f.

[407] Im Ergebnis auch *Etzkorn*, in: 73. DJT, Band II/2, S. K 88.

[408] Siehe zu der überlegenen Stellung des Herstellers, insbesondere durch drahtlose Updates *Over-the-Air* S. 160 f.

dieses Ergebnis auch vor dem Hintergrund der Gefährlichkeitserwägungen und dem Zugang zum Beweisstoff auf der einen Seite sowie des Einflusses des Halters auf die Erhaltung der Verkehrssicherheit seines autonomen Kraftfahrzeugs auf der anderen Seite als fairer und gerechter Ausgleich potentieller Schäden und entspräche den Zielen des Haftungsrechts.[409] So ist *Zech* darin zuzustimmen, dass es jedenfalls darauf hinauslaufen sollte, dass diejenigen in irgendeiner Form haftungsrechtlich zur Verantwortung gezogen werden müssen, die kontrollieren können, wie riskant ein System ist[410] und eine Gefährdungshaftung zulasten von Fahrzeughaltern zu einer zweckwidrigen übermäßigen Belastung der Fahrzeughalter führen würde.[411] Das Argument, dass die Halter den Nutzen eines autonomen Kraftfahrzeugs hätten, überzeugt dagegen nicht, da sie den Nutzen durch die Entrichtung des Kaufpreises bereits kompensieren, sodass jedenfalls Verbraucher keinen über den Genuss hinausgehenden Nutzen haben würden, sondern von einer Gefährdungshaftung überfordert wären.[412]

Soweit das Argument vorgebracht wird, dass eine „Überregulierung"[413] technische Innovationen hemmen würde, so ist einerseits dagegen zu halten, dass eine Haftungsverschiebung bei autonomen Kraftfahrzeugen zulasten des Herstellers weder übermäßig komplex oder streng, noch an zahlreiche neue Vorschriften geknüpft wäre. Und andererseits ist auch anzuzweifeln, dass es durch die Haftungsverschiebung zu einer Hemmung technischer Innovationen kommen würde. Vielmehr wäre von einer „Technikermöglichung"[414] auszugehen.[415] Außerdem würde eine klare Haftungszuweisung zum Hersteller

---

409 Siehe zu den Zielen des Haftungsrechts S. 72 ff.; andere Ansicht *Jungo Brüngger*, die vertritt, dass es bereits ausreichend Regelungen gibt, um den Gefahren autonomer Kraftfahrzeuge begegnen zu können, weshalb Änderungen vom bestehenden System abzulehnen wären, in: 73. DJT, Band II/1, S. K 13 ff.

410 *Zech*, in: 73. DJT, Band II/2, S. K 84; vgl. auch *Leupold/Wiesner* die argumentieren, dass der Hersteller am ehesten die Risiken und Gefahren seines autonomen Systems einschätzen kann, in: IT-Recht, Teil 9.6.3., Rn. 109.

411 *Zech*, in: 73. DJT, Band I, S. A 85; *Mayrhofer*, in: 73. DJT, Band II/2, S. K 142 f.

412 *Gsell*, in 73. DJT Band II/2 S. K 137.

413 *Jungo Brügger*, in: 73. DJT, Band II/1, S. K 13 ff.

414 *Zech*, in: 73. DJT, Band II/2, S. K 125.

415 Vgl. auch *Leupold/Wiesner* die in der Herstellerhaftung einen Anreiz für Hersteller sehen, fehlerfreie Produkte herzustellen, in: IT-Recht, Teil 9.6.3., Rn. 105.

auch zur Förderung der gesellschaftlichen Akzeptanz beitragen.[416] Dies gilt vor allem mit Blick auf die Einfachheit der Feststellung des Anspruchsgegners, da man bereits anhand der Embleme auf dem Kraftfahrzeug unmittelbar den Hersteller als Unfallbeteiligten erkennen kann.[417] Hinsichtlich letzterem steht der Geschädigte insbesondere nicht vor der Herausforderungen, sich über die Automatisierungsstufe des schädigenden Kraftfahrzeugs oder dem Haftenden selbst Kenntnis verschaffen zu müssen,[418] da die Aufnahme von Verkehrsunfällen regelmäßig von der Polizei erfolgt und insoweit keine Hürden bestehen, die über eine Verkehrsunfallaufnahme herkömmlicher Kraftfahrzeuge hinausgehen.

Worin weitestgehend Einigkeit besteht ist, dass es nicht zu einem parallelen Haftungsregime neben dem StVG kommen sollte, welches autonome Kraftfahrzeuge insgesamt einem anderen Haftungstatbestand unterwirft als herkömmliche Kraftfahrzeuge, da zu erwarten ist, dass auf den Straßen noch für längere Zeit sowohl herkömmliche wie auch autonome Kraftfahrzeuge gleichzeitig verkehren werden.[419] Um diesem Umstand Rechnung zu tragen, sollte eine sektorspezifische Anpassung innerhalb des StVG vorgenommen werden, da sonst für die Teilnehmer desselben Verkehrsraums verschiedene Haftungsrechte gelten würden.[420]

Durch eine Befreiung des Halters autonomer Kraftfahrzeuge von einer Haftung gem. § 7 Abs. 1 StVG und einer Verschiebung der Haftung auf den Fahrzeughersteller,[421] sowie der Einführung einer Einstandspflicht des Halters für eine Verkehrspflichtverletzung durch Unterlassen der gebotenen Aufsicht

---

416 Vgl. auch *Zech*, der weitergehend für eine Gefährdungshaftung des Herstellers plädiert, in: 73. DJT, Band I, S. A 104.

417 Andere Ansicht *Redeker*, in: 73. DJT, Band II/2, S. K 78.

418 So aber *Leupold/Wiesner*, in: Leupold/Wiebe/Glossner, Teil 9.6.3., Rn. 90; siehe auch *Ebert*, „Unmittelbarkeit und Erkennbarkeit des Haftenden", in: 73. DJT, Band II/2, S. K 130.

419 *Etzkorn*, in: 73. DJT, Band II/2, S. K 87, andere Ansicht *Klamaris*, in: 73. DJT, Band II/2, S. K 121 f.

420 *Borges*, in: Lohsse/Schulze/Staudenmeyer, S. 152; *Casper*, in: 73. DJT, Band II/2, S. K 93; *Etzkorn*, in: 73. DJT, Band II/2, S. K 87, K 119; *Günther*, Roboter und rechtliche Verantwortung, S. 241; *Meyer*, ZRP 2018, 233, 238; *Riehm*, in: 73. DJT, Band II/1, S. K 54; *Zech*, in: 73. DJT, Band I, S. A 99 f.

421 *Lutz*, NJW 2015, 119; *Kütük-Markendorf/Essers*, MMR 2016, 22, 24; siehe zur konkreten Ausgestaltung der Haftungsverschiebung im 5. Kapitel S. 176 ff.

über eine Gefahrenquelle,[422] würde ein haftungsrechtlich gerechter Ausgleich zwischen Halter und Hersteller erreicht werden können,[423] ohne dass es zu Haftungslücken käme. Zu Gunsten des Opferschutzes sollte sich eine diesbezügliche Haftung auch nicht alleine aus § 823 BGB ergeben, sondern nach dem Vorbild der Tierhalterhaftung ein neuer Tatbestand in § 7 Abs. 1 StVG geschaffen werden, der eine verschuldensabhängige Haftung mit umgekehrter Beweislast zulasten des Halters eines autonomen Kraftfahrzeugs vorsieht.[424] Durch die Beweislastumkehr wäre es nicht am Opfer ein Verschulden des Halters nachzuweisen, sondern am Halter zu beweisen, dass ihn kein Verschulden an dem Unfall trifft. Entsprechend könnte ein neuer § 7 Abs. 1 Satz 2 StVG wie folgt lauten:

> *Die Ersatzpflicht tritt nicht ein, wenn der Schaden durch ein autonomes Kraftfahrzeug verursacht wird und entweder der Halter bei der Instandhaltung des Kraftfahrzeugs und der autonomen Systeme, sowie der Einhaltung aller nicht an die Fahrzeugführung gerichteten Verkehrsvorschriften, einschließlich der Aufgabenerfüllung durch die Technische Aufsicht, die im Verkehr erforderliche Sorgfalt beobachtet oder der Schaden auch bei Anwendung dieser Sorgfalt entstanden sein würde.*

Hierdurch würde sichergestellt werden, dass Fahrzeughalter im Falle eines Verkehrsunfalls für Mängel am autonomen Kraftfahrzeug einstehen müssen, auf die der Fahrzeughersteller keinen Einfluss hat, sodass durch eine Regressmöglichkeit des Herstellers beim Halter Haftungslücken vermieden werden. Selbstverständlich muss der Halter sich auch das Verschulden von Personen zurechnen lassen, denen er sich zur Erfüllung seiner Aufgaben

---

422 Siehe zum Einflussbereich des Fahrzeughalters S. 101 f.

423 Vgl. mit Blick auf die gerechte Haftungsverteilung am Beispiel der Veränderungen der Software auch *Leupold/Wiesner*, in: Leupold/Wiebe/Glossner, Teil 9.6.3., Rn. 44, die richtiger Weise vorschlagen, demjenigen die Haftung aufzubürden, der das autonome Kraftfahrzeug mit Trainingsdaten versorgt hat, sodass der Halter für Veränderungen einstehen muss, die er unabhängig vom Hersteller veranlasst hat; siehe auch *Zech*, der zwar für eine Gefährdungshaftung des Herstellers plädiert, jedoch einen Innenausgleich nach Verschuldensanteilen befürwortet, in: 73. DJT, Band II/2, S. K 137.

424 *Riehm* hält den Umstand der fehlenden Kontrolle des Halters im Lichte des § 7 StVG für unerheblich, plädiert im Ergebnis aber ebenfalls für die Schaffung eines neuen Haftungstatbestandes in Gestalt einer Halterhaftung für spezielle Gerätekategorien, in: 73. DJT, Band II/1, S. K 54 f.

oder überobligatorischer Maßnahmen bedient,[425] sodass beispielsweise auch etwaig eingeschaltete Dritte zum Zwecke der Modifikation der Software des autonomen Kraftfahrzeugs[426] in der Sphäre des Fahrzeughalters liegen und darauf zurückzuführende Schäden unter eine nicht sorgfältige *Wartung des autonomen Systems* subsumiert und dem Fahrzeughalter zugerechnet werden könnten.[427]

Mit zunehmender Erfahrung könnte diese Haftungsregelung auch einer Anpassung unterzogen werden, falls eine schärfere Haftung für notwendig gehalten werden sollte. Vorgeschlagen wird insbesondere eine Gefährdungshaftung zulasten des Herstellers.[428] Zurecht wird jedoch der Einwand geäußert, dass es sich dabei um eine Pseudolösung handeln könnte, da eine Gefährdungshaftung nur dazu führen würde, dass irgendjemand haftet, ohne das sich im Vorhinein gefragt worden wäre, ob die damit erreichte Haftungsschärfe angemessen sei und auch ein legitimes Ziel damit verfolgt würde.[429] Diesbezüglich wäre auch zu bedenken, dass eine Gefährdungshaftung wegen der vom EuGH angenommenen Vollharmonisierung durch die Produkthaftungsrichtlinie auch unzulässig sein würde, wenn es sich der Sache nach um eine verschärfte nationale Produkthaftung zulasten des Herstellers handeln würde.[430]

---

425 BT.-Drucks. 19/27439, S. 25.

426 Zum Auto als „attraktiven Plattform für Dienste-Entwickler" *Gladbach*, RAW 2023,1; zum Softwaretrainer als neuen Akteur *Zech*, in: 73. DJT, Band I, S. A 35 ff.;

427 Vgl. zur Zurechnung des Verschuldens bei Pflichtendelegation auch BT-Drucks. 19/27439, S. 25; *König*, in: Hentschel/König/Dauer, § 1f StVG, Rn. 4 und 17; *Will*, in: BeckOK StVR, § 1f StVG, R. 16.

428 *Zech*, in: 73. DJT, Band I, S. A 65 f., A 88, A 94.

429 *Wilhelmi*, in: 73. DJT, Band II/2, S. K 90 f., S. K 111; die Gefährdungshaftung ebenfalls ablehnend: *Casper*, in: 73. DJT, Band II/2, S. K 93; *Jungo Brüngger*, in: 73. DJT, Band II/1, S. K 13.

430 EuGH, Urteil vom 25.04.2002, Az.: C-52/00, Rn. 24; EuGH, Urteil vom 25.04.2002, Az.: C-154/00, Rn. 20; EuGH, Urteil vom 25.04.2002, Az.: C-183/00, Rn. 30; EuGH, Urteil vom 10.01.2006, Az.: C-402/03, Rn. 23, 33; EuGH, Urteil vom 09.02.2006, Az.: C-127/04, Rn. 35; EuGH, Urteil vom 04.06.2009, Az.: C-285/08, Rn. 21; *Riehm* EuZW 2010, 567 ff.; *Schaub*, JZ 2017, 342, 345; *Zech*, in: 73. DJT, Band I, S. A 104.

II. Verschuldensabhängige Haftung des Fahrzeughalters § 823 Abs. 1 BGB

Gem. § 16 StVG kann der Fahrzeughalter neben der verschuldens-unabhängigen Haftung aus § 7 Abs. 1 StVG auch nach der Vorschrift des § 823 Abs. 1 BGB haftbar gemacht werden. Die deliktische Haftung nach § 823 Abs. 1 BGB setzt im Gegensatz zur straßenverkehrsrechtlichen Halterhaftung aus § 7 Abs. 1 StVG aber ein Verschulden, also Vorsatz oder Fahrlässigkeit, voraus. Insgesamt erfordert der Tatbestand des § 823 Abs. 1 BGB eine Rechtsgutsverletzung durch eine rechtswidrige und schuldhaft begangene zurechenbare Verletzungshandlung.

1. Rechtsgutsverletzung

Von § 823 Abs. 1 BGB werden Rechtsgüter wie das Leben, der Körper und das Eigentum eines anderen Menschen geschützt. Sobald ein geschütztes Rechtsgut beeinträchtigt ist, ohne dass es sich bei der Beeinträchtigung ausschließlich um einen Vermögensschaden handelt, ist eine Rechtsgutsverletzung anzunehmen.[431] Bei Unfällen mit Kraftfahrzeugen kommt es jedenfalls zu Sach- oder Körperschäden, wobei eine Verletzung dieser beiden Rechtsgüter regelmäßig zusammenfällt. Im äußersten Fall kann es auch zum Tod von Menschen kommen, etwa wenn ein Verkehrsunfall zu schwerwiegende Auswirkungen auf die Gesundheit oder die körperliche Unversehrtheit eines Menschen hatte.

2. Verletzungshandlung

Die Rechtsgutsverletzung muss durch eine Verletzungshandlung in Gestalt eines positiven Tuns oder eines Unterlassens erfolgen.[432] Ein Unterlassen ist aber nur dann beachtlich, wenn es eine Pflicht zum Handeln gegeben hat und die entsprechende Handlung dazu geführt hätte, dass die Rechtsgutsverletzung verhindert worden wäre.[433] Eine solche Handlungspflicht kann sich unmittelbar aus dem Gesetz selbst oder aber aus einer Verkehrssicherungspflicht ergeben.[434]

---

[431] *Sprau*, in Grüneberg, § 823 BGB, Rn. 2.

[432] *Sprau*, in Grüneberg, § 823 BGB, Rn. 2.

[433] BGH, Urteil vom 23.11.2017, Az.: III ZR 60/16 (NJW 2018, 301); *Sprau*, in Grüneberg, § 823 BGB, Rn. 2.

[434] *Sprau*, in Grüneberg, § 823 BGB, Rn. 2.

Der Gedanke dabei ist, dass derjenige, der aus seinem Verantwortungsbereich heraus eine Gefahrenlage für Dritte schafft oder andauern lässt, alle erforderlichen und zumutbaren Vorkehrungen zu treffen hat, um Schädigungen Dritter zu verhindern.[435]

Aufgrund der Tatsache, dass der Halter in einem autonomen Kraftfahrzeug allenfalls Passagier ist und die Fahraufgabe ohne dessen Zutun vom Fahrzeug selbst bewältigt wird, rücken Verletzungshandlungen durch den Halter gegenüber Dritten durch ein positives Tun während des Betriebs in den Hintergrund, sodass der Großteil der potentiellen Verletzungshandlungen in einem Unterlassen liegen wird. Wie aufgezeigt normiert § 1f Abs. 1 StVG unmittelbar Pflichten des Halters eines autonomen Kraftfahrzeugs, wonach der Halter für die Wartung, die Aufgabenerfüllung durch die Technische Aufsicht und die Einhaltung derjenigen Verkehrsvorschriften verpflichtet ist, die sich nicht an die Fahrzeugführung richten. Die Pflichten des Halters haben durch § 13 AFGBV zudem eine Konkretisierung erfahren,[436] sodass Handlungspflichten unmittelbar aus dem Gesetz erwachsen, dessen Erfüllung der Halter sicherzustellen hat. Wenn es zu einer Rechtsgutsverletzung eines Dritten kommen sollte, weil der Halter es unterlassen hat eine oder mehrere seiner Pflichten aus dem StVG oder der AFGBV zu erfüllen, so läge eine Verletzungshandlung durch Unterlassen vor. Wenn also ein Halter eines autonomen Kraftfahrzeugs es trotz der Pflicht aus § 1f Abs. 1 Satz 2 Nr. 2 StVG[437] unterlässt, Bauteile, die funktionsbedingt einem Verschleiß unterliegen oder alterungsbedingt ihre sicherheitsrelevanten Eigenschaften nicht mehr gewährleisten können, wie beispielsweise Reifen, Bremsbeläge oder Leuchtmittel, in ausreichendem Maße zu warten und es beispielsweise mangels Traktion auf der Straße, Funktionsfähigkeit der Bremsen oder Sicht in der Nacht zu einer Rechtsgutsverletzung kommt, ist in der Unterlassung der Wartung die Verletzungshandlung zu erblicken.

---

[435] BGH, Urteil vom 11.05.1988, Az.: VIII ZR 96/87 (NJW 1988, 2667); BGH, Urteil vom 20.09.1989, Az.: VIII ZR 143/88 (NJW 1990, 1236); BGH, Urteil vom 17.07.2003, Az.: 5 U 18/03 (NJW-RR, 2003, 1459); BGH, Urteil vom 22.12.2003, Az.: VIII ZR 81/03 (NJW 2004, 1449, 1450); *Sprau*, in Grüneberg, § 823, Rn. 45.

[436] Siehe zu § 13 AFGBV S. 46 ff.

[437] Siehe zu § 1f StVG S. 38 ff.

Ebenfalls als Verletzungshandlung durch Unterlassen wäre es zu werten, wenn der Halter nicht dauerhaft und lückenlos gewährleisten würde, dass die Aufgaben der Technischen Aufsicht erfüllt werden können (§ 1f Abs. 1 Satz 2 Nr. 3 StVG),[438] woraufhin es zu einer Rechtsgutsverletzung kommt. Zu denken ist etwa an den Fall, dass ein autonomes Kraftfahrzeug wegen eines Defekts am Straßenrand liegen bleibt, ohne dass jedoch die angemessenen Sicherheitsmaßnahmen eingeleitet werden, wie beispielsweise das Anschalten der Warnblinklichter oder das manuelle Versetzen des Fahrzeugs, damit es kein Verkehrshindernis mehr darstellt.

Eine weitere Verletzungshandlung durch Unterlassen wäre es, wenn es zu einer Rechtsgutsverletzung käme, weil der Halter ein sicherheitsrelevantes Update des Herstellers bewusst verweigert oder gar verhindert und das autonome Kraftfahrzeug trotz des vom Hersteller erkannten Mangels weiter am Straßenverkehr teilnimmt. So wäre ein sicherheitsrelevanter Mangel beispielsweise eine vom Hersteller erkannte Schwäche im Softwaresystem, die unbefugten Dritten Zugang zur Führung des Kraftfahrzeugs ermöglichen könnte (sog. *Hacking*). Wenn sich also ein Hacker aufgrund des verweigerten sicherheitsrelevanten Softwareupdates Zugang zur Steuerung des Kraftfahrzeugs verschaffen konnte und in der Folge gegen Sachen oder Menschen fahren würde, dann wäre dies durch die Unterlassung des Updates durch den Halter geschehen. Die Pflicht ein solches Update durchzuführen erwächst aus der Verkehrssicherungspflicht des Fahrzeughalters.[439]

3. Haftungsbegründende Kausalität

Weiterhin muss es einen Ursachenzusammenhang zwischen dem schädigenden Verhalten und der Rechtsgutsverhandlung geben.[440] Eine Rechtsgutsverletzung aufgrund einer beliebigen Handlung des Halters genügt für sich alleine gesehen daher nicht. Erforderlich ist vielmehr, dass

---

[438] Zu den Pflichten der Technischen Aufsicht S. 39 ff.

[439] Erwägungsgrund 51 der RL (EU) 2024/2853; *Ensthaler/Gollrad*, in: Rechtsgrundlagen des automatisierten Fahrens, S. 122, sprechen von einer Mitwirkungspflicht des Fahrzeughalters; *Meents*, in: FS Taeger, S. 13 ff.; vgl. auch *Meents/Obradovic*, ZfPC 2022, 13, 16, die von einer Duldungspflicht des Fahrzeughalters ausgehen; *Rosenberger*, in: Die außervertragliche Haftung für automatisierte Fahrzeuge, S. 408.

[440] *Grüneberg*, in Grüneberg, Vorb. v. § 249, Rn. 24.

die Handlung für die Rechtsgutsverletzung äquivalent[441] und auch adäquat[442] kausal und vom Schutzzweck der verletzten Norm umfasst ist.[443] So ist beispielsweise ein Sachschaden an dem Kraftfahrzeug eines Dritten aufgrund eines Zusammenstoßes mit einem autonomen Kraftfahrzeug dann äquivalent und adäquat kausal verursacht worden, wenn das autonome Kraftfahrzeug, mangels Einhaltung der Pflicht aus § 36 Abs. 3 StVZO, aufgrund verschlissener oder eines geplatzten Reifens plötzlich gegen das Kraftfahrzeug des Dritten gestoßen ist.

4. Rechtswidrigkeit und Verschulden

Jede Beeinträchtigung der von § 823 Abs. 1 BGB geschützten Rechtsgüter durch positives Tun oder Unterlassen trotz Rechtspflicht zum Handeln, muss auch rechtswidrig sein.[444] Die Rechtswidrigkeit bei positivem Tun wird durch die Tatbestandsmäßigkeit regelmäßig indiziert, wohingegen bei einem Unterlassen der Verstoß gegen eine Rechtspflicht – z. B. aus Gesetz oder Verkehrssicherungspflicht – positiv festzustellen ist.[445]

§ 823 Abs. 1 BGB setzt des Weiteren Vorsatz oder Fahrlässigkeit, mithin also ein Verschulden des Schadensverursachers, voraus. Da der Halter eines autonomen Kraftfahrzeugs keine Einflussmöglichkeit auf die Führung des Fahrzeugs hat, kann ihm zwar kein Verschulden hinsichtlich der Bewältigung der Fahraufgabe an sich gemacht werden. Jedoch kann den Halter sehr wohl ein Verschuldensvorwurf hinsichtlich einer etwaigen Nichterfüllung seiner

---

441 Ursächlichkeit im naturwissenschaftlichen Sinne, ohne Rücksicht auf das Maß des schädigenden Umstandes. Nach der sog. conditio sine qua non-Formel, läge dann äquivalente Kausalität vor, wenn die Handlung nicht hinweggedacht werden kann, ohne dass der Schaden in seiner konkreten Gestalt entfällt, *Förster*, in: BeckOK BGB, § 823 BGB, Rn. 257 m. w. N.

442 Korrektiv einer potentiell uferlosen Haftung nach der conditio sine qua non-Formel, indem die zum Schaden führende Handlung im Interesse billiger Ergebnisse „im Allgemeinen und nicht nur unter besonders eigenartigen, ganz unwahrscheinlichen und nach dem regelmäßigen Verlauf der Dinge außer Betracht zu lassenden Umständen zur Herbeiführung eines Erfolges der eingetretenen Art geeignet sein" muss, BGH, Urteil vom 23.10.1951, Az.: I ZR 31/51 (BGHZ 3, 261); BGH, Urteil vom 01.06.1959, Az.: III ZR 49/58 (NJW 1959, 1631).

443 *Sprau*, in Grüneberg, § 823, Rn. 2.

444 *Sprau*, in Grüneberg, § 823, Rn. 24 ff.

445 *Sprau*, in Grüneberg, § 823, Rn. 24.

gesetzlichen Handlungs- oder Verkehrssicherungspflichten treffen.[446] Vorsatz setzt regelmäßig Wissen und Wollen um den pflichtwidrigen Erfolg voraus,[447] wohingegen Fahrlässigkeit gem. § 276 Abs. 2 BGB die Außerachtlassung der im Verkehr erforderlichen Sorgfalt erfordert.

5. Haftungsausfüllende Kausalität und Rechtsfolge

Bei Erfüllung aller vorgenannter Voraussetzungen steht dem Geschädigten als Rechtsfolge ein Anspruch auf Ersatz des durch die Rechtsgutsverletzung entstandenen Schadens zu. Art, Inhalt und Umfang des Schadensersatzanspruchs richten sich nach den allgemeinen Grundsätzen der §§ 249 ff. BGB.[448] Ergänzend sind bei Personenschäden die §§ 842 – 846 BGB und bei Sachschäden die §§ 848 – 851 BGB anzuwenden.[449] Im Ergebnis ist der Geschädigte so zu stellen, wie er ohne das schädigende Ereignis gestanden hätte.[450]

Im Vergleich zum derzeitigen Haftungssystem des StVG, in dem es Haftungshöchstbeträge gibt (§ 12 StVG), ist eine Haftung nach § 823 Abs. 1 BGB dagegen der Höhe nach unbegrenzt. Hintergrund der Haftungsbegrenzung des StVG ist u. a., dass die Einstandspflicht des Halters kein Verschulden voraussetzt, sodass die Begrenzung einen Ausgleich dazu darstellen soll.[451] Denn durch die Begrenzung der Leistungspflicht wird gleichsam die Schuld des Einstandspflichtigen begrenzt.[452]

6. Zwischenergebnis zur Haftung des Fahrzeughalters gem. § 823 Abs. 1 BGB

Der Fahrzeughalter kann gem. § 823 Abs. 1 BGB für Verletzungen die sein autonomes Kraftfahrzeug Rechtsgütern Dritter zufügt haftbar gemacht werden, wenn er seinen Pflichten, insbesondere nach dem StVG oder der AFGBV, nicht nachkommt oder seine Verkehrssicherungspflichten missachtet und es

---

[446] Ausführlich zu den Verkehrssicherungspflichten im Straßenverkehr *Hensen*, NJW-Spezial 2017, 457; *Stöber/Möller/Willmer*, NZV 2024, 117, 120; siehe zu den Verkehrssicherungspflichten des Halters auch auf S. 46 ff., S. 101 f. und S. 114 f.

[447] *Grüneberg*, in: Grüneberg, § 276 BGB, Rn. 10.

[448] *Sprau*, in Grüneberg, Einf. v. § 823, Rn. 24.

[449] *Sprau*, in Grüneberg, Einf. v. § 823, Rn. 24.

[450] *Sprau*, in Grüneberg, Einf. v. § 823, Rn. 24.

[451] *Walter*, in: BeckOGK StVG, § 12 StVG, Rn. 2.

[452] *Walter*, in: BeckOGK StVG, § 12 StVG, Rn. 2.

in der Folge zu Schäden bei Dritten kommt. Hinsichtlich der Tathandlung wird in den meisten Fällen ein Unterlassen in Betracht kommen, weil das autonome Kraftfahrzeug den Fahrzeuginsassen während der Fahrt keine Möglichkeiten bietet die Fahrzeugführung zum Schaden Dritter zu beeinflussen, also aktiv zu handeln; es wird daher vornehmlich auf diejenigen Pflichten ankommen, deren Umsetzung der Halter unterlässt, wodurch Dritte Rechtsgutsverletzung(en) und Schäden erleiden. Dabei kann u. a. sowohl ein Unterlassen der die Sicherheit gewährleistenden vorgeschriebenen Wartung des autonomen Kraftfahrzeugs, als auch ein Versäumnis bei der Durchführung von sicherheitsrelevanten Softwareupdates oder die mangelnde Ermöglichung der Erfüllung der Aufgabenwahrnehmung durch eine Technische Aufsicht in Frage kommen.

III. Verschuldensabhängige Haftung des Fahrzeugführers § 18 Abs. 1 StVG

Neben einer Haftung aus § 823 Abs. 1 BGB ist fraglich, ob bei autonomen Kraftfahrzeugen auch die verschuldensabhängige Haftungsregelung des § 18 Abs. 1 StVG zur Anwendung kommen könnte. In § 18 Abs. 1 StVG wird die Ersatzpflicht des Fahrzeugführers geregelt, für den Fall, dass es zu einer Verletzung mindestens eines in § 7 Abs. 1 StVG genannten Rechtsguts kommt. Es handelt sich um eine eigenständige Anspruchsnorm im Wege der Verschuldenshaftung.[453] Insoweit entspricht die Regelung dem nachvollziehbaren Grundsatz, dass derjenige, der einen Schaden verursacht, auch dafür einstehen soll.

1. Fahrzeugführer

„Führer eines Kraftfahrzeugs ist, wer es unter bestimmungsgemäßer Anwendung seiner Antriebskräfte unter eigener Allein- oder Mitverantwortung in Betrieb setzt oder unter Handhabung seiner technischen Vorrichtungen während der Fahrtbewegung durch den öffentlichen Verkehrsraum ganz oder wenigstens zum Teil lenkt".[454] Hierbei gilt jedoch, dass der Fahrzeugführer sich selbst aller

[453] *Walter*, in: BeckOGK StVG, § 18 StVG, Rn. 1.

[454] BGH, Beschluss vom 23.09.2014, Az.: 4 StR 92/14 (NJW 2015, 1124); siehe auch BGH, Urteil vom 22.03.1977, Az.: VI ZR 80/75 (BeckRS 1977, 2968); BGH, Beschluss vom 27.10.1988, Az.: 4 StR 239/88 (NJW 1989, 723, 724); BGH, Beschluss vom 18.01.1990, Az.: 4 StR 292/89 (NJW 1990, 1245); *Burmann*, in: Burmann/Heß/Hühnermann/Jahnke, § 18 StVG, Rn. 3.

oder wenigstens eines Teiles der wesentlichen Einrichtungen des Fahrzeugs bedienen muss, die für seine Fortbewegung bestimmt sind.[455] Daher schließt es die Fahrzeugführereigenschaft nicht aus, wenn mehrere Personen sich die Bedienung der notwendigen Funktionen teilen – in einem solchen Fall können beide als Fahrzeugführer anzusehen sein.[456] Wer dagegen aber nicht einmal einen Teil der wesentlichen Einrichtungen des Fahrzeugs bedient, führt dieses auch nicht.[457] Hierzu wäre es aber erforderlich, dass in die Lenk- oder Antriebsvorgänge eingegriffen wird.[458] Diese vorgenannte Rechtsansicht des BGH ist zu befürworten. Insbesondere entspricht sie auch dem historischen Willen des Gesetzgebers bei der Schaffung des § 18 StVG,[459] dessen Wortlaut seit dem Jahre 1905 unverändert fortbesteht. So heißt es in den Gesetzesmaterialien:

> *„Das Führen eines Kraftfahrzeugs begreift die gesamte Bedienung der maschinellen Einrichtungen des Fahrzeugs während des Betriebs in sich. […] Der Führer soll nach dem Willen des Gesetzes selbst alle zum Betriebe gehörigen Verrichtungen ausführen. […] Zu gleicher Zeit kann immer nur einer Führer sein […]. Dagegen kann das Führeramt während des Betriebes wechseln.“*[460]

In einem autonomen Kraftfahrzeug gibt es für die Passagiere aber weder die Möglichkeit die Antriebskräfte noch die Lenkvorrichtung zu bedienen, vielmehr werden diese Aufgaben durch das Kraftfahrzeug selbst erledigt.[461] Die Passagiere können daher nicht als Fahrzeugführer verstanden werden.[462]

Dasselbe gilt auch für die Technische Aufsicht, wenn sie das autonome Kraftfahrzeug deaktiviert oder Fahrmanöver freigibt. Die Fahrmanöver selbst werden nicht durch Eingriff in die Lenk- und Antriebsvorgänge durchgeführt, vielmehr werden diese auch weiterhin eigenständig vom autonomen Kraftfahrzeug ausgeführt – so würde beispielsweise auch eine Deaktivierung

---

[455] BGH, Beschluss vom 27.10.1988, Az.: 4 StR 239/88 (NJW 1989, 723, 724).

[456] BGH, Beschluss vom 23.09.2014, Az.: 4 StR 92/14 (NJW 2015, 1124, 1125).

[457] BGH, Beschluss vom 23.09.2014, Az.: 4 StR 92/14 (NJW 2015, 1124, 1125).

[458] BGH, Beschluss vom 23.09.2014, Az.: 4 StR 92/14 (NJW 2015, 1124, 1125).

[459] Im Gesetz über den Verkehr mit Kraftfahrzeugen vom 3. Mai 1909.

[460] *Kirchner*, in: Guttentagsche Sammlung Deutscher Reichsgesetze, S. 39.

[461] Siehe § 1d Abs. 1 Nr. 1 StVG der ausdrücklich von „ohne eine fahrzeugführende Person“ spricht; siehe auch zum Begriff des autonomen Fahrens S. 12 f.

[462] *Armbrüster*, ZRP 2017, 83, 85; *Franke*, DAR 2016, 61, 62; *Spiecker gen. Döhmann*, CR 10/2016, 698, 700.

durch die Technische Aufsicht nicht dazu führen, dass das autonome Kraftfahrzeug in gefährdender Weise auf der Fahrbahn zum Halten kommt oder gar eine Vollbremsung durchführt, vielmehr würde es sich im Falle der Deaktivierung eigenständig in den risikominimalen Zustand versetzen und dafür den nächstsicheren Punkt für ein Halten ansteuern, vgl. auch §§ 1f Abs. 2 Nr. 2, 1e Abs. 2 Nr. 8 StVG.

Anders würde eine Haftung nach § 18 StVG möglicherweise dann zu bewerten sein, wenn die Technische Aufsicht die Möglichkeit nutzt, das autonome Kraftfahrzeug per Fernsteuerung zu beschleunigen, zu bremsen und zu lenken (§ 1e Abs. 3 Nr. 2 StVG).[463] In so einem Fall wäre der Tatbestand des § 18 Abs. 1 StVG erfüllt, da die Technische Aufsicht dann die tatsächliche Gewalt über das autonome Kraftfahrzeug ausüben und in diesem Umfang die autonome Bewältigung der Fahraufgaben durch das Kraftfahrzeug unterbrechen würde. Es kann auch keinen Unterschied machen, ob ein Mensch während der Bedienung der Antriebs- und Lenkvorrichtung eines Kraftfahrzeugs im selbigen sitzt oder diese aus der Ferne bedient – in beiden Fällen wird dieselbe Gefahr geschaffen, sodass auch dieselbe rechtliche Konsequenz zu verlangen wäre, wenn Rechtsgüter Dritter schuldhaft verletzt würden. Demnach wäre z. B. im Falle der autonom fahrenden E-Busse in Monheim am Rhein[464] der *Operator* also jedenfalls dann als Fahrzeugführer einzuordnen, wenn er den E-Bus per Funk beschleunigt, bremst oder steuert.[465]

2. Zwischenergebnis zur Fahrzeugführerhaftung

Weder die Fahrzeuginsassen noch die Technische Aufsicht bedienen die Antriebskräfte oder die Lenkvorrichtung eines autonomen Kraftfahrzeugs. Vielmehr bedient das autonome Kraftfahrzeug sowohl die Antriebskräfte als auch die Lenkvorrichtung zu jeder Zeit selbständig, sodass es keinen Fahrzeugführer gibt, der einer Haftung gem. § 18 Abs. 1 StVG unterliegen könnte. Anders stellt sich die Situation dagegen dar, wenn ein Mensch die

---

[463] Ähnlich auch *Siemann*, in: Chibanguza/Kuß/Steege, § 3, Rn. 97.

[464] Siehe S. 24 f.

[465] So wohl auch *König*, in: Hentschel/König/Dauer, § 1f StVG, Rn. 16, der jedoch danach differenziert, wie lange der Eingriff durch die Technische Aufsicht erfolgt, sodass beispielsweise die kurzzeitige Freischaltungen von Fahrmanövern nicht ausreichen soll, um ein *Führen* des Fahrzeugs anzunehmen.

autonome Bewältigung der Fahraufgabe durch das Kraftfahrzeug unterbricht und das Antriebs- und Lenkungssystem übersteuert, mithin also die tatsächliche Gewalt über die Fahrzeugführung übernimmt. In so einem Fall wäre es wenig sinnvoll von einer Haftung gem. § 18 Abs. 1 StVG abzusehen, da die Gefahr einer Rechtsgutsverletzung nicht mehr vom autonomen Kraftfahrzeug, sondern von der Antriebs- und Lenkbewegung desjenigen ausgeht, der die Führung des Kraftfahrzeugs, ggf. auch aus der Ferne, übernommen hat. Eine Andersbehandlung von Kraftfahrzeugführern die innerhalb des Kraftfahrzeugs direkt hinter einer existenten Lenkvorrichtung sitzen und Kraftfahrzeugführern die eine ferngesteuerte Lenkvorrichtung bedienen, wäre im Falle einer Rechtsgutsverletzung eines Dritten nicht zu rechtfertigen und schlicht unbillig. Insoweit hat ein jeder von ihnen aber auch nur dann für einen Schaden einzustehen, wenn die Rechtsgutsverletzung schuldhaft verursacht worden ist, § 18 Abs. 1 Satz 2 StVG.

IV. Haftung des Herstellers

Im Folgenden ist zu untersuchen, inwieweit eine Haftung des Herstellers sinnvoll und angezeigt wäre. Vor allem in der Politik wurden gewichtige Stimmen laut, die vorschlugen den Hersteller eines autonomen Kraftfahrzeugs statt des Halters haften zu lassen und insoweit die derzeitige Haftungsverantwortlichkeit zu verlagern.[466]

1. Haftung als Halter im Sinne des § 7 Abs. 1 StVG

Es wäre denkbar den Hersteller einem Halter gleichzusetzen bzw. an dessen Stelle treten zu lassen, um die Rechtsfolge der Halterhaftung gem. § 7 Abs. 1 StVG auszulösen und dadurch eine verschuldens-unabhängige Haftung des Herstellers für Rechtsgutsverletzung aufleben zu lassen, die beim Betrieb des autonomen Kraftfahrzeugs entstehen. Denkbar wäre es deshalb, weil der Hersteller die weit überwiegende Kontrolle auf das autonome Kraftfahrzeug, insbesondere die unilaterale Kontrolle über die Programmierung der Software, und somit über die Antriebs- und Lenkungsvorgänge hat.[467] Denn wenn die Gefahren des autonomen Kraftfahrzeugs vollständig vom

[466] Zur Ansicht des ehemaligen Bundesverkehrsministers auf S. 8 und 54.
[467] Ähnlich *Linardatos*, in: Autonome und vernetzte Aktanten im Zivilrecht, S. 270.

autonomen Kraftfahrzeug selbst ausgehen, diese Gefahren aber durch die Programmierung des Herstellers ermöglicht worden sind, dann spräche dies dafür, dass der Hersteller auch verschuldensunabhängig für die Fehler seines Produktes einstehen soll.

Wie dargelegt resultieren mit einem Wert von 92 % die weit überwiegenden Unfälle mit Personenschäden unter der Beteiligung von Kraftfahrzeugen aus dem Fehlverhalten menschlicher Fahrzeugführer.[468] Der Fahrzeughalter muss insoweit bei Verkehrsunfällen auch dann für die Schadensregulierung einstehen, wenn er nicht selbst gefahren ist. Die Überlassung seines Kraftfahrzeugs an einen Dritten genügt bereits, um die Halterhaftung im Schadensfalle zu begründen. Insoweit wäre die Überlassung der Fahrzeugsteuerung durch den Halter an die Software vergleichbar mit der Überlassung der Fahrzeugsteuerung an einen Dritten. In beiden Fällen resultiert die Gefahr aus der Innehabung der Kontrolle der Antriebs- und Lenkungsvorgänge des Kraftfahrzeugs.

Jedoch spricht der Wortlaut des § 7 Abs. 1 StVG dagegen, den Hersteller wie einen Halter zu behandeln. Denn auch wenn der Hersteller die Verfügungsgewalt über die Programmierung des autonomen Kraftfahrzeugs hat, so hat er jedenfalls nicht die tatsächliche Gewalt über das autonome Kraftfahrzeug im Sinne eines Besitzes nach § 861 BGB. Außerdem wird der Hersteller ein autonomes Kraftfahrzeug das im Eigentum eines Dritten steht, kaum auf eigener Rechnung in Gebrauch haben, was aber regelmäßig Voraussetzung der Haltereigenschaft ist.[469] Daher fehlt es schon an den begriffsnotwendig wesentlichen Merkmalen zur Begründung einer Stellung als Fahrzeughalter.

Darüber hinaus würde eine solche teleologische Extension des Halterbegriffs aber auch mit dem Sinn und Zweck der Norm nicht zu vereinbaren sein. Denn zu keiner Zeit wurde das technische Gerät Kraftfahrzeug als Quelle einer Gefahr betrachtet, vielmehr wurde erkannt, dass das Kraftfahrzeug als technisches Gerät lediglich zu 1 % die Ursache für personenschädigende Unfälle gewesen ist. Die Hauptursache und damit verbunden der Sinn und Zweck für das Regelungsbedürfnis nach einer Halterhaftung ist vielmehr das Fehlverhalten von (teils kaum solventen) Kraftfahrzeugführern gewesen. Daher sollte ein (deutlich solventerer) Fahrzeughalter der die Fahrzeugführung einem Dritten überlässt, auch für die Schäden einstehen, die der Dritte bei

---

[468] Siehe Statistik zu Unfallursachen S. 65.

[469] Siehe Definition des Fahrzeughalters auf S. 56.

dem Betrieb des Kraftfahrzeugs verursacht.[470] Insoweit sollte die Überlassung an rücksichtlose Fahrzeugführer aus der Sphäre des Fahrzeughalters nicht von einer Haftung entlasten. Da aber davon auszugehen ist, dass sich ein autonomes Kraftfahrzeug – anders als ein menschlicher Fahrer – wie ein Idealfahrer verhalten wird und eben nicht rücksichtslos, zu schnell, unter der Missachtung von Lichtzeichenanlagen oder der Verkehrsbeschilderung oder in anderer verkehrswidriger Weise fahren wird,[471] würde es über den Sinn und Zweck der Norm hinausgehen, wenn man den Hersteller wie einen Halter behandeln würde, nur um eine unbedingte Haftung zu konstruieren.

2. Haftung nach dem Produkthaftungsgesetz (ProdHaftG)

Der Hersteller eines autonomen Kraftfahrzeugs könnte unter den Voraussetzungen des Produkthaftungsgesetzes (im Folgenden: ProdHaftG) verschuldensunabhängig schadensersatzpflichtig sein.[472]

a) Rechtsgutsverletzung

Falls es durch einen Fehler eines autonomen Kraftfahrzeugs zum Tod, einer Verletzung des Körpers oder der Gesundheit einer Person oder zu einer Sachbeschädigung kommt, so hat der Hersteller dem Geschädigten den daraus entstandenen Schaden zu ersetzen, § 1 Abs. 1 Satz 1 ProdHaftG.

Ob es sich bei der Person des Geschädigten um einen Insassen oder um einen Dritten handelt ist nach dem ProdHaftG unbeachtlich, sodass praktisch jede an einem Verkehrsunfall beteiligte Person einen Schadensersatzanspruch aus § 1 Abs. 1 Satz 1 ProdHaftG haben könnte.

Hinsichtlich einer Sachbeschädigung wird der Schutzbereich der Produkthaftung allerdings dahingehend eingeschränkt, dass dieser nur eine andere Sache als das fehlerhafte Produkt selbst erfasst und dass diese beschädigte andere Sache ihrer Art nach gewöhnlich für den privaten Ge- oder Verbrauch bestimmt und hierzu von dem Geschädigten hauptsächlich verwendet wird, § 1 Abs. 1 Satz 2 ProdHaftG. Soweit ein Schaden also an dem autonomen Kraftfahrzeug selbst entsteht, sollen die

---

470 Siehe zum historischen Sinn und Zweck der Halterhaftung S. 58 ff.

471 Siehe Ausführungen zum Idealfahrer auf S. 54, 76 und 79 sowie das direkte Zitat auf S. 77.

472 *Bayreuth*, GWR 2016, 393, 395; *Fleck/Thomas*, NJOZ 2015, 1393, 1396.

produkthaftungsrechtlichen Vorschriften nicht den Vorrang der vertragsrechtlichen Gewährleistungsrechte des Verbrauchers konterkarieren, die in den §§ 434 ff. BGB geregelt sind.[473] Denn im Gegensatz zur gesetzlichen Haftung des Herstellers nach dem Produkthaftungsgesetz besteht im Gewährleistungsrecht eine um ein Jahr kürzere Verjährungsfrist von nur zwei Jahren (§ 438 Abs. 1 Nr. 3 BGB) gegenüber dem Verkäufer, welcher – anders als der Hersteller der nach dem ProdHaftG in Anspruch genommen wird – zudem den Beweis dafür antreten darf, dass ihn kein Verschulden trifft (vgl. § 280 Abs. 1 Satz 2 BGB).[474]

Insoweit kann der Eigentümer eines autonomen Kraftfahrzeugs sich bzgl. selbstverursachter Schäden an ebendiesem daher nicht an den Hersteller, sondern nur an den Verkäufer wenden, wohingegen ein geschädigter Dritter sich hinsichtlich des Ersatzes wegen der Beschädigung seiner Sachen, in den Grenzen des § 1 Abs. 1 Satz 2 ProdHaftG, an den Hersteller im Sinne des § 4 ProdHaftG wenden könnte.

b) Durch den Fehler eines Produkts

Für eine Haftung nach dem ProdHaftG muss ein fehlerhaftes Produkt vorliegen. Ein autonomes Kraftfahrzeug als bewegliche Sache ist ein Produkt im Sinne des § 2 ProdHaftG.

Der Fehler des Produkts ist gem. § 3 ProdHaftG in seiner mangelnden Sicherheit und anders als im Gewährleistungsrecht nicht in der mangelnden Beschaffenheit oder Verwendbarkeit (vgl. §§ 434, 633 BGB) zu erblicken.[475] Ein Produkt hat einen Fehler im Sinne des ProdHaftG, wenn es nicht die Sicherheit bietet, die unter Berücksichtigung aller Umstände – insbesondere seiner Darbietung, des Gebrauchs, mit dem billigerweise gerechnet werden kann und dem Zeitpunkt, in dem es in den Verkehr gebracht wurde – berechtigterweise erwartet werden kann.[476] Unterschieden werden drei Fehlertypen: Fabrikationsfehler, Konstruktionsfehler und Instruktionsfehler.[477]

---

473 *Spindler*, CR 12/2015, 766, 773; *Wagner*, in: MüKo BGB, § 1 ProdHaftG, Rn. 8.

474 *Wagner*, in: MüKo BGB, § 1 ProdHaftG, Rn. 8.

475 *Fleck/Thomas*, NJOZ 2015, 1393, 1397.

476 *Goehl*, in: BeckOGK ProdHaftG, § 3 ProdHaftG, Rn. 13; *Borges*, in: BeckOK IT-Recht, § 3 ProdHaftG, Rn. 2.

477 *Wagner*, in: MüKo BGB, § 3 ProdHaftG, Rn. 43; *Fleck/Thomas*, NJOZ 2015, 1393, 1397.

Um einen Fabrikationsfehler handelt es sich, wenn ein einzelnes Produkt hinter den eigenen Erwartungen des Herstellers zurückbleibt und die selbstgesetzten Sicherheitsstandards nicht einhält, es bei der Fertigung also zu einer planwidrigen Abweichung von der gewünschten Beschaffenheit kommt.[478]

Ein Konstruktionsfehler liegt hingegen vor, wenn das Produkt schon seiner Konzeption nach nicht dem Sicherheitsstandard entspricht, der unabhängig von der Branchenüblichkeit, nach dem neuesten Stand der Wissenschaft und Technik, im Zeitpunkt des Inverkehrbringens des Produkts, vorhanden und konstruktiv möglich gewesen ist.[479] Konstruktionsfehler würden demgemäß z. B. dann vorliegen, wenn der Hersteller die technischen Anforderungen des § 1e Abs. 2 StVG[480] oder der AFGBV, insbesondere dessen Anlage 1 auf den § 12 AFGBV an mehreren Stellen verweist, nicht erfüllen würde und es in der Folge zu einem Unfall käme, da in diesen Vorschriften funktionale (Mindest-)Anforderungen an das autonome Kraftfahrzeug gestellt werden, die der Hersteller einzuhalten hat, vgl. § 3 Abs. 4 Nr. 1 und Abs. 8 AFGBV.[481]

Ein Instruktionsfehler liegt schließlich vor, wenn über die Verwendung des Produkts und der Produktrisiken nicht in ausreichendem Maße aufgeklärt worden ist.[482] Insoweit würde beispielsweise dann ein Instruktionsfehler vorliegen, wenn der Hersteller nicht die gem. § 1f Abs. 3 Nr. 5 StVG obligatorische Schulung für die am Betrieb des autonomen Kraftfahrzeugs beteiligten Personen anbieten würde. Nichts anderes gilt auch mit Blick auf § 12 Abs. 1 Nr. 1 und 5 AFGBV, der laut Gesetzgeber insbesondere sicherstellen soll, dass der Hersteller dem Fahrzeughalter alle notwendigen Unterlagen für das autonome Kraftfahrzeug zur Verfügung stellen soll.[483]

Schließlich muss der jeweilige Produktfehler auch kausal für die Rechtsgutsverletzung sein.[484]

---

478 *Wagner*, in: MüKo BGB, § 3 ProdHaftG, Rn. 44; *Hager*, in: Staudinger BGB, § 823 BGB Rn. F17.

479 BGH, Urteil vom 16.06.2009, Az.: VI ZR 107/08 (NJW 2009, 2952).

480 Siehe zu § 1e Abs. 2 StVG S. 30 ff.

481 Vgl. im Lichte automatisierter Kraftfahrzeuge, *Ensthaler/Gollrad*, in: Rechtsgrundlagen des automatisierten Fahrens, S. 116; *Freise*, VersR 2019, 65, 69; *Greger*, NZV 2018, 1, 4; im Ergebnis ebenso *von Bodungen/Hoffmann*, NZV 2018, 97, 99.

482 *Oechsler*, in: Staudinger ProdHaftG, § 3 ProdHaftG Rn. F46.

483 Siehe S. 43 und 45.

484 *Förster*, in: BeckOK BGB, § 1 ProdHaftG, Rn 29.

aa) Fehler an der Hardware des autonomen Kraftfahrzeugs

Hardwarefehler an autonomen Kraftfahrzeugen unterscheiden sich nicht von Fehlern an gewöhnlichen Kraftfahrzeugen. Zu denken ist an sicherheitsrelevante Fehler an Bauteilen wie der Karosserie (Beispiel: Materialverbindungen lösen sich), den Bremsen (Beispiel: keine ausreichende Bremskraft) oder der Airbags (Beispiel: Airbags lösen bei Unfallereignis nicht aus). Soweit ein Hersteller in der Passagierkabine eines autonomen Kraftfahrzeugs eine Nothalt-Taste einbauen sollte, so würde es gleichsam ein Produktfehler sein, falls dieser Knopf das Kraftfahrzeug nicht oder nur stark verzögert zum Halten bringen sollte.[485]

bb) Spezialfall Software(updates)

Auch wenn ein autonomes Kraftfahrzeug als bewegliche Sache unstreitig ein Produkt im Sinne des § 2 ProdHaftG darstellt, so ist dagegen lange Zeit umstritten gewesen, ob auch Software alleine von dem Begriff des Produkts umfasst wird.[486] Im Falle autonomer Kraftfahrzeuge ist diese Einordnung deshalb wichtig, weil das Fahrzeug von einer KI, also einer Software, gesteuert wird und sich produkthaftungsrechtliche Fragen stellen werden, wenn es wegen eines Softwarefehlers zu einer Rechtsgutsverletzung Dritter kommen sollte. Diese Frage stellt sich nicht nur beim Inverkehrbringen des autonomen Kraftfahrzeugs, sondern auch bei jedem neuen Softwareupdate,[487] da hierdurch u. a. auch das der Fahrzeugsteuerung zugrundliegende System geändert werden kann.[488] Nachdem sich der Vorschlag der Europäischen Kommission[489] für eine Modernisierung der bestehenden europäischen Produkthaftungsrichtlinie[490], auf dessen Grundlage auch das deutsche Produkthaftungsgesetz umgesetzt

---

[485] Siehe Ausführungen zu einer Nothalt-Taste auf S. 35.

[486] *Koch*, in: Laimer/Perathoner, S. 115 f.; *Redeker*, IT-Recht, Rn. 905; *Schrader*, NZV 2018, 489, 491; *Wagner*, AcP 2017, 707, 713 ff.; *Wagner*, in: MüKo BGB, § 2 ProdHaftG Rn. 21.

[487] *Jungo Brüngger*: „Wir werden Softwareupdates haben", in: 73. DJT, Band II/2, S. K 146.

[488] Ministerium der Justiz des Landes Nordrhein-Westfalen, Arbeitsgruppe „Digitaler Neustart", S. 196.

[489] Richtlinienvorschlag COM/2022/495final der Europäische Kommission vom 28. September 2022.

[490] Richtlinie 85/374/EWG des Rates vom 25. Juli 1985 zur Angleichung der Rechts- und Verwaltungsvorschriften der Mitgliedstaaten über die Haftung für fehlerhafte Produkte.

worden ist, durchgesetzt hat, verliert dieser Streit jedoch an Relevanz. So definiert Artikel 4 Abs. 1 Nr. 1 der Richtlinie (EU) 2024/2853 des Europäischen Parlaments und des Rates vom 23. Oktober 2024 (im Folgenden: „RL (EU) 2024/2853") nämlich auch Software ausdrücklich als Produkt:

Für die Zwecke dieser Richtlinie gelten folgende Begriffsbestimmungen:

„Produkt" bezeichnet jede bewegliche Sache, auch wenn diese in eine andere bewegliche oder unbewegliche Sache integriert oder damit verbunden ist; unter „Produkt" sind auch Elektrizität, digitale Konstruktionsunterlagen, Rohstoffe und Software zu verstehen;"

Im selben Zuge wurden auch produktbezogene digitale Dienstleistungen in den Anwendungsbereich mit aufgenommen, siehe Art. 4 Nr. 3 und 4 RL (EU) 2024/2853:

Art. 4 Nr. 3 RL (EU) 2024/2853

„„Verbundener Dienst" bezeichnet einen digitalen Dienst, der so in ein Produkt integriert oder so mit ihm verbunden ist, dass das Produkt ohne ihn eine oder mehrere seiner Funktionen nicht ausführen könnte;"

Art. 4 Nr. 4 RL (EU) 2024/2853

„„Komponente" bezeichnet jeden körperlichen oder nicht-körperlichen Gegenstand, Rohstoff oder verbundenen Dienst, der in ein Produkt integriert oder mit dem Produkt verbunden ist;"

Die RL (EU) 2024/2853 wurde am 18. November 2024 im Amtsblatt der Europäischen Union veröffentlicht[491] und ist gem. Art. 23 RL (EU) 2024/2853 am 8. Dezember 2024 in Kraft getreten. Die Mitgliedsstaaten haben gem. Art. 22 Abs. 1 RL (EU) 2024/2853 nun bis zum 9. Dezember 2026 Zeit, um sie in nationales Recht umzusetzen.

Diese europäisch-legislative Entwicklung ist begrüßenswert.[492] Hierdurch wird Rechtssicherheit geschaffen und der Streit um die Fragen, ob Software ein Produkt ist und ob eine Unterscheidung dahingehend getroffen werden müsste, ob ein Softwareupdate im konkreten Fall schwerpunktmäßig eine

---

[491] Amtsblatt der Europäischen Union, L 2024/2853, vom 18.11.2024.
[492] Ebenso *Bubinger*, RAW 2023, 57, 62.

Dienstleistung oder ein Produkt darstellt,[493] kann ad acta gelegt werden.[494] Dies ist auch mit Blick auf das sog. *Internet der Dinge / Internet of Things* (IoT)[495] – also eine Vernetzung von per Software gesteuerten intelligenten Geräten, wie etwa autonome Kraftfahrzeuge, Heizungen, Staubsauger, Kaffeemaschinen usw. – von hohem praktischem Nutzen, da die Software für das Funktionieren der Hardware unverzichtbar sein kann – die Geräte also nur als Gesamtheit einen Nutzen oder Mehrwert haben – und dessen Versagen künftig auch unabhängig von der Hardware ausdrücklich von der Produkthaftungsrichtlinie und, in Folge der Umsetzung in nationales Recht durch den deutschen Gesetzgeber, auch vom ProdHaftG erfasst werden würde.

Mit Blick auf autonome Kraftfahrzeuge ist festzustellen, dass es sich um eine Kombination von Hard- und Software (sog. „embedded system") handelt.[496] Ohne die KI wäre das Kraftfahrzeug schlicht unbrauchbar, da weder Lenk- noch Beschleunigungsvorrichtungen manuell bedient werden könnten. Daher handelt es sich bei einem autonomen Kraftfahrzeug jedenfalls in seiner Gesamtheit um ein Produkt im Sinne des § 2 ProdHaftG, sodass auch die Software und die entsprechenden Updates schon jetzt vom ProdHaftG erfasst werden.[497]

cc) Maß der Gefahrlosigkeit

Fraglich ist mit Blick auf das von § 3 Abs. 1 ProdHaftG geforderte Sicherheitserfordernis jedoch, welches Maß an Gefahrlosigkeit das autonome Kraftfahrzeug bieten muss, um als fehlerfrei zu gelten.

---

493 *Wagner*, in: MüKo BGB, § 2 ProdHaftG Rn. 20.

494 So auch *Stöber/Möller/Willmer*, NZV 2024, 117, 122, unter Bezugnahme auf den Richtlinienvorschlag COM/2022/495final der Europäische Kommission vom 28. September 2022.

495 BSI, Internet der Dinge; Deutsche Telekom AG, Das Internet der Dinge (IoT); *Wagner*, in: MüKo BGB, § 2 ProdHaftG Rn. 7; *Zech*, in: 73. DJT, Band I, S. A 45 ff.

496 *Wagner*, AcP 2017, 707, 714.

497 *Bubinger*, RAW 2023, 57, 61, Koch, in: Laimer/Perathoner, S. 115 f.; *Redeker*, IT-Recht, Rn. 905 m. w. N.; *Wagner*, AcP 2017, 707, 714; Wagner, in: MüKo BGB, § 2 ProdHaftG Rn. 7 und 24; Zustimmend, Ministerium der Justiz des Landes Nordrhein-Westfalen, Arbeitsgruppe „Digitaler Neustart", S. 209 f.

In Rechtsprechung und Literatur besteht weitestgehend Einigkeit darüber, dass vom Verbraucher nicht von jedem Produkt in jeder Situation eine absolute Gefahrlosigkeit erwartet werden kann.[498]

(1) Grundsätzlicher Haftungsmaßstab

Der grundsätzliche Maßstab für die Fehlerfreiheit eines Produkts ist einerseits die Sicherheitserwartung desjenigen Personenkreises, welcher vom Hersteller adressiert wird und andererseits das Schutzniveau, das Dritte nach objektivem Maßstab berechtigter Weise von dem Produkt erwarten können, wenn sie damit in Berührung kommen.[499] Bei der Beurteilung der hiernach notwendigen Sicherheitsmaßnahmen sind die Größe der vom Produkt ausgehenden Gefahr sowie die Zumutbarkeit der zu treffenden Maßnahmen durch den Hersteller zu berücksichtigen.[500] Dabei gilt, je größer die mit dem Produkt verbundenen Gefahren sind, desto zumutbarer sind weitergehende Maßnahmen des Herstellers zum Schutze der Rechtsgüter anderer.[501] Erhebliche Gefahren für Leben und Gesundheit von Menschen überwiegen beispielsweise ohne Zweifel etwaigen Gefahren für den Besitz oder das Eigentum selbiger und erfordern daher weitergehende Sicherheitsmaßnahmen des Herstellers.[502] Darüber hinaus kommt es für die Zumutbarkeit der (weitergehenden) Sicherheitsmaßnahmen, aber auch auf die wirtschaftlichen Auswirkungen auf den Hersteller an.[503] Einzupreisen sind mit Blick auf die Absatzchancen des zugunsten einer höheren Sicherheit veränderten Produkts, insbesondere die Verbrauchergewohnheiten, die Produktionskosten und die Kosten-Nutzen-Relation (sog. *risk-utility test*).[504] Danach wäre von einer Zumutbarkeit für den

---

[498] BGH, Urteil vom 17.03.2009, Az.: VI ZR 176/08 (NJW 2009, 1669, 1670); *Wagner*, in: MüKo BGB, § 4 ProdHaftG Rn. 11; *Sprau*, in: Grüneberg, § 3 ProdHaftG, Rn. 3.

[499] BGH, Urteil vom 16.06.2009, Az.: VI ZR 107/08 (NJW 2009, 2952); BGH, Urteil vom 17.03.2009, Az.: VI ZR 176/08 (NJW 2009, 1669, 1670); *Sprau*, in: Grüneberg, § 3 ProdHaftG, Rn. 3; *Wagner*, in: MüKo BGB, § 3 ProdHaftG Rn. 2.

[500] BGH, Urteil vom 16.06.2009, Az.: VI ZR 107/08 (NJW 2009, 2952, 2954).

[501] BGH, Urteil vom 16.06.2009, Az.: VI ZR 107/08 (NJW 2009, 2952, 2954); *Wagner*, AcP 2017, 707, 732.

[502] BGH, Urteil vom 16.06.2009, Az.: VI ZR 107/08 (NJW 2009, 2952, 2954).

[503] BGH, Urteil vom 16.06.2009, Az.: VI ZR 107/08 (NJW 2009, 2952, 2954); *Wagner*, AcP 2017, 707, 732; *Wagner*, in: MüKo BGB, § 3 ProdHaftG Rn. 7.

[504] BGH, Urteil vom 16.06.2009, Az.: VI ZR 107/08 (NJW 2009, 2952, 2954); *Wagner*, AcP 2017, 707, 732; *Wagner*, in: MüKo BGB, § 3 ProdHaftG Rn. 7.

Hersteller auszugehen, wenn der Hersteller eine alternative Konstruktion wählen könnte, wodurch das Produkt sicherer gemacht wird, ohne dass die dafür erforderlichen Herstellungskosten signifikant steigen.[505] Das wäre jedenfalls dann der Fall, wenn die zusätzlichen Herstellungskosten geringer wären, als die Kosten die der Hersteller aufgrund des unveränderten Produkts im Schadensfalle aufgrund von Schadensersatzforderungen zu erwarten hätte.[506] Falls der Nutzen des Produkts unvermeidbar eintretende Schäden nicht überwiegen sollte, dann wäre von der Herstellung insgesamt Abstand zu nehmen.[507]

(2) Einordnung autonomer Kraftfahrzeuge

Fraglich ist daher, welche Anforderungen die Endverbraucher, also diejenigen, die das Fahrzeug in der gelieferten Form zur Fortbewegung nutzen werden, an die Sicherheit autonomer Kraftfahrzeuge haben werden. Das betrifft sowohl gewerbliche, freiberufliche als auch private Abnehmer.

(a) Berechtigte Sicherheitserwartungen und Schutzniveau

Da zu erwarten sein dürfte, dass sich an die Fehlerhaftigkeit der Hardware eines autonomen Kraftfahrzeugs keine über die bisher bekannten Problematiken bei herkömmlichen Kraftfahrzeugen hinausgehenden Hürden ergeben werden,[508] wird im Folgenden das Augenmerk auf die Erwartungen des o. g. Adressatenkreises an die autonome Funktion, also die Software des autonomen Kraftfahrzeugs, gelegt.[509]

---

505 *Wagner*, AcP 2017, 707, 733; *Wagner*, in: MüKo BGB, § 3 ProdHaftG Rn. 7.

506 *Wagner*, AcP 2017, 707, 733; *Wagner*, in: MüKo BGB, § 3 ProdHaftG Rn. 7.

507 *Wagner*, AcP 2017, 707, 733; *Wagner*, in: MüKo BGB, § 3 ProdHaftG Rn. 8; *Zech* führt richtiger Weise aus, dass fehlendes persönliches Wissen oder Verständnis nichts daran ändern kann, von der Entwicklung Abstand nehmen zu müssen, wenn anderenfalls die Einhaltung der Sorgfaltspflichten nicht gewährleistet werden könnte, in: 73. DJT, Band I, S. A 55.

508 Siehe S. 126.

509 Aufgrund von Softwarefehlern in automatisierten Kraftfahrzeugen ist es bereits zu Sachschäden und Todesfällen gekommen, *Favarò* et al., Examining accident reports involving autonomous vehicles in California; *Craft Law Firm P.C.*, Autonomous Vehicle Accidents: NHTSA Crash Data (2019-2024).

(aa) Bewältigung von Fahraufgaben

Der potentielle Erwerber eines autonomen Kraftfahrzeugs, die Nutzer und auch andere am Verkehr beteiligte Dritte werden berechtigter Weise hohe Erwartungen an die Fähigkeit zur Bewältigung der Fahraufgaben haben, sodass die Erwartung an die Reife der Programmierung der Software jedenfalls dahingeht, dass das Kraftfahrzeug sich an die geltenden Verkehrsregeln halten, Gefahren selbständig erkennen und diese auch vermeiden oder im gebotenen Maße verringern kann.[510] Dies entspräche auch dem gesetzgeberischen Willen in § 1e Abs. 2 StVG.[511]

Insbesondere an Fahrten, die potentiell eine erhebliche Gefahr für Leben oder Gesundheit des Adressatenkreises innehaben (z. B. auf der Autobahn wegen der hohen Geschwindigkeiten der Verkehrsteilnehmer), wird die Sicherheitserwartung und das Schutzniveau zu stellen sein, dass das autonome Kraftfahrzeug diese fehlerfrei, also unter Einhaltung des erforderlichen Abstands, der Setzung der erforderlichen Richtungswechselanzeiger bei Spurwechsel, der Anpassung der angemessenen Geschwindigkeit etc., absolvieren muss.[512] Da es aber nicht auszuschließen ist, dass es auch mal zu einem eigenständigen Softwaredefekt kommen könnte, die auch die Fahraufgaben beeinträchtigen kann, wird darüber hinaus jedenfalls auch zu

---

[510] *Alexander/Böhmer*, Haftungsrechtliche Aspekte des autonomen Fahrens – status quo 2019 und Ausblick; *Fleck/Thomas*, NJOZ 2015, 1393, 1397; Gefordert wird auch, dass autonome Fahrzeuge menschlichen Fahrzeugführern zumindest ebenbürtig sein müssen, so *Feldle*, in: Beck/Kusche/Valerius, S. 212 f.; *Geibel*, in: 73. DJT, Band II/2, S. K 115; im Ergebnis auch *Hey*, in: Die außervertragliche Haftung des Herstellers autonomer Fahrzeuge bei Unfällen im Straßenverkehr, S. 47 ff., sowie auch *Steege*, in: Automatisierte Rechtsanwendung und ihre Grenzen, S. 121 ff.; *Wilhelmi*, in: 73. DJT, Band II/2, S. K 111 f., K 113 f.

[511] Siehe zu den notwendigen technischen Voraussetzungen eines Kraftfahrzeugs mit autonomer Fahrfunktion S. 29 ff.; *Lange*, NZV 2017, 345, 349, der darauf hinweist, dass aufgrund der hohen technischen Hürden Ausnahmen bei der Bewältigung von Fahraufgaben bereits im Gesetzgebungsprozess zur achten Änderung des StVG diskutiert, im Ergebnis aber übereinstimmend abgelehnt worden sind.

[512] *Lutz*, NJW 2015, 119, 120. *Jänisch/Schrader/Reck*, NZV 2015, 313, 317 führen an, dass technische Normen insoweit nur einen Mindeststandard bilden können, aber dann nicht ausreichen, um sich der Haftung zu entziehen, wenn die technische Entwicklung über die Standards hinausgeht.

erwarten sein, dass ein entsprechendes Notfallsystem vorhanden sein muss, um ohne Schaden sicher zum Halten kommen zu können, falls die erforderlichen Fahraufgabe vom Softwaresystem nicht mehr mit der notwendigen Sicherheit bewältigt werden können.[513]

Der Adressatenkreis wird des Weiteren erwarten dürfen, dass keine Sachbeschädigungen beim Abbiegen, Wenden, Rückwärtsfahren, überqueren einer Kreuzung oder dem Ein- oder Ausfahren auf Parkplätze oder in Parkhäuser entstehen. Diese Fahraufgaben unterliegen am häufigsten der fehlerhaften Ausführung durch Menschen,[514] sei es aufgrund von Unaufmerksamkeit, Ungeduld oder gar Vorsatz. Von einem autonomen Kraftfahrzeug wird demgegenüber berechtigter Weise erwartet werden können, dass diese menschlichen Fehler schlicht nicht mehr vorkommen können, da das Fahrzeug einerseits keine subjektiven Befindlichkeiten hat und andererseits per Systemeinstellung standardmäßig dazu gezwungen ist, sich an alle geltenden Verkehrsregeln zu halten. Allerdings handelt es sich bei diesen Sachverhalten nicht um Situationen, die zwangsläufig die Gesundheit, das Leben oder die Freiheit von Menschen gefährden, sondern es werden allen voran Sachbeschädigungen zu befürchten sein. Aufgrund der geringeren Qualität der gefährdeten Rechtsgüter wird die Erwartung einer – wenn auch nur sehr marginalen – Fehlerquote bei der Ausführung dieser Fahraufgaben durch das autonome Kraftfahrzeug daher wohl nicht vollständig auszuschließen sein.

Diesbezüglich kann auch auf die derzeit noch geführte Diskussion zur Unterscheidung des erwartbaren Sicherheits- und Schutzniveaus anhand des *anthropozentrischen* oder des *systembezogenen* Fehlerbegriffs verwiesen werden.[515] Bei dem anthropozentrischen Fehlerbegriff ist der Maßstab für die Annahme eines Fehlers ein durchschnittlicher Mensch, sodass das autonome System als Computersystem jedenfalls dann fehlerhaft ist, wenn ein Mensch den Fehler vermieden hätte.[516] Hiergegen wendet *Wagner* aber ein,

---

513 Siehe Ausführungen zu einer Nothalt-Taste S. 35; siehe auch *von Bodungen*, SVR 2022, 1, 4.

514 BMDV, Die häufigsten Unfallursachen.

515 Eingehend *Wagner*, AcP 2017, 707, 733 ff.; *Wagner*, in: MüKo BGB, § 3 ProdHaftG Rn. 33; *Borges*, CR 4/2016, 272, 275 f.; *Gomille*, JZ 2016, 76, 77.

516 *Wagner*, in: MüKo BGB, § 3 ProdHaftG Rn. 33.

dass diese Beurteilungsschwelle deshalb ungeeignet sei, weil die überwiegende Anzahl der Fahrfehler die Menschen machen, von autonom fahrenden Kraftfahrzeugen vermieden werden würde, wohingegen autonom fahrende Kraftfahrzeuge – jedenfalls nach dem aktuellen Stand der Technik – dagegen Fehler machen würden, die selbst ein maßvoll betrunkener Fahrer vermeiden würde (z. B. einen weißen LKW im Gegenlicht auch als Hindernis zu erkennen und nicht mit ihm zu kollidieren).[517] Daher schlägt *Wagner* einen systembezogenen Fehlerbegriff dergestalt vor, dass ein Mindestsicherheitsstandard für autonom fahrende Kraftfahrzeuge definiert werden sollte, der auf der Frage basieren soll, ob ein „sorgfaltsgemäßer Algorithmus" den Unfall verhindert hätte oder nicht.[518] Die Einordnung als Mindeststandard sei deshalb zu wählen, um nicht denjenigen Hersteller von der Produkthaftung auszuklammern, der das sicherste System entwickelt hat, da es anderenfalls zu einer Wettbewerbsverzerrung zugunsten desjenigen Herstellers kommen könnte, der den höchsten Standard vorgeben würde, da dieser nicht mehr fürchten müsste Ersatzzahlungen aufgrund einer Haftung nach dem ProdHaftG leisten zu müssen.[519]

Diesseits wird die Auffassung vertreten, dass es weder auf das eine noch auf das andere alleine ankommen können wird, sodass vielmehr eine Kombination aus anthropozentrischem und systembezogenem Maßstab zu wählen ist, um mindestens den Grad menschlicher Sorgfalt einerseits berücksichtigen zu können, andererseits aber auch einen technischen Mindeststandard einzubeziehen,[520] um dadurch den berechtigten Sicherheitserwartungen und dem Schutzniveau des Adressatenkreises in der Gesamtheit gerecht werden zu können.[521] Hinsichtlich des systembezogenen Maßstabs wären dann

---

517 *Wagner*, in: MüKo BGB, § 3 ProdHaftG Rn. 33.

518 *Riehm*, in: 73. DJT, Band II/2, S. K 98, K 109, K 122; *Wagner*, AcP 2017, 707, 735 f.; *Wagner*, in: MüKo BGB, § 3 ProdHaftG Rn. 33; andere Ansicht *Ebers*, der ohne Begründung vorbringt, dass es keinen Rückschluss auf einen Produktfehler zulässt, wenn ein autonomes Kraftfahrzeug über eine Lichtzeichenanlage fährt, die auf Rot steht, in: 73. DJT, Band II/2, S. K 105.

519 *Wagner*, in: MüKo BGB, § 3 ProdHaftG Rn. 33.

520 *Jänisch/Schrader/Reck*, NZV 2015, 313, 317; im Ergebnis auch *Riehm*, in: 73. DJT, Band II/1, S. K 52 f.

521 So auch schon Ministerium der Justiz des Landes Nordrhein-Westfalen, Arbeitsgruppe „Digitaler Neustart", S. 89.

jedenfalls die vom Gesetzgeber in § 1e Abs. 2 StVG[522] und § 3 Abs. 8 AFGBV inklusive der zugehörige Anlage 1 gesetzten technischen Anforderungen als Mindeststandards einzuhalten.[523]

(bb) Physikalische Fremdeinwirkung

Es kann nicht angenommen werden, dass es von der Sicherheitserwartung oder dem erwarteten Schutzniveau umfasst sein würde, dass das autonome Kraftfahrzeug vor Schäden erhaben ist, die primär durch externe physikalische Einwirkung verursacht werden. Zwar soll die Software des autonomen Kraftfahrzeugs nicht untätig bleiben, wenn beispielsweise ein anderes Kraftfahrzeug auf Kollisionskurs mit dem autonomen Kraftfahrzeug ist, allerdings kann nur zu erwarten sein, dass das Fahrzeug im Rahmen des physikalisch möglichen diejenige Fahrbewegungen ausführt, die dazu geeignet sind, Schäden für Insassen und Dritte in der konkreten Situation so gering wie möglich zu halten. Insoweit ist davon auszugehen, dass die Erwartungshaltung des Adressatenkreises nicht von einer absoluten Erhabenheit autonomer Kraftfahrzeuge vor Unfällen per se ausgehen würde, aber dass die Erwartungshaltung jedenfalls dahin geht, dass die Software des autonomen Kraftfahrzeugs erheblich schneller als ein Mensch berechnen und einschätzen kann, wie in der konkreten Gefahrensituation optimaler Weise vorgegangen werden muss (z. B. Abbremsen, Ausweichen oder möglicherweise auch Beschleunigen), um die zu erwartenden Schäden, in erster Linie an Menschen und in zweiter Linie an Tieren und Sachen, so gering wie nur irgend möglich zu halten. Neben dem Fall eines auf Kollisionskurs befindlichen Kraftfahrzeugs kann als weiteres Beispiel an die Konstellation gedacht werden, in der Kleintiere[524] in hohem Tempo über die Fahrbahn laufen, Vögel die gegen die Windschutzscheibe fliegen[525] oder Wildtiere plötzlich aus dem angrenzenden Wald auf die Fahrbahn springen. Auch in diesen Fällen geht das schadenstiftende Ereignis von schnellen und plötzlichen

---

522 Siehe zu § 1e Abs. 2 StVG S. 30 ff.

523 Im Ergebnis auch *Ehring*, der mit Blick auf Kraftfahrzeuge mit hoch- oder vollautomatisierter Fahrfunktion auf die Parallelvorschrift des § 1a Abs. 2 StVG verweist, MDR 2020, 1156, 1161.

524 Beispielhaft: Hund, Katze, Hase, Igel etc.

525 *DeVault* et al., Speed kills: ineffective avian escape responses to oncoming vehicles.

externen physikalischen Einwirkungen aus, auf die die Software des autonomen Kraftfahrzeugs nur mit physikalisch möglichen Optionen reagieren kann, die im konkreten Fall die größtmögliche Sicherheit bieten sollen, nicht jedoch mit einer vollständigen Gefahrvermeidung. Im Anschluss an derartige Fremdeinwirkungen sollte sich das Auto auch zwingend in den risikominimalen Zustand[526] versetzen, um die Sicherheit des Adressatenkreises und die Ermittlungen durch hinzukommende Behörden gewährleisten zu können.

Eine über diesem Maß liegende Sicherheitserwartung oder ein darüberhinausgehendes Schutzniveau wird mangels tatsächlicher Realisierbarkeit nicht anzunehmen sein, sodass davon auszugehen ist, dass in kritischen Fällen die Umsetzung der sichersten physikalisch möglichen Fahrbewegungen durch die Software zu erwarten sein dürfte, um die Sicherheit der Beteiligten so weit wie möglich zu gewährleisten. Diese Annahmen würden ihre Stütze ebenfalls im Gesetz finden, vgl. § 1e Abs. 2 Nr. 3 – 7, Abs. 3 StVG[527] sowie Ziffern 2, 7 und 14 der Anlage 1 AFGBV.

(cc) Virtuelle Fremdeinwirkung – Hackerangriff

Zu den Sicherheitserwartungen, die potentielle Erwerber und Nutzer autonomer Kraftfahrzeuge stellen können und dem Schutzniveau das Dritte, die mit dem Straßenverkehr in Berührung kommen, erwarten können, zählen zuvörderst die einwandfreie Funktionsfähigkeit und der Schutz der das Fahrzeug und ihre die Fahrbewegungen beeinflussende Software, die das autonome Fahren erst ermöglicht.[528] Davon ist auszugehen, weil eine Fehlfunktion dieser die Kontrolle innehabenden Software die Wahrscheinlichkeit eines schadenstiftenden Ereignisses erheblich erhöhen würde.[529]

Daher wird diesseits die Ansicht vertreten, dass die Erwartung potentieller Erwerber an die Sicherung der Software jedenfalls dahingeht, dass diese vor einem unautorisierten Fremdzugriff lückenlos und dauerhaft geschützt

---

526 Siehe zur Definition des risikominimalen Zustands S. 29.

527 Siehe S. 32 f.

528 Vgl. exemplarisch *Sommer*, Continental Mobilitätsstudie 2013, S. 39 und 42, wonach die Zuverlässigkeit der Systeme als Kriterium für den Markterfolg eingestuft wird.

529 *Hilgendorf*, JZ 9/2021, 444, 452; *Schnieder/Hosse*, in: Leitfaden Automotive Cybersecurity Enginerring, S. 3 ff.

sein muss.[530] Es würde nicht der Lebenswirklichkeit entsprechen, anzunehmen, dass ein potentieller Erwerber eines autonomen Kraftfahrzeugs die geringere Erwartung haben könnte, dass das autonome Kraftfahrzeug bei der Fahrzeugführung in der Regel zwar ohne Probleme funktionieren, in Ausnahmefällen aber auch mal einen Unfall verursachen könnte, der die Gesundheit oder das Leben von Insassen oder Dritten bedrohen oder deren Freiheit einschränken könnte.[531] Letzteres könnte allerdings vorkommen, wenn die Software und damit ggf. auch die Fahrzeugsteuerung durch einen Fremdzugriff von einem unbekannten Dritten kontrolliert werden würde.[532] Der Erwerber eines autonomen Kraftfahrzeugs wird aber weder damit rechnen, noch sollte er damit rechnen müssen, dass sein Kraftfahrzeug infolge eines Hackerangriffs fremdgesteuert und seine Freiheit oder körperliche Unversehrtheit sowie auch die von Dritten dadurch in Lebensgefahr geraten könnten. Selbst in der heutigen Zeit in der man um die Möglichkeit von Hackerangriffen und die Herausforderungen des umfassenden Schutzes von Software weiß, kann dennoch keinesfalls angenommen werden, dass ein Mensch tagtäglich Zweifel an den Sicherheitsmaßnahmen des Herstellers haben müsste und sich tatsächlich einer potentiellen Gefahr für Leib und Leben aussetzen wollte, weil die latente Gefahr nicht ausgeschlossen werden

---

530 So im Ergebnis wohl auch *Spindler*, CR 12/2015, 766, 769, der dafür plädiert, dass bekannte Sicherheitsprobleme (wozu die Gefahr durch Hacking zählt), unverzüglich beseitigt werden müsse, bevor das Produkt auf den Markt gebracht wird, auch dann, wenn es sich um ein äußerst komplexes Produkt handelt, dessen Fehlerbehebung erheblichen Aufwands bedarf; a. A. *Leupold/Wiesner*, die jedoch ohne weitere Begründung die Ansicht vertreten, dass eine absolute Sicherheit vor Hackerangriffen nicht verlangt werden kann, in: IT-Recht, Teil 9.6.3., Rn. 92.

531 Vgl. *Bayreuth*, GWR 2016, 393, 395 m. w. N.

532 *Chowdhury* et al., Safe and Secure Automotive Over-the-Air Updates, S. 173; *Elsaraf*, Chrysler Uconnect Hack and Automotive Computer and Cyber Security; *Jafarnejad* et al., A Car Hacking Experiment: When Connectivity Meets Vulnerability; *Ornes*, How to hack a self-driving car; vgl. auch zahlreiche Berichterstattungen zu Hackerangriffen auf Kraftfahrzeuge: CIO, Neuer Auto-Hack – Forscher schalten per Handy Corvette-Bremsen ab; *Cox/Gordon*, BMW wants to charge for heated seats. These grey market hackers will fix that; *Schmidt*, Neue Sicherheitslücke bei Tesla-Fahrzeugen: Hacker zeigt, wie er Türen öffnen und wegfahren kann; *Wilkens*, Tesla Model S lässt sich von fern kapern.

kann, dass das autonome Kraftfahrzeug theoretisch zu jeder Zeit unter fremden Einfluss gebracht werden könnten.[533]

Nichts anderes kann hinsichtlich des Schutzniveaus gelten das Dritte von einem autonomen Kraftfahrzeug erwarten würden. Unter der statistisch belegten Annahme, dass nur 1 % der Verkehrsunfälle mit Personenschäden auf technische Mängel am Kraftfahrzeug zurückzuführen sind,[534] werden Dritte auch weiterhin erwarten dürfen, dass technische Mängel von Kraftfahrzeugen grundsätzlich die absolute Ausnahme für Unfälle mit Personenschäden darstellen werden. Es ist daher nur folgerichtig anzunehmen, dass nicht nur potentielle Erwerber, sondern auch Dritte ein Schutzniveau gegen Fremdeinwirkungen auf die Software eines autonomen Kraftfahrzeugs erwarten dürfen, welches gewährleistet, dass es unter keinen Umständen zu Personenschäden aufgrund eines Hackerangriffs kommen kann, um nicht selbst zufällig Opfer einer fremdgesteuerten Schädigung zu werden. Im Wissen um die – jedenfalls derzeitigen – technischen Grenzen wird die Erwartung des Adressatenkreises deshalb dahingehen müssen, dass diese zwar hinzunehmen haben, dass die Software eines autonomen Kraftfahrzeugs im äußersten Fall zwar einer Fremdeinwirkung ausgesetzt sein könnte. Allerdings wird aus ebendiesem Grund aber dann auch die Erwartung an den Hersteller zu akzeptieren sein, das die von ihm hergestellten autonomen Kraftfahrzeuge den Versuch des unbefugten Zugriffs direkt im Zeitpunkt des externen Fremdzugriffsversuchs zumindest erkennen, den Insassen und der Technischen Aufsicht sofort optisch, akustisch oder sonst wahrnehmbar kenntlich machen und sich sodann in einen sicheren Notfallmodus begeben müssen, wenn eine durchgreifende Fremdeinwirkung auf die die Steuerung beeinflussende Software des Kraftfahrzeugs nicht mit absoluter Sicherheit verhindert werden kann.[535] Ein derartiger Notfallmodus muss in jedem Fall gewährleisten können, dass keine Personen zu Schaden kommen.[536] In diese Richtung kann auch der Schutzzweck des § 1f Abs. 3 Nr. 1 StVG sowie des § 1f Abs. 3 Nr. 6 StVG verstanden werden, wonach der Hersteller während des gesamten Betriebszeitraums nachweisen muss, dass die elektronische und

533 *Spindler*, Verantwortlichkeit von IT-Herstellern, Nutzern und Intermediären, Rn. 119 ff.
534 Siehe Statistik zu Unfallursachen S. 65.
535 So im Ergebnis wohl auch *Bayreuth*, GWR 2016, 393, 395.
536 *Bayreuth*, GWR 2016, 393, 396.

elektrische Architektur des Kraftfahrzeugs und die mit dem Kraftfahrzeug in Verbindung stehende elektronische und elektrische Architektur vor Angriffen gesichert ist und vom Hersteller auch Gegenmaßnahmen verlangt werden, sobald Manipulationen am Kraftfahrzeug oder damit in Verbindung stehende Systeme erkannt werden.[537]

(dd) Unterschiedliche Gewichtung physikalischer und virtueller Fremdeinwirkungen

Nun mag sich die Frage stellen, worin der Unterschied zwischen einer physikalischen Dritteinwirkung und einer softwarebasierten, also virtuellen, Dritteinwirkung liegen könnte, die eine solche Unterscheidung an die Sicherheitserwartung und das Schutzniveau zu rechtfertigen vermag. Denn schließlich könnte in beiden Fällen ein Dritter die Ursache für ein schadenstiftendes Ereignis setzen. Der Unterschied ist jedoch gravierend mit Blick auf die Absicht der Schädigung, die Anzahl der potenziellen Opfer und die Hemmschwelle der Schadensverursacher.

Die weit überwiegende Anzahl an Verkehrsunfällen mit herkömmlichen Kraftfahrzeugen ist auf das Fehlverhalten von Fahrzeugführern zurückzuführen.[538] Diese ereignen sich zumeist aufgrund von fahrlässigen fehlern bei der Fahrzeugführung. Eine vorsätzliche Schädigung Dritter im Sinne eines unbedingten Vorsatzes kommt nur in Ausnahmefällen vor.[539] Ein Hackerangriff erfolgt demgegenüber niemals versehentlich oder fahrlässig, sondern immer mit Vorsatz.[540] Wenn sich ein Hacker vorsätzlich Zugriff auf die Software eines autonomen Kraftfahrzeugs verschaffen will, dann wird er in den weit überwiegenden Fällen entweder Daten entwenden oder sich die Kontrolle über das Kraftfahrzeug verschaffen wollen.[541] Auch im denkbar

---

[537] Siehe zu § 1f Abs. 3 Nr. 1 und Nr. 6 StVG auf S. 41 f.

[538] Siehe Statistik zu Unfallursachen S. 65.

[539] So zum Beispiel durch eine Person, die sich das Leben nehmen will, indem sie entgegen der vorgeschriebenen Fahrtrichtung auf der Gegenfahrbahn (insbesondere auf Autobahnen oder Schnellstraßen) fährt und beabsichtigt mit einem anderen Kraftfahrzeug zu kollidieren.

[540] Vgl. *Gebetsroither*, in: Rechtliche Aspekte autonomer Fahrzeuge, S. 55, die bei Manipulationen durch Hacking die Gefahr von absichtlich provozierten Unfällen in Betracht zieht.

[541] *Sandherr*, NZV 2019, 1, 4; Implizit auch *Wagner*, AcP 2017, 707, 727.

günstigsten Fall – dass ein Hacker keinen Schädigungsvorsatz hat, sondern sich nur zum Zwecke des persönlichen Vergnügens die Kontrolle über ein autonomes Kraftfahrzeug verschafft, um dieses wie in einem Videospiel vom heimischen Schreibtisch aus steuern zu können oder zum Zwecke der Selbstbestätigung oder Profilierung gegenüber Dritten demonstrieren will, dass er ein autonomes Kraftfahrzeug trotz der Sicherungsmaßnahmen von großen Konzernen kapern kann – wäre das Gefahrenpotential einer Schädigung jedenfalls von Dritten enorm hoch und nicht mehr beherrschbar, da man nicht weiß wie der Fremdsteuerer des Kraftfahrzeugs sich verhalten wird.[542] Falls es überdies keine personenfreie Fahrt sein sollte,[543] sondern Passagiere in dem Fahrzeug sitzen sollten, wäre zudem auch das Leben und die Gesundheit der Passagiere in Gefahr. Für den ungünstigsten Fall, dass ein Hacker die Absicht hegen würde das autonome Kraftfahrzeug in einen Unfall zu verwickeln, wäre es nicht mehr nur eine Gefahr für einzelne Personen, sondern eine gemeine Gefahr für jeden der dem Vorhaben (wenn auch nur zufällig) im Wege steht. Das Kraftfahrzeug wäre in so einem Fall nichts anderes als ein Projektil auf der Straße. Das Maximum an Gefahr für eine Vielzahl von Rechtsgütern würde dann erreicht werden, wenn nicht nur einzelne autonome Kraftfahrzeuge Ziel von Hackerangriffen würden, sondern die Übernahme der Steuerung mehrerer Fahrzeuge gleichzeitig oder in kurzen Abständen zueinander erfolgen würde.[544] Erschwerend kommt hinzu, dass es für einen Hackerangriff in aller Regel keine physische Nähe zum Zielobjekt bedarf, sodass die Übernahme der Fahrzeugkontrolle theoretisch von jedem Ort aus durchgeführt werden könnte, solange nur das Fahrzeug und der Hacker mit einem sie verbindenden digitalen Netzwerk verbunden sind. Diese Distanz hat aber zur Konsequenz, dass derjenige, der das Kraftfahrzeug per Hackerangriff in seine Gewalt bringt, keinen eigenen körperlichen Gefahren ausgesetzt wäre wie eine Person, die Insasse eines herkömmlichen Kraftfahrzeugs ist und in der Regel selbst mit eigenen Verletzungen rechnen müsste, wenn er vorhätte Rechtsgüter anderer durch einen Missbrauch des Kraftfahrzeugs zu schädigen. Durch die räumliche

---

542 Ausführlicher zu den denkbaren Bedrohungen *Hemker/Mischkovsky*, DuD 2017, 233, 234.

543 Z. B. Frachtverkehr zwischen zwei Hubs, siehe S. 23.

544 *Wagner*, AcP 2017, 707, 727.

(ggf. auch hohe) Distanz zum autonomen Kraftfahrzeug könnte bei einem Hacker dagegen die Hemmschwelle für die Bereitschaft der Begehung schädigender Ereignisse durch missbräuchliche Steuerung des autonomen Kraftfahrzeugs sinken, da er selber schließlich nie körperlich in eigener Gefahr wäre. Aus ebendiesem Grund wäre zudem auch anzunehmen, dass auch die Bereitschaft zum Abbruch eines schädigenden Plans geringer wäre. Beispielhaft sei an einen suizidalen Geisterfahrer gedacht, der die Schädigung Dritter durch sein Handeln jedenfalls billigend in Kauf nimmt, also bedingt Vorsätzlich handelt. Durch die körperliche Anwesenheit seiner Person und die damit einhergehende tatsächliche Wahrnehmung der geschaffenen Gefahrensituation, könnte es durchaus dazu kommen, dass der Versuch der Selbstschädigung unter gleichzeitiger Inkaufnahme schwerer Schäden an Dritten abgebrochen wird.[545] Dagegen würde eine Person, die sich nicht in unmittelbarer Nähe zum schädigenden Fahrzeug befindet und die Gefahr nicht selbst sinnlich wahrnimmt, wohl weniger Anlass verspüren, um die einmal begonnene in Schädigungsabsicht begangene Handlung wieder abzubrechen.

Aus diesen Gründen steht daher zu befürchten, dass die Gefährlichkeit einer virtuellen Dritteinwirkung auf die Steuerung eines autonomen Kraftfahrzeugs in erheblichem Maße über die Gefährlichkeit einer physischen Dritteinwirkung hinausgehen würde. Denn nicht nur würde ein Hackerangriff in aller Regel vorsätzlich begangen werden und potentiell auch die Rechtsgüter gleich mehrerer Personen verletzen können, sondern auch die Hemmschwelle des Hackers zum Abbruch der geplanten schädigenden Handlungen wäre geringer als diejenige eines physisch anwesenden Menschen, der die Gefahr mit den eigenen Sinnen wahrnehmen kann und aufgrund dessen von der schädigenden Handlung eher wieder Abstand nehmen würde.

Im Ergebnis ist es daher mit Blick auf abstrakte besonders gefährliche virtuelle Fremdeinwirkungen gerechtfertigt, eine absolute Sicherheitserwartung des Adressatenkreis anzunehmen. Nicht zuletzt würde durch dieses Haftungsrisiko auch erreicht werden können, dass Hersteller größtmögliche

---

[545] Die Deutsche Gesellschaft für Suizidprävention - Hilfe in Lebenskrisen e.V. geht davon aus, dass auf 10.000 vollendete Suizidfällen ca. 100.000 Suizidversuche unternommen werden. Daraus lässt sich schließen, dass es neben Fehlschlägen häufig auch zu Abbrüchen von Suizidversuchen kommt, siehe DGS, Suizidalität – Suizidprävention ist möglich.

Anstrengungen unternehmen, um diese mit dem autonomen Kraftfahrzeug verbundenen neuartigen Gefahren zu beseitigen.[546]

(b) Zumutbarkeit der zu treffenden Maßnahmen für den Hersteller

Aufgrund des vorstehend Gesagten kommt es nun darauf an, welche Sicherungsmaßnahmen dem Hersteller zugemutet werden können.

Es wird vertreten, dass dem Hersteller die Gewährleistung absoluter Gefahrlosigkeit in der Regel nicht zuzumuten ist.[547] Daher soll es im Falle eines Hackerangriffs auf ein autonomes Kraftfahrzeug darauf ankommen, dass die Hersteller diejenige Sorgfalt beachten, die ihnen möglich und zumutbar sind und dass sie überdies den Endverbraucher über die Gefahren eines Hackerangriffs und die damit verbundenen Risiken und die verbleibenden Restrisiken aufklären und warnen.[548] Nach dieser Ansicht wäre zur Bestimmung der Zumutbarkeit der zu treffenden Sicherungsmaßnahmen eine Abwägung nach dem risk-utility-test vorzunehmen.[549] Demgegenüber wird die Ansicht vertreten, dass das System vom Hersteller lückenlos gegen den Fremdzugriff durch Dritte geschützt sein muss, da anderenfalls die Integrität des Systems insgesamt nicht gewährleistet wäre, was per se einen Produktfehler darstellen würde.[550] Hiernach wäre jede denkbare und realisierbare Maßnahme zur Vermeidung von Hackerangriffen als zumutbar anzusehen.

Letzterer Ansicht ist der Vorzug zu geben. Zwar soll der technologische Fortschritt autonomer Kraftfahrzeuge nicht durch haftungsrechtliche

---

546 Zum *Vernetzungsrisiko* sowie der Notwendigkeit einer diesbezüglichen gesetzgeberischen Regelung siehe S. 82 ff. und S. 91 f.

547 BGH, Urteil vom 17.03.2009, Az.: VI ZR 176/08 (NJW 2009, 1669, 1670); *Wagner*, in: MüKo BGB, § 4 ProdHaftG Rn. 11; *Sprau*, in: Grüneberg, § 3 ProdHaftG, Rn. 3.

548 BGH, Urteil vom 17.03.2009, Az.: VI ZR 176/08 m. w. N. (NJW 2009, 1669, 1670); *Wagner*, AcP 2017, 707, 727.

549 Siehe zum risk-utility-test S. 129 f.

550 *Gomille*, JZ 2016, 76, 78; *Helmig*, Phi 5/2016, S. 191; *Spindler*, NJW 2004, 3145, 3146; Sinngemäß auch BGH, Urteil vom 19.12.1989, Az.: VI ZR 182/89 (NJW 1990, 1236, 1237) hinsichtlich der Pflichten von Grundstückeigentümern und Vermietern etwaige Gefahren von deren Grundstück oder Gebäude abzuwenden, die sich erst aus dem vorsätzlichen Eingreifen eines Dritten ergeben; Unklar, welche Ansicht *Droste*, CCZ 2015, 105, 109, im Ergebnis vertritt, der einerseits Instruktionspflichten ausreichen lassen würde, andererseits aber auch ausführt, dass der Hersteller sich nicht dadurch entschuldigen kann, dass die schädigende Tat von einem Dritten durchgeführt wird.

Erwägungen verhindert werden, doch sind die aufgezeigten Gefahren die ein Kontrollverlust über ein autonomes Kraftfahrzeug mit sich bringen würde gravierend, da es u. U. potentiell gemein- und lebensgefährlich sein könnte. Unter Berücksichtigung der Statistik, dass neun von zehn Unternehmen von Cyberangriffen betroffen sind und damit in nur zwei Jahren ein Gesamtschaden von über 220 Milliarden Euro verursacht worden ist,[551] kann die Gefahr nicht mehr als theoretisch bezeichnet werden, sondern ist bereits als gegenwärtig zu betrachten. Wenn die Gefahr aber gegenwärtig, bekannt und absehbar ist, dann kann es dem Adressatenkreis nicht zugemutet werden vom Hersteller sehenden Auges diesen Gefahren ausgesetzt zu werden. Anderenfalls würde man den berechtigten Sicherheitsinteressen und dem Schutzniveau des Adressatenkreises nicht gerecht. Der Hersteller hat daher dafür zu sorgen, dass das Softwaresystem lückenlos gegen jeden Fremdzugriff durch Dritte geschützt ist, dies jedenfalls mit Blick auf die Fahrzeugsteuerung, also die Beschleunigung, die Bremsvorgänge und die Lenkung des autonomen Kraftfahrzeugs.

Dies könnte möglicherweise durch ein von den hochtechnisierten Komponenten des autonomen Kraftfahrzeugs vollständig abgetrenntes Notfall-System erreicht werden.[552] Ein solches könnte, grob skizziert, eventuell wie folgt funktionieren: Schon im Zeitpunkt des Versuchs eines unautorisierten externen Zugriffs auf die Software würde das autonome Kraftfahrzeug diesen Versuch erkennen müssen, den Insassen und der Technischen Aufsicht sofort optisch und akustisch oder sonst wahrnehmbar kenntlich machen und den Notfallmodus einleiten. Der Notfallmodus könnte nur dadurch unterbrochen werden, dass sich eine autorisierte Person mit einem einmalig generierten und authentifizierten digitalen Schlüssel innerhalb eines kurz zu definierenden Zeitraums bei dem Fahrzeug zurückmelden würde. Falls keine Rückmeldung mit dem entsprechenden digitalen Schlüssel erfolgen sollte, würde das Fahrzeug mit dem Notfallmodus fortfahren. Als zusätzliche Sicherheit sollte auch eine mechanische Nothalt-Taste im Innenraum vorhanden sein, die den Notfallmodus manuell auslösen kann, falls es Insassen geben sollte und diese über den Zugriffsversuch informiert worden sind oder eigenständig bemerken würden, dass das Fahrzeug unter fremde

551 Allianz, Cyberversicherung auf den Punkt gebracht; BKA, Cybercrime Bundeslagebild 2022, S. 4 m. w. N.

552 *Bayreuth*, GWR 2016, 393, 395.

Kontrolle gebracht worden ist. In dem Notfallmodus sollte das autonome Kraftfahrzeug sodann vollständig von der primären Energiequelle abgetrennt werden, wodurch gleichzeitig diejenigen Netzwerkverbindungen zum autonomen Kraftfahrzeug vollständig unterbrochen werden sollen, über die ein Zugriff unbefugter Dritter stattfinden könnte, damit es unmöglich wird, dass einerseits tatsächlich die Kontrolle über das autonome Kraftfahrzeug übernommen wird bzw. weiterhin ausgeübt wird und andererseits um keine Möglichkeit zu bieten, um das einmal in Gang gesetzte Notfallsystem zu beeinträchtigen. Daneben muss das Kraftfahrzeug schnellstmöglich zum Halten gebracht werden für den Fall, dass eine Schadsoftware bereits auf das autonome System des Fahrzeugs übertragen worden sein sollte. Hierzu könnte eine zusätzliche minimal ausreichende autarke Energiequelle im Fahrzeug verbaut werden, die das Fahrzeug noch für einige Stunden mit ausreichend Energie versorgt, um die Warnblinkanlage anzuschalten, die Hupe für einige Sekunden dauerhaft zu aktivieren, um Dritte vor dem herannahenden und ungesteuerten Fahrzeug zu warnen, das Fahrzeug zum Halten zu bringen und ggf. weiterhin zu beheizen (z. B. für Insassen im Winter) oder zu kühlen (z. B. eine Fracht). Eine ebenfalls vorhandene mechanische und per Hand zu betätigende Vorrichtung für die Bremsen könnte etwaig vorhandene Insassen zusätzlich dazu befähigen die Geschwindigkeit des Fahrzeugs (ggf. schneller bzw. kontrollierter) zu reduzieren und es zum Halten zu bringen. Insoweit sieht das Gesetz zwar grundsätzlich Standards vor für die Deaktivierung, die Sicherheit und den Schutz der Software sowie eine Notfahrfunktion in den §§ 1e Abs. 2 Nr. 8 – 10, 1f Abs. 3 Nr. 3 und 6 StVG sowie der Anlage 1 AFGBV in den Ziffern 3, 6, 7 und insbesondere den Ziffern 15 und 16, unter Bezugnahme auf die UN-Regelung Nr. 155,[553] und der Technischen Richtlinie TR-02102-2.[554] Allerdings beschränkt sich der Gesetzgeber auch nur auf ebendiese technischen Standards und dergestalt offengehaltene Formulierungen, dass „die Systematik dem Stand der Technik[555] entsprechen“ muss

553 Einheitliche Bedingungen für die Genehmigung von Fahrzeugen hinsichtlich der Cybersicherheit und des Cybersicherheitsmanagementsystems.

554 BSI, TR-02102-2, Kryptographische Verfahren: Empfehlungen und Schlüssellängen, Teil 2 – Verwendung von Transport Layer Security (TLS).

555 Das Erfordernis des Stands der Technik gilt als erfüllt, wenn die Vorgaben der *ISO/PAS 21448:2019-01 Straßenfahrzeuge – Sicherheit der beabsichtigten Funktion* erfüllt werden, siehe hierzu auch S. 44.

(Ziffer 7.2 der Anlage 1 AFGBV), an „Systemen mit Fernzugriff" oder „externen Schnittstellen" „Sicherheitsmaßnahmen anzuwenden" sind (UN-Regelung Nr. 155, Tabellen B4 und B5) und vom Hersteller „erforderliche Maßnahmen" eingeleitet werden müssen, wenn dieser Manipulationen am Kraftfahrzeug oder an dessen elektronischer oder elektrischer Architektur oder an der mit dem Kraftfahrzeug in Verbindung stehenden elektronischen oder elektrischen Architektur erkennt (§ 1f Abs. 3 Nr. 6 StVG[556]). Derartig offengehaltene Regelungen genügen aber weder dem berechtigten Sicherheitsinteresse desjenigen Personenkreises, welcher vom Hersteller adressiert wird, noch dem Schutzniveau, das Dritte nach objektivem Maßstab berechtigterweise von dem Produkt verlangen können, wenn sie damit in Berührung kommen. Denn dies würde einen zu weiten Spielraum eröffnen, der u. U. nicht mit dem zu erwartenden Sicherheits- und Schutzniveau übereinstimmen würde. Es wäre daher begrüßenswert, wenn der Gesetzgeber klarstellen würde, dass der Hersteller jedenfalls mit Blick auf die Fahrzeugsteuerung in Gestalt von Beschleunigung, Bremsung und Lenkung ein umfassendes Sicherheitsniveau für einen lückenlosen Schutz der Software gegen Fremdzugriffe durch Dritte bieten muss.

Soweit Hersteller im Sinne des risk-utility-tests zu hohe Kosten für die Entwicklung eines derartig hohen Sicherheitsniveaus als Gegenargument anführen würden, wäre diesem Argument zu entgegnen, dass die erhöhten Kosten für den Hersteller zu Anfang möglicherweise einen negativen Einfluss auf die Absatzchancen teurerer autonomer Kraftfahrzeuge haben könnten, jedoch mit Blick auf den dadurch geschaffenen Nutzen zugunsten des signifikant erhöhten Sicherheitsaspekts hinzunehmen sind, um den Adressatenkreis nicht in die latente Gefahr einer hackerinduzierten Schädigung ihrer Rechtsgüter, insbesondere ihrer Freiheit, Gesundheit oder ihres Leben zu bringen.[557] Zu berücksichtigen ist ferner, dass die Verhinderung

---

[556] Siehe zu §1f Abs. 3 Nr. 6 StVG S. 42.

[557] Im Ergebnis auch *Hey*, in: Die außervertragliche Haftung des Herstellers autonomer Fahrzeuge bei Unfällen im Straßenverkehr, S. 60; *Wagner* bringt darüber hinaus vor, dass der Gedanke der Schadensprävention im Fokus zu stehen hat und es nicht auf Erwägungen über Kostenaufteilungsfragen zwischen Hersteller und Halter ankommt, da die Kosten ohnehin immer auf den Halter umgelegt werden, AcP 217, 707, 762; vgl. auch *Gsell*, in 73. DJT Band II/2 S. K 137, die anführt, dass der Nutzen des autonomen Kraftfahrzeugs durch die Entrichtung des Kaufpreises bereits kompensiert sei.

von Hackerangriffen auch wirtschaftlich im Interesse der Hersteller liegen wird, da es insbesondere während der Einführung einer neuen Technologie, anderenfalls zu starken Imageschäden und einem Vertrauensverlust und dadurch zu Gewinneinbußen kommen könnte.[558]

(c) Zwischenergebnis

Bei einem autonomen Kraftfahrzeug sind an das Maß der Gefahrlosigkeit hohe Erwartungen zu stellen, um die Fehlerfreiheit des Produkts annehmen zu können. So sind an die Fähigkeiten zur Bewältigung der Fahraufgaben als Mindestmaß der Grad der menschlichen Sorgfalt einerseits und der technische Mindeststandard des StVG und der AFGBV andererseits zu berücksichtigen.[559] Das autonome Kraftfahrzeug muss sich jedenfalls im ungestörten Betrieb an die geltenden Verkehrsregeln halten, Gefahren selbständig erkennen und diese auch vermeiden können, kurzum also die Fahraufgaben ohne Schwierigkeiten bewältigen können.

Im Falle von Störungen durch physikalische Fremdeinwirkungen auf das autonome Kraftfahrzeug wird hinsichtlich der Beurteilung der Fehlerfreiheit des Produkts autonomes Kraftfahrzeug zu erwarten sein, dass als Gegen- bzw. Schadensminderungsmaßnahme physikalisch mögliche Manöver durchgeführt werden können, die mit Blick auf die Sicherheit in der konkreten Gefahrensituation am besten geeignet sind, um etwaige Schäden so gering wie möglich zu halten. Bei virtuellen Fremdeinwirkungen Dritter auf autonome Kraftfahrzeuge ist ein lückenloser Schutz der Software zu gewährleisten, der gegen jeden Fremdzugriff durch Dritte (Hackerangriff), jedenfalls auf die Antriebs- oder Lenkungssysteme, schützt.[560] Soweit der Hackerangriff nicht abgewehrt werden kann, so hat das autonome Kraftfahrzeug sich in einen Notfallmodus zu versetzen, um die Sicherheit des Adressatenkreises sicherzustellen.[561] Die diesbezüglichen derzeitigen gesetzlichen Regelungen genügen wegen ihrer offenen Formulierungen jedoch weder dem berechtigten

---

558 So auch *Armbrüster*, ZRP 2017, 83, 85.

559 Insbesondere der §§ 1e Abs. 2 und 3, 1f Abs. 3 Nr. 3 und Nr. 6 StVG, des § 3 Abs. 8 und der Anlage 1 der AFGBV sowie der UN-Regelung Nr. 155, der Technischen Richtlinie TR-02102-2 und den Vorgaben der ISO/PAS 21448:2019-01.

560 Siehe S. 135 ff.

561 Siehe S. 137 und 142 ff.

Sicherheitsinteresse desjenigen Personenkreises, welcher vom Hersteller adressiert wird, noch dem Schutzniveau, das Dritte nach objektivem Maßstab berechtigter Weise von dem Produkt verlangen können, wenn sie damit in Berührung kommen. Dies liegt daran, dass der Gesetzgeber bei der Schaffung des Gesetz zum autonomen Fahren wohl keine Kraftfahrzeuge des Levels 5[562] im Sinn hatte, welche den Insassen keinerlei Steuerungsmechanismen mehr bieten, sondern nur die technischen Gegebenheiten von Kraftfahrzeugen der Level 3 und 4[563] berücksichtigt hat, in denen ein Fahrzeuginsasse jederzeit die Möglichkeit hat, die autonome Fahrfunktion zu übersteuern und das Fahrzeug selbst zu führen.[564] In autonomen Kraftfahrzeugen, also Kraftfahrzeuge des Levels 5, bestehen solche Möglichkeiten aber schon rein technisch nicht, sodass Insassen keine Möglichkeit haben das Steuer zu übernehmen oder die Geschwindigkeit zu regeln, um sich vor oder in Gefahrensituationen zu schützen. Es wäre daher begrüßenswert, wenn der Gesetzgeber künftig im StVG klarstellen würde, dass der Hersteller von Fahrzeugen des Levels 5 ein umfassendes Sicherheitsniveau für einen lückenlosen Schutz der Software respektive des autonomen Systems gegen Fremdzugriffe durch Dritte gewährleisten muss. Diese Wertung steht im Einklang mit dem Willen des Verordnungsgeber der AFGBV, dessen § 12 Abs. 1 Nr. 6 AFGBV i. V. m. Anlage 1 in Ziffer 10 schon für Kraftfahrzeuge der Level 3 und 4 explizit ausdrückt, dass die Testfälle anhand derer die Einhaltung der technischen Anforderungen überprüft werden, geeignet sein müssen, um nachzuweisen, dass das Maß an Sicherheit des Kraftfahrzeugs mit autonomer Fahrfunktion höher ist als das Maß an Sicherheit bei Fahrzeugen, die von Personen geführt werden. Erst recht und darüber hinausgehend muss dies dann aber auch für autonome Kraftfahrzeuge des Levels 5 gelten.

dd) Relevanter Beurteilungszeitpunkt

Schließlich ist zu konkretisieren, ab welchem Zeitpunkt das Produkt, mithin also das autonome Kraftfahrzeug, diesen berechtigten Sicherheitserwartungen zu entsprechen hat. Gem. § 3 Abs. 1 lit. c) ProdHaftG, kommt es auf den Zeitpunkt des Inverkehrbringens des Produkts an. Insoweit könnte man

---

562 Definition zu Level 5 Fahrzeugen auf S. 12 f.
563 Definitionen zu Level 3 und 4 Fahrzeugen auf S. 11 f.
564 BT-Drucks. 19/27439, S. 15 f.

aber die Frage aufwerfen, ab welchem Zeitpunkt ein Inverkehrbringen bei autonomen Kraftfahrzeugen anzunehmen ist, da die für solch ein Fahrzeug maßgebliche steuernde Software immerhin stetig Updates[565] und Upgrades[566] erhält und insoweit immer wieder eine neue bzw. veränderte Software in den Verkehr gebracht wird.[567]

Denkbar wäre es denjenigen Zeitpunkt als maßgeblich anzusehen, in dem das autonome Kraftfahrzeug mit der erstmalig aufgespielten Software in den Verkehr gebracht worden ist, sodass es auf künftige obligatorische Softwareupdates oder -upgrades nicht ankommt. Denn gem. § 3 Abs. 2 ProdHaftG hat ein Produkt nicht allein deshalb einen Fehler, weil später ein verbessertes Produkt in den Verkehr gebracht wird. Andersherum wäre es aber auch vertretbar anzunehmen, dass mit jedem neuen obligatorischen Softwareupdate oder -upgrade ein neuerliches Inverkehrbringen vorliegt, da der Software des autonomen Kraftfahrzeugs immerhin die weit übergeordnete Bedeutung zukommt, ohne die ein autonomes Kraftfahrzeug des Levels 5 weder angetrieben noch gesteuert werden kann bzw. im Ergebnis seine Funktion als ein der Fortbewegung dienendes Kraftfahrzeug nicht mehr ausführen könnte.[568]

Diesbezüglich hat der Europäische Gesetzgeber in Art. 7 Abs. 2 lit. e), Art. 11 Abs. 2 lit. b) RL (EU) 2024/2853 statuiert, dass die Produkthaftung Hersteller auch ausdrücklich für Änderungen an Produkten, die sie bereits in Verkehr gebracht haben, erfassen soll, wenn die Änderungen durch Softwareupdates, -upgrades oder sogar durch maschinelles Lernen der Software selbst ausgelöst werden und die Updates oder Upgrades erforderlich sind, um die Sicherheit des Produkts aufrechtzuerhalten und der Kontrolle des Herstellers unterliegen.[569] Selbiges soll auch für den Fall gelten,

---

[565] Bei einem Update handelt es sich um die Aktualisierungen einer bestehenden Softwareversion, z. B. um im Verlauf der Nutzung erkannte Sicherheitslücken zu schließen.

[566] Upgrades führen zu Erweiterungen und Verbesserungen einer Software.

[567] Ausführlich *Meents/Obradovic*, ZfPC 2022, 13; *von Bodungen*, SVR 2022, 1, 6; *Wagner*, ZEuP 2021, 545, 553.

[568] Vgl. auch *Wagner*, in: MüKo BGB, § 3 ProdHaftG, Rn. 42.

[569] Siehe auch Erwägungsgründe 50 und 51 der RL (EU) 2024/2853 sowie Ziffer 1.3 der Begründung des Richtlinienvorschlags COM/2022/495final der Europäische Kommission vom 28. September 2022.

dass die sicherheitsrelevanten Updates oder Upgrades trotz Erforderlichkeit (z. B. wegen neuer Cybersicherheitsrisiken) nicht vom Hersteller selbst bereitgestellt werden.[570] Sinn und Zweck dieser neuen Vorschriften ist es, dass die europäisch-legislatorisch gewünschte grundsätzliche Verantwortlichkeit des Herstellers, für die Sicherheit von Produkten während ihres gesamten Lebenszyklus zu sorgen, gewährleistet werden soll, weil auch künftig eintretende Schwachstellen in der Cybersicherheit das Produkt beeinträchtigen und Schäden hervorrufen können.[571] Deshalb soll die Möglichkeit des Herstellers bewusst eingeschränkt werden, sich der Haftung wegen eines nach Inverkehrbringen entstandenen Mangels zu entziehen, wobei die Prämisse für eine Haftung stets ist, dass der Eigentümer des Produkts das bereitgestellte Update oder Upgrade auch installiert bzw. die Installation zulässt.[572]

Dieser Argumentation ist vorbehaltlos zuzustimmen. Der jederzeitigen Absicherung der Software eines autonomen Kraftfahrzeugs sollte, wie dargestellt, aufgrund der Gefährlichkeit eines unbefugten Fremdzugriffs stets hohe Priorität zukommen und daher auch sicherheitsrelevante Updates und Upgrades umfassen.[573] Mithin kommt es hinsichtlich der Hardware autonomer Kraftfahrzeuge auf den Zeitpunkt des erstmaligen Inverkehrbringens und hinsichtlich der sicherheitsrelevanten Software sowohl auf die erstmalig aufgespielte Software als auch auf jedes künftige Update und Upgrade an.

---

570 Erwägungsgrund 50 der RL (EU) 2024/2853.

571 So beispielsweise auch schon im Rahmen der Verordnung (EU) 2017/745 des Europäischen Parlaments und des Rates vom 5. April 2017 (Verordnung über Medizinprodukte).

572 Erwägungsgrund 51 der RL (EU) 2024/2853.

573 Implizit wohl zustimmend auch *Wagner*, der darauf hinweist, dass sich eine Verschiebung des für die Fehlerbeurteilung relevanten Zeitpunkts für nach dem Inverkehrbringen aufgespielte sicherheitsrelevante Updates oder Upgrades bereits de lege lata durch eine teleologische Auslegung des § 3 Abs. 1 lit. c), Abs. 2 ProdHaftG ergeben kann, *Wagner*, in: MüKo BGB, § 3 ProdHaftG Rn. 42; Einer solchen Pflicht zustimmend, jedoch mit Verweis auf das Produktsicherheitsgesetz *Wiebe*, NJW 2019, 625, 626; Ebenso zustimmend *Orthwein/Obst*, CR 2009, 1, 3; Zustimmend auch der DRV, der Empfiehlt, die Sicherheit per Updates über den gesamten Fahrzeuglebenszyklus zu gewährleisten, in: Stellungnahme zum Gesetzesentwurf der Bundesregierung, S. 3; Auch in der Wirtschaft werden regelmäßige Sicherheitsupdates als „zwingend erforderlich" angesehen, vgl. T-Systems, Over-the-Air-Updates – Mobile Software-Updates fürs Auto.

c) Hersteller

Verpflichteter im Falle eines Schadensersatzes ist der Hersteller im Sinne des § 4 ProdHaftG. Die Vorschrift umfasst diejenigen, in dessen Organisationsbereich ein Endprodukt, ein Grundstoff oder ein Teilprodukt entstanden ist.[574] So hat der Geschädigte eines autonomen Kraftfahrzeugs sich an den Endhersteller zu wenden, da dieser durch Zusammenfügen der Teile die sicherheitsrelevanten Eigenschaften des Endprodukts wesentlich beeinflusst.[575] Darüber hinaus haften aber auch diejenigen, die sich durch das Anbringen des Namens des Herstellers, seiner Marke oder eines anderen unterscheidungskräftigen Kennzeichens als Hersteller ausgeben (sog. Quasi-Hersteller[576]).

Zudem gelten auch Importeure und Re-Importeure, die Waren von außerhalb des EWR[577] einführen, als Hersteller.[578] Hintergrund dieser Erstreckung ist die Vereinfachung der Rechtsverfolgung im Inland zugunsten des Verbraucherschutzes.[579] Eine Rechtsverfolgung in einem Drittstaat würde nämlich sowohl aufgrund von tatsächlichen Schwierigkeiten als auch wegen mangelnder Kenntnisse des dortigen Rechts zu quasi unüberwindbaren Hürden für den Verbrauchers führen.[580]

Der tatsächliche Hersteller, der Quasi-Hersteller und der Importeur sind unter den Voraussetzungen des § 5 Abs. 1 ProdHaftG nebeneinander haftbar, also Gesamtschuldner.[581] Hierzu ist aber wesentlich, dass alle nach dem ProdHaftG haften müssen, sodass eine Haftung aus einem anderen Rechtsgrund, wie etwa aus Vertrag oder aus § 823 Abs. 1 BGB, nicht geeignet wäre, um eine gesamtschuldnerische Haftung nach dem ProdHaftG auszulösen.[582]

---

574 *Wagner*, in: MüKo BGB, § 4 ProdHaftG, Rn. 11.

575 *Wagner*, in: MüKo BGB, § 4 ProdHaftG, Rn. 14; vgl. hierzu auch EuGH, Urteil vom 24.11.2022, Az.: C-691/21 (BeckRS 2022, 32689, Rn. 45 ff.), wonach ein Stromverteilernetzbetreiber, der die Spannungsebene des Stroms ändert, um ihn an den Endkunden verteilen zu können ein Endhersteller ist.

576 *Oechsler*, in: Staudinger ProdHaftG, § 4 ProdHaftG, Rn. 53; BT-Drucks. 11/2447 S. 19.

577 Europäischer Wirtschaftsraum.

578 BT-Drucks. 11/2447 S. 20.

579 BT-Drucks. 11/2447 S. 20.

580 BT-Drucks. 11/2447 S. 21.

581 BT-Drucks. 11/2447 S. 20.

582 *Wagner*, in: MüKo BGB, § 5 ProdHaftG, Rn. 2.

Soweit ein Hersteller nicht festgestellt werden kann, kann zur Auffanghaftung auch der Lieferant als Anspruchsverpflichteter in Frage kommen, vgl. § 4 Abs. 3 ProdHaftG.[583] Durch diese breite Palette an möglichen Anspruchsgegnern wird einem Geschädigten weitestgehend das Insolvenzrisiko einzelner Hersteller genommen, was insbesondere bei der regelmäßig arbeitsteiligen Herstellung von Kraftfahrzeugen von Vorteil sein kann.[584]

d) Haftungsausschluss

Die Ersatzpflicht des Herstellers ist jedoch ausgeschlossen, wenn zu seinen Gunsten einer der Ausschlussgründe in § 1 Abs. 2 ProdHaftG zum Tragen kommt. Dass ist der Fall, wenn

1. er das Produkt nicht in den Verkehr gebracht hat,
2. nach den Umständen davon auszugehen ist, dass das Produkt den Fehler, der den Schaden verursacht hat, noch nicht hatte, als der Hersteller es in den Verkehr brachte,
3. er das Produkt weder für den Verkauf oder eine andere Form des Vertriebs mit wirtschaftlichem Zweck hergestellt noch im Rahmen seiner beruflichen Tätigkeit hergestellt oder vertrieben hat,
4. der Fehler darauf beruht, dass das Produkt in dem Zeitpunkt, in dem der Hersteller es in den Verkehr brachte, dazu zwingenden Rechtsvorschriften entsprochen hat, oder
5. der Fehler nach dem Stand der Wissenschaft und Technik in dem Zeitpunkt, in dem der Hersteller das Produkt in den Verkehr brachte, nicht erkannt werden konnte.

Das autonome Kraftfahrzeug ist eine neue Errungenschaft, die sich dadurch auszeichnet, dass sie alleine von einer KI, also einer Software, gesteuert wird und die Insassen mangels bedienbarer Steuerungs-, Beschleunigungs- oder Bremseinrichtung selbst keine Möglichkeit haben werden das Fahrzeug zu führen. Es bereitet mit Blick auf die Ausschlusstatbestände in den Nummern 1, 3 und 4 jedoch keine spezifischen Schwierigkeiten.

---

[583] BT-Drucks. 11/2447 S. 21.

[584] *Oechsler*, in: Staudinger ProdHaftG, § 4 ProdHaftG, Rn. 4; *Rosenberger*, in: Die außervertragliche Haftung für automatisierte Fahrzeuge, S. 382.

Hinsichtlich des Ausschlusstatbestands in Nummer 2 könnte über den relevanten Zeitpunkt der Fehlerfreiheit von sicherheitsrelevanten Softwareupdates und -upgrades nach erstmaligem Inverkehrbringen autonomer Kraftfahrzeuge nachgedacht werden, jedoch erübrigt sich eine diesbezügliche Diskussion aufgrund des europäisch-legislativen Vorschlags der Europäischen Kommission, da hiernach bei jedem sicherheitsrelevanten Update und Upgrade, auch nach erstmaligem Inverkehrbringen des Produkts, die Möglichkeit des Herstellers bewusst eingeschränkt werden soll, sich der Haftung zu entziehen.[585] Demnach kommt es zwar hinsichtlich der Hardware des autonomen Kraftfahrzeugs auf den Zeitpunkt der ersten Inverkehrgabe an, hinsichtlich der Software aber sowohl auf die erstmalig aufgespielte Software als auch auf jedes künftige Update und Upgrade.[586]

Gemäß des Ausschlusstatbestandes des § 1 Abs. 2 Nr. 5 ProdHaftG ist die Ersatzpflicht des Herstellers ausgeschlossen, wenn der Fehler nach dem Stand der Wissenschaft und Technik in dem Zeitpunkt nicht erkannt werden konnte. Es geht also um die „Grenzen der menschlichen Erkenntnis" (*Entwicklungsrisiken*) und nicht um die „Grenzen technischer Möglichkeiten" (*Entwicklungslücken*).[587] Soweit die Gefahren daher erkennbar oder gar bekannt gewesen sind, ist der Weg in den Haftungsausschluss nach dieser Vorschrift versperrt.[588]

Mit Blick auf die Weiterentwicklung der technologischen Möglichkeiten zur Verübung von Hackerattacken stellt sich daher die Frage, ob ein lückenloser Schutz der Software autonomer Kraftfahrzeuge aufgrund der Möglichkeit des unvorhersehbaren unautorisierten Fremdzugriffs Dritter als Entwicklungsrisiko einzustufen ist bzw. in anderen Worten, ob Sicherheitslücken in der Software als Entwicklungsrisiko einzustufen sind. Dies ist jedoch zu verneinen. Denn es kommt nicht auf die Vorhersehbarkeit der konkreten Softwarelücke bzw. der konkret mangelnden Softwaresicherheit in der jeweiligen Gefahrensituation an, sondern darauf, ob das Hackerrisiko

---

585 Siehe S. 146 ff.
586 Siehe S. 147 f.
587 *Wagner*, in: MüKo BGB, § 1 ProdHaftG, Rn. 52 m. w. N.
588 *Wagner*, in: MüKo BGB, § 823 BGB, Rn. 1082; BGH, Urteil vom 16.06.2009, Az.: VI ZR 107/08 (NJW 2009, 2952, 2955).

erkennbar gewesen ist.[589] Dass das Hackerrisiko den Herstellern autonomer Kraftfahrzeuge bekannt ist, dürfte wohl unbestreitbar sein. Daher wird sich der Hersteller eines autonomen Kraftfahrzeugs, jedenfalls nicht mit Blick auf Sicherheitslücken in der die autonome Funktion steuernden Software, auf diesen Ausschlusstatbestand berufen können, nur weil er die konkret ausgenutzte Lücke oder die konkret genutzte Technologie zur Verübung des Hackerangriffs nicht vorhergesehen hat.[590] Denn die grundsätzliche Gefahr von Hackerangriffen ist dem Hersteller eines autonomen Kraftfahrzeugs bekannt.

e) Rechtsfolge

Sofern ein geschütztes Rechtsgut durch den Fehler eines Produkts kausal verletzt worden ist und zugunsten des Herstellers kein Ausschlusstatbestand greift, ist dem Geschädigten der Schaden zu ersetzen, der aufgrund der Rechtsgutsverletzung entstanden ist.

Der Umfang der Ersatzpflicht für Personenschäden ergibt sich aus den §§ 7 – 9 ProdHaftG. Bei Personenschäden gilt gem. § 10 ProdHaftG jedoch ein Haftungshöchstbetrag von EUR 85 Mio., welcher durch ein Produkt oder gleiche Produkte mit demselben Fehler verursacht worden ist, sodass bei mehreren Geschädigten und einer Ausreizung des Haftungshöchstbetrags eine Quotelung gem. § 10 Abs. 2 ProdHaftG vorzunehmen wäre. Zwar gibt es im Falle von Sachschäden keine Haftungshöchstgrenze, jedoch hat der Geschädigte gem. § 11 ProdHaftG einen Schaden bis zu einer Höhe von EUR 500 selbst zu tragen. Zudem kommt eine Haftung für Sachschäden nur dann in Betracht, wenn die beschädigte andere Sache ihrer Art nach gewöhnlich für den privaten Ge- oder Verbrauch bestimmt und hierzu von dem Geschädigten auch hauptsächlich verwendet worden ist. Beruflich genutzte Sachen, unabhängig davon, ob gewerblich oder freiberuflich, werden daher nicht vom ProdHaftG geschützt.[591]

---

589 So auch *Zech*, in: 73. DJT, Band I, S. A 55.

590 *Wagner* zum Autonomierisiko der Software, in: MüKo BGB, § 1 ProdHaftG, Rn. 61; Ministerium der Justiz des Landes Nordrhein-Westfalen, Arbeitsgruppe „Digitaler Neustart“, S. 62 ff.

591 *Wagner*, in: MüKo BGB, § 1 ProdHaftG, Rn. 15.

f) Zwischenergebnis

Hersteller haften nach dem ProdHaftG für Rechtsgutsverletzungen, wenn ein autonomes Kraftfahrzeug einen Produktfehler aufweisen sollte und es dadurch zu einer Rechtsgutsverletzung gekommen ist.

Diskussionswürdig ist die Frage, welches Maß an Gefahrlosigkeit von autonomen Kraftfahrzeugen, insbesondere von der das Fahrzeug kontrollierenden Software, zu erwarten ist. Gemessen an den Sicherheitserwartung der potentiellen Erwerber und Nutzer eines autonomen Kraftfahrzeugs und dem Schutzniveau, das Dritte nach objektivem Maßstab berechtigter Weise von dem Produkt erwarten können, wenn sie damit in Berührung kommen, sind an die Hardware des Kraftfahrzeugs keine weitergehenden Anforderungen als bei herkömmlichen Kraftfahrzeugen zu stellen. Jedoch hat der Hersteller mit Blick auf die Software des Kraftfahrzeugs als Mindestmaß den Grad der menschlichen Sorgfalt einerseits und die technischen Mindeststandards des StVG und der AFGBV andererseits zu erfüllen sowie einen lückenlosen Schutz zu gegen jeden Fremdzugriff durch Dritte (Hackerangriff), jedenfalls auf die Antriebs- und Lenkungssysteme, zu gewährleisten.[592]

Auch wenn das ProdHaftG Schadensersatz bei Erfüllung der vorgenannten Voraussetzungen grundsätzlich gewährt, so ist dies jedoch eine wenig praktikable Lösung zur Befriedigung der potentiell denkbaren Schäden, die künftig durch die Nutzung autonomer Kraftfahrzeuge entstehen könnten.[593] So wären alle beruflich genutzten Sachen, also der geschäftliche Bereich, von dem Schutz des ProdHaftG ausgeschlossen, sodass der derzeitig geplante Hauptanwendungsfall autonomer Fahrfunktionen – nämlich der Nutzung in der Logistik oder dem ÖPNV[594] – nicht vom Schutz des ProdHaftG profitieren würden.[595]

Daneben könnte auch die Haftungshöchstsumme von EUR 85 Mio. verglichen mit den verkehrsbedingten Unfallkosten im Jahre 2021 (insgesamt EUR 32,5 Milliarden, wovon EUR 20,5 Milliarden auf Sachschäden und EUR 12 Milliarden auf Personenschäden entfielen)[596] u. U. selbst dann nicht

---

592 Siehe S. 135 ff.
593 Andere Ansicht *Jungo Brüngger*, in: 73. DJT, Band II/1, S. K 22.
594 Siehe S. 2 f. und 24 f.
595 *Spindler*, CR 12/2015, 766, 773.
596 BASt, Volkswirtschaftliche Kosten von Straßenverkehrsunfällen in Deutschland.

ausreichend sein, wenn die Unfallzahlen durch den Wegfall menschlichen Fehlverhaltens um 92 % absinken würden, da in diesem Fall noch immer ein zu kompensierender Schaden von EUR 2,6 Milliarden anzunehmen wäre. Zwar würde diese Summe nicht nur auf einen Hersteller entfallen, sondern sich ggf. auf verschiedene Hersteller und dann noch einmal auf dessen verschiedenen Modelle verteilen. Hierbei gilt aber, je mehr Ansprüche sich gegen denselben Hersteller und das gleiche Modell richten, desto schneller ist die jeweilige Haftungshöchstgrenze erreicht. Davon, dass eine Kompensation von Sachschäden in Milliardenhöhe unbillig oder gar ruinös für Hersteller sein könnte, ist nicht auszugehen, da Hersteller durch den Abschluss einschlägiger Versicherungen entsprechenden Schutz erlangen können. Daher sollte auch eine gesetzgeberische Ergänzung des § 1 PflVG erfolgen, wodurch der Hersteller dazu verpflichtet werden würde, eine Haftpflichtversicherung für seine autonom fahrenden Modelle abzuschließen und aufrechtzuerhalten.[597]

3. Deliktische Produzentenhaftung gem. § 823 Abs. 1 BGB

Neben dem ProdHaftG kann der Hersteller auch aus § 823 Abs. 1 BGB haften, § 15 Abs. 2 ProdHaftG. Im Unterschied zu der Gefährdungshaftung des ProdHaftG ist für eine Haftung gem. § 823 Abs. 1 BGB ein Verschulden des Herstellers notwendig, welches beim Vorhandensein von Produktfehlern aber zugunsten des Anspruchstellers vermutet wird.[598] Des Weiteren sind, anders als auf Grundlage des ProdHaftG, auch Schäden an beruflich genutzten Sachen von der Haftung umfasst. Zudem gibt es keine Einschränkungen durch Haftungshöchstbeträge wie nach § 10 ProdHaftG oder durch eine Selbstbeteiligung, wie sie in § 11 ProdHaftG vorgesehen ist.[599]

a) Rechtsgutsverletzung

Ein Anspruch nach § 823 Abs. 1 BGB setzt zunächst die Verletzung eines geschützten Rechtsguts voraus. Von hoher praktischer Relevanz sind neben potentiellen Personenschäden auch Eigentumsschäden von Dritten und auch Schäden am autonomen Kraftfahrzeug selbst.

---

597 Siehe S. 103 f.

598 *Sprau*, in: Grüneberg, § 823 BGB, Rn. 189 m.w.N.; *Schrader*, NJW 2015, 3537, 3538.

599 *Sprau*, in: Grüneberg, § 823 BGB, Rn. 180, 182.

Genauso wie im ProdHaftG soll auch durch eine Haftung nach § 823 Abs. 1 BGB nicht das Gewährleistungsrecht unterlaufen werden. Grundsätzlich ist die Erwartung an eine mangelfreie Sache (*Nutzungs- und Äquivalenzinteresse* des Erwerbers) daher nicht geschützt, sondern nur das Interesse, dass der Erwerber nicht durch die in Verkehr gegebene Sache verletzt wird (*Integritätsinteresse* des Rechtsverkehrs).[600] Von diesem Grundsatz besteht jedoch eine Ausnahme, wonach jedenfalls dann eine Rechtsgutsverletzung im Sinne des § 823 Abs. 1 BGB in Gestalt einer Eigentumsverletzung anzunehmen ist, wenn der Schaden an der Sache selbst durch einen behebbaren Defekt eines funktionell abgrenzbaren Teils innerhalb der Sache entstanden ist (sog. *Weiterfresserschaden*).[601] Allerdings ist hierfür Voraussetzung, dass der Gesamtschaden sich nicht mit dem anfänglich an der Sache angehaftetem Unwert deckt (sog. *Stoffgleichheit*).[602] Der anfängliche Mangelunwert und der Gesamtschaden decken sich, wenn die Kosten für die Fehlersuche und die Fehlerbeseitigung in etwa dem Wert der Gesamtsache entsprechen oder diesen übersteigen.[603] Stoffgleichheit liegt dagegen dann nicht vor, wenn ein Mangel an einem leicht reparablen oder austauschbaren Einzelteil dazu geführt hat, die sonst fehlerfreie Sache zu beschädigen oder zu zerstören.[604] Mit Blick auf autonome Kraftfahrzeuge läge mangels Stoffgleichheit also dann eine Eigentumsverletzung an ebendiesem vor, wenn die Beschädigung oder Zerstörung des Fahrzeugs durch ein funktionell abgrenzbares und leicht reparables oder ersetzbares Einzelteil verursacht worden ist, z. B. durch einen defekten Sensor.[605] Stoffgleichheit ist dagegen stets gegeben und damit eine Haftung nach § 823 Abs. 1 BGB verwehrt, wenn ein Defekt an der die Fahraufgaben beherrschenden Software des autonomen Kraftfahrzeugs dazu führt, dass es zu einem Unfall kommt, weil das autonome Kraftfahrzeug

---

[600] BGH, Urteil vom 23.02.2021, Az.: VI ZR 21/20 (NJW 2021, 1883, 1884).

[601] BGH, Urteil vom 24.11.1976, Az.: VIII ZR 137/75 (NJW 1977, 379, 380); *Sprau*, in: Grüneberg, § 823, Rn. 181.

[602] BGH, Beschluss vom 04.11.2020, Az.: XII ZB 344/20 (NJW 2021, 1883, 1884).

[603] BGH, Beschluss vom 04.11.2020, Az.: XII ZB 344/20 (NJW 2021, 1883, 1884).

[604] *Sprau*, in: Grüneberg, § 823 BGB, Rn. 181.

[605] *Hey*, in: Die außervertragliche Haftung des Herstellers autonomer Fahrzeuge bei Unfällen im Straßenverkehr, S. 39; *Rosenberger*, in: Die außervertragliche Haftung für automatisierte Fahrzeuge, S. 407; *Sosnitza*, CR 11/2016, 764, 770; *Spindler*, CR 12/2015, 766, 768.

bzw. die sie steuernde Software ohne ersichtlichen Grund die Verkehrsregeln nicht (mehr) ordnungsgemäß einhalten und koordinieren kann.[606]

b) Verletzungshandlung

Die Verletzungshandlung im Sinne des § 823 Abs. 1 BGB läge im In-Verkehr-Bringen eines fehlerhaften und damit unsicheren Produkts.[607]

c) Kausalität und Rechtswidrigkeit

Die haftungsbegründende Kausalität liegt dann vor, wenn die Verletzungshandlung ursächlich für die Rechtsgutsverletzung gewesen ist.[608] Ein Dazwischentreten durch die Handlung eines Dritten lässt die Kausalität unberührt, es sei denn der Kausalverlauf wird dergestalt verändert, dass der Schaden nicht mehr in einem inneren Zusammenhang mit dem Fehler des Schädigers steht.[609] Insoweit würde das Dazwischentreten eines Hackers die Kausalität nicht unterbrechen, da der Hersteller dafür zu sorgen hat, dass die Software des autonomen Kraftfahrzeugs dauerhaft und lückenlos vor Hackerangriffen geschützt ist.[610] Die Rechtsgutsverletzung indiziert sodann regelmäßig die Rechtswidrigkeit.[611]

d) Verschulden

Schließlich muss der Hersteller auch schuldhaft, also fahrlässig oder vorsätzlich gehandelt haben, wobei beachtlich ist, dass die Beweislast beim Vorliegen eines Produktfehlers zulasten des Herstellers umgekehrt wird, er

---

606 *Hey*, in: Die außervertragliche Haftung des Herstellers autonomer Fahrzeuge bei Unfällen im Straßenverkehr S. 39; *Rosenberger*, in: Die außervertragliche Haftung für automatisierte Fahrzeuge, S. 407 m. w. N.; *Sosnitza*, CR 11/2016, 764, 770; *Spindler*, CR 12/2015, 766, 768.

607 *Sprau*, in: Grüneberg, § 823 BGB, Rn. 174; *Bayreuth*, GWR 2016, 394. *Fleck/Thomas*, NJOZ 2015, 1393, 1396.

608 *Grüneberg*, in: Grüneberg, Vorb. v. § 249 BGB, Rn. 24.

609 BGH, Urteil vom 22.09.2016, Az.: VII ZR 14/16 (vgl. NJW 16, 3715, 3716); BGH, Urteil vom 26.03.2019, Az.: VI ZR 236/18 (vgl. NJW 2019, 2227, 2228); BGH, Beschluss vom 09.11.2020, Az.: 5 MB 29/20 (vgl. NVwZ-RR 2021, 620, 622); *Grüneberg*, in: Grüneberg, Vorb. v. § 249 BGB, Rn 47.

610 Siehe S. 135 ff. und S. 141 ff.

611 *Sprau*, in: Grüneberg, § 823, Rn. 24.

also zu beweisen hat, dass er die ihm obliegenden Pflichten beachtet hat.[612] Jedoch muss der Anspruchsteller den Ursachenzusammenhang zwischen dem Produktfehler und dem Schaden beweisen.[613]

Es ist jedenfalls dann von einem Verschulden des Herstellers auszugehen, wenn er in zumindest fahrlässiger Weise gegen seine Verkehrssicherungspflichten verstoßen hat.[614] Diese beziehen sich insbesondere auf das In-Verkehr-Bringen des Produkts, sodass es zu seinen Verkehrssicherungspflichten zählt Produktionsfehler (Konstruktionsfehler, Fabrikationsfehler, Instruktionsfehler) zu vermeiden. Darüber hinaus hat der Hersteller seiner Produktbeobachtungspflicht,[615] und auch seiner Gefahrabwendungspflicht nachzukommen, indem er etwaig erforderliche Sicherungsmaßnahmen (Produktanpassung, Nachinformation, Warnung, Rückruf) ergreift.[616]

Soweit der Hersteller hinsichtlich der Software in autonomen Kraftfahrzeugen beispielsweise nicht als Mindestmaß den Grad menschlicher Sorgfalt einerseits und die technischen Mindeststandards des StVG und der AFGBV andererseits, sowie einen lückenlosen Schutz gegen jeden virtuellen Fremdzugriff durch Dritte (Hackerangriff) gewährleisten kann, läge ein Verstoß gegen Verkehrssicherungspflichten vor, wenn er das Fahrzeug dennoch in Verkehr bringen würde. Außerdem hätte der Hersteller das autonome Kraftfahrzeug nach den oben genannten Grundsätzen auch nach dem In-Verkehr-bringen weiter zu beobachten und beim Auftreten sicherheitsrelevanter Fehler die jeweils erforderlichen Sicherungsmaßnahmen einzuleiten.[617] Diese können von der Zurverfügungstellung weiterer Informationen und Instruktionen an die Endverbraucher, über Softwareupdates, bis hin zur nachträglichen Durchführung von physisch-technischen Modifikationen

---

612 *Bubinger*, RAW 2023, 57, 63; *Sprau*, in: Grüneberg, § 823, Rn. 189.

613 *Sprau*, in: Grüneberg, § 823, Rn. 171.

614 *Stöber/Pieronczyk/Möller*, DAR 2020, 609, 613.

615 Z. B. Sammlung und Auswertung von Informationen auf Grundlage der tatsächlichen Verwendung des Produkts, dessen Langlebigkeit und bei autonomen Kraftfahrzeugen insbesondere über das Verhalten des autonomen Systems bzw. der Software im Straßenverkehr; vgl. auch *Bayreuth*, GWR 2016, 393, 395; *Schmid*, CR 2019, 141 ff.

616 *Sprau*, in: Grüneberg, § 823 BGB, Rn. 174; Eingehend *Rosenberger*, in: Die außervertragliche Haftung für automatisierte Fahrzeuge, S. 409 ff.

617 *Wagner*, in: MüKo BGB, § 823 BGB, Rn. 1108 ff.

(z. B. an den Sensoren, Kabelverbindungen oder Batterien) und als ultima ratio auch der Stilllegung des Fahrzeugs reichen.[618]

e) Regress des Unternehmens bei Zulieferern

Kraftfahrzeuge werden niemals aus einem Guss von einem Unternehmen alleine hergestellt. Vielmehr ist das verkaufsfertige Kraftfahrzeug ein Produkt, dass sich aus einzelnen Teilen verschiedener Hersteller zusammensetzt. So wird ein Kraftfahrzeug im Ergebnis zwar den Namen nur eines Herstellers tragen, nämlich den des Herstellers des Endprodukts, jedoch kommen die für das Endprodukt erforderlichen Bauteile von verschiedenen Zulieferern. Folgerichtig kann auch der Endhersteller – neben etwaigen vertraglichen Ansprüchen – einen Anspruch aus der deliktischen Produzentenhaftung des § 823 Abs. 1 BGB gegen seine Zulieferer haben, denn diese sind ihrerseits selbst Hersteller der vom Endhersteller erworbenen einzelnen Komponenten. Eine Haftung des Zulieferers gegenüber dem Endhersteller wäre unter denselben Voraussetzungen gegeben, wie bereits dargestellt.[619]

Neben den einzelnen Bauteilen für die Hardware eines Kraftfahrzeugs kann es insbesondere hinsichtlich der Software zur Verwendung in autonomen Kraftfahrzeugen zu Regressansprüchen des Endherstellers kommen. Das gilt insbesondere dann, wenn der Endhersteller die Aufgabe der Programmierung der intelligenten Software einem Zulieferer als Spezialisten übertragen hat und nicht über die Möglichkeiten verfügt, die komplexe Programmierung überprüfen zu können.[620] Zu beachten ist jedoch, dass die Konstruktionsverantwortung für das Endprodukt dennoch weiterhin beim Endhersteller verbleibt und nicht (auch) beim Zulieferer liegt.[621] Dies ist dem Umstand geschuldet, dass der Zulieferer nur die Fehlerfreiheit der Software selbst, nicht jedoch auch die korrekte Nutzung des Produkts und damit einhergehend die korrekte Funktionsfähigkeit während des konkreten Einsatzes kontrollieren kann, der letzten Endes vom Endhersteller beeinflusst wird.[622]

---

618 *Wagner*, in: MüKo BGB, § 823 BGB, Rn. 320 und 1133.

619 Siehe Haftung des Herstellers S. 121 ff.

620 Vgl. *Dunstabzugshauben-Fall* vor dem OLG Karlsruhe, Urteil vom 02.04.1993, Az.: 15 U 293/91, (NJW-RR 1995, 594, 597). Siehe auch *Foerste*, in: Foerste/GvW, § 25 Rn. 94; *Wagner*, in: MüKo BGB, § 823 BGB, Rn. 1044.

621 *Wagner*, AcP 2017, 707, 720 ff.; *Wagner*, in: MüKo BGB, § 823 BGB, Rn. 1044.

622 *Wagner*, AcP 2017, 707, 720 ff.

So obliegt es zwar dem Zulieferer, dass die an den Hersteller gelieferten Produkte fehlerfrei sind, allerdings ist es die Aufgabe des Endherstellers sicherzustellen, dass das vom Zulieferer gelieferte Produkt, in diesem Beispiel also die Software für autonome Kraftfahrzeuge, mit den restlichen Teilen des autonomen Kraftfahrzeugs, wie etwa den physikalischen Sensoren oder weiterer Drittsoftware (z. B. Software über digitales Kartenmaterial), kompatibel ist.[623]

4. Haftung als Fahrzeugführer gem. § 18 StVG

Vorgebracht wurde auch die Ansicht, den Hersteller gleich einem Fahrzeugführer zu behandeln, um die Rechtsfolgen des § 18 Abs. 1 StVG auszulösen.[624] Führer eines Kraftfahrzeugs ist, wer in Allein- oder Mitverantwortung und unter bestimmungsgemäßer Anwendung seiner Antriebskräfte das Kraftfahrzeug in Betrieb setzt oder unter Handhabung der technischen Vorrichtungen während der Fahrtbewegung durch den öffentlichen Verkehrsraum ganz oder wenigstens zum Teil lenkt, also jedenfalls einen Teil der wesentlichen Einrichtungen des Fahrzeugs, die für seine Fortbewegung bestimmt sind, bedient.[625]

Ein autonomes Kraftfahrzeug bedient durch die auf das Kraftfahrzeug aufgespielte Software sowohl die Antriebs- als auch Lenkungsvorgänge während der Fahrbewegung selbst. Hierbei handelt es sich unzweifelhaft um wesentliche Einrichtungen des Fahrzeugs, die für dessen Fortbewegung bestimmt sind. Die Programmierung und Zurverfügungstellung der Software wird vom Hersteller veranlasst, sodass der Einfluss des Herstellers auf die Programmierung der Software auf die Fahrzeugführung als wesentlichen Teil der Einrichtungen durchschlägt.[626] Insoweit ist festzustellen, dass es nicht die eine Software geben wird, die alle autonomen Kraftfahrzeuge steuert, sondern das jeder Endhersteller, jedenfalls außerhalb desselben Konzerns, eine eigene Software bereitstellen wird. Diesen Umstand hat auch der Gesetzgeber zur Kenntnis genommen, weshalb er den Begriff der

---

[623] *Wagner*, in: MüKo BGB, § 823 BGB, Rn. 1044 m. w. N.

[624] *Schrader*, NJW 2015, 3537, 3541; *Schrader*, DAR 2016, 242, 245; *Buck-Heeb/Dieckmann*, in: Oppermann/Stender-Vorwachs, Abschnitt 3.1.1, Rn. 37 ff.

[625] Siehe zur Definition des Fahrzeugführers S. 118 f.

[626] Im Ergebnis wohl auch *Arloth*, RAW 2023, 2, 3; andere Ansicht *Siemann*, in: Chibanguza/Kuß/Steege, § 3, Rn. 67.

Systemgrenze in § 1e Abs. 2 Nr. 7 StVG bewusst nicht näher definiert hat, um den unterschiedlichen Fähigkeitsniveaus unterschiedlicher autonomer Kraftfahrzeuge Rechnung zu tragen.[627] Die Fahrzeugführung des autonomen Kraftfahrzeugs ist daher dauerhaft von der softwareseitigen Einstellung des jeweiligen Unternehmens beeinflusst.

Ansichten dergestalt, dass der Hersteller mit der Übergabe des Fahrzeugs an den Erwerber keine Kontrolle mehr über selbiges hätte,[628] sind daher zu widersprechen.[629] Dies umso mehr, als dass der Hersteller über die initiale Programmierung der Software hinaus auch die Möglichkeit hat die Programmierung der Software zu jeder beliebigen Zeit per drahtlosem Update *Over-the-Air* zu verändern.[630] Ein Over-the-Air Update erfolgt über einen geeigneten Kommunikationskanal (derzeit z. B. über das Mobilfunknetz) zwischen Hersteller und dem im Kraftfahrzeug verbauten Kommunikationsmodul.[631] Hierbei werden Daten vom Hersteller an das Kraftfahrzeug übertragen, die einen Einfluss auf das gesamte Kraftfahrzeug haben können. So können einerseits zusätzliche Annehmlichkeiten in Form von Ausstattung wie eine beim Erwerb des Kraftfahrzeugs zunächst nicht gewünschte Sitzheizung oder eine Navigations- oder Entertainmentfunktionen nachträglich hinzugekauft werden.[632] So erklärte beispielsweise der Autobauer Tesla, dass Softwareupdates über Over-the-Air neue Funktionen und Updates in das Fahrzeug bringen,

---

627 Siehe zu § 1e Abs. 2 Nr. 7 StVG S. 32 f.

628 So etwa *Siemann*, in: Chibanguza/Kuß/Steege, § 3, Rn. 67, vgl. auch *Jungo Brüngger*, in: 73. DJT, Band II/1, S. K 21; und *Riehm*, in: 73. DJT, Band II/2, S. K 110.

629 Im Ergebnis wohl auch *Linardatos*, Autonome und vernetzte Aktanten im Zivilrecht, S. 270; vgl. auch *Ebert*, in: 73. DJT, Band II/2, S. K 124; *Zech*, sieht ebenfalls die „Risikokontrolle" insbesondere aufgrund von „Informationsasymmetrien" beim Hersteller, in: 73. DJT, Band II/2, S. K 103.

630 Audi, Software-Update: Audi bietet neue Funktionen mit hohem Nutzen für den Audi Q4 e-tron oder Mercedes-Benz Group AG, Over the Air: Aus Updates werden bei Mercedes-Benz Upgrades; *Hemker/Mischkovsky*, DuD 2017, 233, 236; *Meents/Obradovic*, ZfPC 2022, 13.

631 Mercedes-Benz Group AG, Over the Air: Aus Updates werden bei Mercedes-Benz Upgrades.

632 In praktischer Hinsicht sind die dafür erforderlichen Hardwarekomponenten bereits im Kraftfahrzeug verbaut, sodass der zusätzliche Kauf einer dieser Ausstattungen sich auf die nachträgliche Freischaltung dieser Funktionen beschränkt und keine hardwareseitige Ergänzung erfordert, siehe hierzu Audi, Functions on Demand; ADAC, Vor- und Nachteile von Updates Over The Air für Pkw; *Kahl/Kling*, RAW 2023, 104 f.

um das Fahrzeug im Laufe der Zeit nicht nur leistungsfähiger, sondern auch sicherer zu machen.[633] Download und Installation der neuen Konfigurationen erfolgen im Hintergrund.[634] Mittels derselben Technologie können andererseits aber auch sicherheitsrelevante Updates an das Kraftfahrzeug übertragen werden, was insbesondere auch die Führung des autonomen Kraftfahrzeugs betreffen kann.[635] Teilweise werden Updates einfach auf die jeweiligen Fahrzeuge in Unkenntnis der Fahrzeugeigentümer aufgespielt.[636] Und teilweise muss der Aktivierung des Updates noch explizit durch Betätigung einer Schaltfläche im Kraftfahrzeug zugestimmt werden. Aber auch im letzteren Fall kann davon ausgegangen werden, dass die überwiegende Anzahl der Fahrzeugeigentümer autonomer Kraftfahrzeuge einerseits dem Hersteller vertrauen und dessen angebotenen Updates anstandslos akzeptieren werden und andererseits, dass sich die Fahrzeughalter in einem Spannungsverhältnis befinden würden, falls sie einem sicherheitsrelevanten Update einmal nicht zustimmen würden, da es Teil ihrer Verkehrssicherungspflicht ist die Sicherheit des Kraftfahrzeugs stets zu gewährleisten.[637] Im Ergebnis hat der Hersteller daher erheblichen Einfluss auf die Steuerung des Kraftfahrzeugs als sicherheitsrelevantes Merkmal, sodass es nur konsequent und sachgerecht wäre ihn gleich einem Fahrzeugführer zu behandeln.[638] Durch diesen Ansatz würde auch ein starker Anreiz zu einer sorgfältigen Programmierung der

---

633 Tesla Inc., Software-Updates.

634 Mercedes-Benz Group AG, Over the Air: Aus Updates werden bei Mercedes-Benz Upgrades.

635 Sog. *Firmware over-the-air (FOTA) Updates*, *Riehm*, in: 73. DJT, Band II/1, S. K 56; *Tsiukhai/Titova*, OTA-Technologie: Vernetzte Autos auch unterwegs sicher und schnell aktualisieren; FZI, Analyse der Aktivitäten und Entwicklungsfortschritte im Bereich der Fahrzeugelektronik mit Fokus auf fahrzeugeigene Betriebssysteme, S. 67; siehe auch zur Updatepflicht des Herstellers S. 147 f. und S. 157 f.

636 *Newth*, Tesla muss 31 norwegischen Kunden 130.000 norwegische Kronen zahlen, nachdem die Ladegeschwindigkeit gesenkt wurde; *Rudschies*, Updates over the air: Wie das Auto per Software aufgefrischt wird; *Svendsen*, Tesla wurde dazu verurteilt, Tesla-Besitzern eine Entschädigung in Höhe von 136.000 norwegische Kronen pro Auto zu zahlen.

637 Siehe zu den Verkehrssicherungspflichten des Halters S. 46 ff., S. 101 f. und S. 114 f.

638 *Schrader*, NJW 2015, 3537, 3541; andere Ansicht *König*, in: Hentschel/König/Dauer, § 1a StVG, Rn. 14; andere Ansicht *Sosnitza*, CR 2016, 764, 769; differenzierend *Koch*, VersR 2018, 901, 909, der eine Qualifikation des Herstellers als Fahrzeugführer nicht ausschließt.

Software sowie auch der nachfolgenden Trainings und Updates durch den Hersteller gesetzt werden.[639]

Die Tatsache, dass der Hersteller als juristische Person oder das autonome Kraftfahrzeug selbst keine Fahrerlaubnis gem. § 2 Abs. 1 StVG erwerben können und somit nicht am Straßenverkehr als Kraftfahrzeugführer auftreten könnten, vermag das Vorgesagte nicht zu entkräften.[640] Denn das Gesetz kennt unabhängig von der tatsächlichen Fahrzeugführereigenschaft bereits eine Fiktion der Fahrzeugführereigenschaft. So gilt gemäß § 2 Abs. 15 Satz 2 StVG der Fahrlehrer oder der Fahrlehreranwärter als Führer des Kraftfahrzeugs, da der Fahrschüler der das Kraftfahrzeug tatsächlich führt keine Fahrerlaubnis besitzt. Hintergrund dieser Fiktion ist, dass einerseits Fahrschülern die Fahrt mit einem Kraftfahrzeug zu Lernzwecken trotz der fehlenden Fahrerlaubnis ermöglicht werden muss und andererseits sowohl die Fahrschüler als auch die Fahrzeughalter von der Gefahr einer Strafverfolgung (§ 21 StVG) wegen (des Zulassens des) Fahrens ohne Fahrerlaubnis durch den Fahrschüler ausgenommen werden müssen.[641] Das Gesetz sieht also durchaus Verschiebungen des Fahrzeugführerbegriffs für den Fall vor, dass das Führen von Fahrzeugen noch gelernt werden will. Nichts anderes würde aber auch das autonome Kraftfahrzeug tun, wenn es sich anhand der unzähligen Sensoren und Datenmengen der Führung des Fahrzeugs befähigt.[642] Jedoch wird dieser Lernprozess im Gegensatz zu einem menschlichen Fahrschüler nicht in absehbarer Zeit beendet werden können, vielmehr wird das autonome Kraftfahrzeug stets den Input seines Herstellers brauchen, dies jedenfalls durch Softwareupdates, die der Hersteller von Zeit zu Zeit auf die Fahrzeuge aufzuspielen hat um sie an die sich verändernde Umständen anzupassen, sie leistungsfähiger und insbesondere auch sicherer zu machen.

Im Ergebnis wird die Fahrzeugführung daher in hohem Maße von der Programmierung der Software durch den Hersteller abhängig sein. Diese Ansicht wird ausdrücklich auch vom Gesetzgeber geteilt, welcher bereits in

---

639 *Zech*, in: 73. DJT, Band I, S. A 56, A 88; *Zech*, in: 73. DJT, Band II/2, S. K 104.

640 Andere Ansicht *Siemann*, in: Chibanguza/Kuß/Steege, § 3, Rn. 67.

641 *Schrader*, NJW 2015, 3537, 3539 m. w. N.; *Hoepfel* in: Das Reichsgesetz über den Verkehr mit Kraftfahrzeugen vom 3. Mai 1909, S. 52.

642 So im Ergebnis wohl auch *Fleck/Thomas*, NJOZ 2015, 1393, 1395.

den Gesetzgebungsmaterialien zum automatisierten Fahren davon spricht, dass der Fahrzeugführer beim autonomen Fahren von der Software „ersetzt“ werden wird:

> *„Auch bei der Fahrzeugsteuerung mittels automatisierter Fahrfunktion bleibt der Fahrer des betreffenden Kraftfahrzeugs Fahrzeugführer, d. h. während der automatisierten Phase wird der Fahrzeugführer nicht durch das hoch- oder vollautomatisierte System ersetzt. Das wäre erst beim autonomen Fahren der Fall, bei dem es keinen Fahrer, sondern nur Passagiere gibt.“*[643]

In diesem Sinne ist *ersetzen* mit der Bedeutung des Ausdrucks *an die Stelle treten* gleichbedeutend, sodass auch der Gesetzgeber davon ausgeht, dass die Fahrzeugführereigenschaft nicht ersatzlos wegfällt. Vielmehr wird diese Eigenschaft vom Hersteller einzunehmen sein, der für die das Fahrzeug steuernde Software verantwortlich ist. Auch der ehemalige Bundesverkehrsminister Dobrindt unterstützt diese Ansicht, der eine rechtliche Gleichstellung zwischen dem menschlichen Fahrer und dem Computer als Fahrer anstrebte.[644]

Da der Hersteller unabhängig von dem Erwerb einer Fahrerlaubnis die Antriebs- und Lenkungssysteme des autonomen Kraftfahrzeugs in tatsächlicher Hinsicht erheblich beeinflusst, sollte daher auch in dieser Beziehung eine entsprechende Fiktion durch den Gesetzgeber geschaffen werden.[645] Dies hätte den Vorteil, dass derjenige, der tatsächlichen Einfluss auf die Antriebs- und Lenkungssysteme des Kraftfahrzeugs hat, auch die Schäden zu ersetzen hat, die dadurch entstehen, dass bei der Führung des Kraftfahrzeugs Rechtsgüter Dritter verletzt werden.[646]

Eine Regelung in § 18 Abs. 1 StVG könnte als neu einzufügender Satz vor dem bisherigen Satz 2 folgendermaßen lauten:

> *Bei autonomen Kraftfahrzeugen gilt im Sinne dieses Gesetzes der Hersteller als Führer des Kraftfahrzeugs.*

---

643 BT-Drucks. 18/11300, S. 14.

644 Siehe S. 8.

645 So im Ergebnis wohl auch *Schrader*, NJW 2015, 3537, 3541.

646 Vgl. auch *Zech*: „liability follows control“, in: 73. DJT, Band II/2, S. K 84.

Diese Lösung würde auch nicht zu einer unkontrollierbaren, uferlosen oder unbilligen Haftung des Herstellers führen, da er in den Genuss der Exkulpationsmöglichkeit gem. § 18 Abs. 1 Satz 2 StVG der derzeitigen Fassung kommen würde und es ihm freistünde das vermutete Verschulden zu entkräften und zu beweisen, dass ihn kein Verschulden an der schädigenden Rechtsgutsverletzung durch die Fahrzeugführung trifft.[647] Insoweit wird der Hersteller über alle relevanten Daten sowohl hinsichtlich der Systeme des Kraftfahrzeugs als auch hinsichtlich der Bewältigung der Fahraufgabe verfügen.[648] Denn diesbezüglich ist schon in § 1g Abs. 2 StVG vorgesehen, dass bei Konfliktszenarien – insbesondere bei Unfällen und Fast-Unfall-Szenarien – Daten während des Betriebs des Kraftfahrzeugs gem. § 1g Abs. 1 StVG gespeichert werden müssen, die der Aufklärung dienlich sein sollen (§ 1g Abs. 7 StVG).[649]

5. Zwischenergebnis zur Herstellerhaftung

Es würde gegen den Wortlaut sprechen, den Hersteller wie einen Fahrzeughalter zu behandeln, da der Hersteller die grundlegenden Definitionsmerkmale eines Fahrzeughalters mangels tatsächlicher Sachherrschaft und des Gebrauchs des Kraftfahrzeugs auf eigene Rechnung nicht erfüllt.[650] Darüber hinaus würde eine solche Ausdehnung des Halterbegriffs auf den Hersteller auch mit dem Sinn und Zweck der Norm nicht zu vereinbaren sein.[651] Sinn und Zweck der Norm ist ursprünglich gewesen, dass die Überlassung eines Kraftfahrzeugs an rücksichtslose Fahrzeugführer, die aus der Sphäre des Fahrzeughalters stammen, den Fahrzeughalter nicht von einer Haftung befreien sollten, da letzterer deutlich solventer gewesen ist.[652] Nach der heutigen Argumentation soll der Sinn und Zweck der Norm vor allem darin liegen, vor den Gefahrenquellen zu schützen, die durch die bloße Verwendung von

---

647 Vgl. *Riehm*, der im Grundsatz ebenfalls ein vermutetes Verschulden des Herstellers befürwortet, wenn sich das autonome Kraftfahrzeug äußerlich fehlerhaft verhält, in: 73. DJT, Band II/1, S. K 57.

648 Vgl. *Schrader*, NJW 2015, 3537, 3541, der von einem „erheblichen Einfluss" des Herstellers spricht.

649 Siehe zu den zu erfassenden Daten Anlage 2 der AFGBV.

650 Siehe S. 122.

651 Siehe S. 122 f.

652 Siehe zum historischen Sinn und Zweck der Entstehung der Halterhaftung S. 58 ff.

Kraftfahrzeugen entstehen.[653] Diese Argumentation findet ihren Ursprung in einem Urteil des BGH aus dem Jahre 1957[654] – wonach es eine gewaltige Steigerung des Kraftwagenverkehrs gegeben haben soll und daher der Begriff des Betriebs eines Kfz im Sinne des § 7 Abs. 1 StVG weiter zu fassen sei – weshalb es zwei Jahre später auch zur Abkehr von der maschinentechnischen Auslegung hin zur verkehrstechnischen Auslegung des Betriebsbegriffs kam.[655] Von autonomen Kraftfahrzeugen wird jedoch zu erwarten sein, dass diese sich wie ein Idealfahrer verhalten werden und nicht rücksichtslos, zu schnell, unter der Missachtung von Lichtzeichenanlagen oder der Verkehrsbeschilderung oder in anderer verkehrswidriger Weise fahren werden.[656] Eine teleologische Extension in Gestalt einer Ausdehnung der Halterhaftung auf die Hersteller wäre daher nicht interessengerecht, sodass eine verschuldensunabhängige Halterhaftung des Herstellers nicht in Betracht kommt.

Demgegenüber haften Hersteller nach dem ProdHaftG für Rechtsgutsverletzungen, wenn ein autonomes Kraftfahrzeug einen Produktfehler aufweisen sollte und es aufgrund dieses Fehlers zu einer Rechtsgutsverletzung gekommen ist.[657] Hinsichtlich des Fehlerbegriffs des § 3 Abs. 1 ProdHaftG hat der Hersteller mit Blick auf die Software des Kraftfahrzeugs als Mindestmaß den Grad der menschlichen Sorgfalt einerseits und die technischen Mindeststandards des StVG und der AFGBV andererseits zu erfüllen, sowie einen lückenlosen Schutz gegen jeden Fremdzugriff durch Dritte auf die Software (Hackerangriff), jedenfalls auf die Antriebs- und Lenkungssysteme, zu gewährleisten.[658] Problematisch ist, dass das ProdHaftG keinen Schutz im geschäftlichen Bereich bietet, sondern nur Sachen erfasst werden, die zum privaten Ge- oder Verbrauch bestimmt sind, sowie auch die Haftungshöchstsumme von 85 Millionen Euro die nicht dazu geeignet wäre das potentiell denkbare Schadensvolumen in ausreichendem Maße

653 BGH, Urteil vom 18.07.2023, Az. VI ZR 16/23 (SVR 2024, 97, 98); BGH, Urteil vom 07.02.2023, Az.: VI ZR 87/22 (SVR 2023, 254, 255); BGH, Urteil vom 21.09.2021, Az.: VI ZR 726/20 (NJW 2022, 624, 625).
654 BGH, Urteil vom 01.10.1957, Az.: VI ZR 225/56 (NJW 1957, 1878).
655 BGH, Urteil vom 09.01.1959, Az.: VI ZR 202/57 (NJW 1959, 627).
656 Siehe S. 54, 76 und 79 sowie das direkte Zitat auf S. 77.
657 Zur Haftung nach dem ProdHaftG S. 123 ff.
658 Siehe S. 135 ff.

zu decken.[659] Daneben kommen auch Ansprüche gegen den Hersteller aus der verschuldensabhängigen deliktischen Produzentenhaftung unter den Voraussetzungen des § 823 Abs. 1 BGB in Betracht.[660] Pauschalen Argumenten, die darauf verweisen, dass die bestehenden Haftungsregelungen aus Produkt- und Produzentenhaftung auch für autonome Kraftfahrzeuge ausreichend wären, sind mit Blick auf die aufgezeigten Problematiken daher zu widersprechen.[661]

Darüber hinaus wäre es begrüßenswert, wenn der Gesetzgeber eine Gesetzesänderung des § 18 Abs. 1 StVG anstreben würde, um den Hersteller autonomer Kraftfahrzeuge gleich einem Kraftfahrzeugführer haften zu lassen.[662] Zwar setzt eine Haftung nach § 18 Abs. 1 StVG ebenso wie die Haftung nach § 823 Abs. 1 BGB ein Verschulden voraus, allerdings wird das Verschulden im Rahmen des § 18 Abs. 1 StVG vermutet, wohingegen es im Rahmen des § 823 Abs. 1 BGB nur hinsichtlich des Produktfehlers eine Verschuldensvermutung gibt, der Anspruchsteller aber weiterhin den Ursachenzusammenhang zwischen Produktfehler und Schaden beweisen muss,[663] was sich in der Praxis oft als schwierig darstellen könnte. § 18 Abs. 1 StVG würde daher eine deutlich praktikablere Lösung für einen gerechten Haftungsausgleich darstellen, da nur der Hersteller beweisbelastet wäre und darlegen müsste, dass die Fahrbewegung des autonomen Kraftfahrzeugs nicht ursächlich für die Rechtsgutsverletzung gewesen ist.[664] Insoweit ist festzustellen, dass der Hersteller aufgrund der Programmierung der Software

---

[659] Siehe S. 152.
[660] Siehe S. 154 ff.
[661] Siehe Fußnote 409.
[662] Siehe S. 159 ff.
[663] Siehe S. 156 f.; *Pehm*, IWRZ 2018, 259, 264; vgl. auch *Schaub*, JZ 2017, 342, 344, wonach Ansprüche aus § 823 Abs. 1 BGB häufig am fehlenden Verschulden des Produzenten scheitern würden; ebenso *Kapoor/Sedlmaier*, RAW 2023, 8.
[664] Im Ergebnis wohl zustimmend *Meyer*, ZRP 2018, 233, 235, der aus Praktikabilitätsgründen noch weitergehend eine erweiterte Gefährdungshaftung des Herstellers autonomer Fahrzeuge vorschlägt; Die über die Produkthaftung hinausgehende Haftung des Herstellers befürwortend *Zech*, ZfPW 2019, 198, 215, der ebenfalls eine Gefährdungshaftung des Herstellers für gerechtfertigt hält, wenn es sich um eine neuartige Technologie handelt, bei der der Hersteller überlegenes Risikowissen hat; andere Ansicht *Sedlmaier/Krzic Bogataj*, NJW 2022, 2953, 2957; andere Ansicht *Seufert*, NZV 2022, 319, 324.

des autonomen Kraftfahrzeugs und seiner Möglichkeiten zur Veränderung dieser Software einen erheblichen Einfluss auf die Fahrzeugsteuerung ausübt.[665] Darüber hinaus verfügt der Hersteller neben den dem Fahrzeughalter vorliegenden Daten (vgl. § 1g Abs. 1 und 2 StVG) auch über Informationen zur Funktionsfähigkeit wesentlicher Fahrzeugfunktionen (vgl. § 1f Abs. 3 Nr. 1, 3 und 6 StVG), die der Aufklärung von Unfallereignisses zuträglich wären. Zusammengefasst hat der Hersteller also im Vergleich zum Halter überlegenes Wissen,[666] weshalb es ihm zugemutet werden kann den Beweis zu erbringen, dass ihn kein Verschulden an einem Unfall eines autonomen Kraftfahrzeugs trifft.

V. Exkurs: Die deliktische Haftung des Mobilfunk-Netzbetreibers

In der aktuellen Zeit wird Daten ein besonderer Wert zugeschrieben. Sie sind daher nicht selten Thema verschiedentlicher juristischer Überlegungen, für den Fall, dass sie z. B. verlorengehen, ausspioniert, zerstört oder verkauft werden. Nicht weniger wichtig ist aber auch die für die mobile Datenspeicherung und -übertragung notwendige Basis, die Rede ist von den Mobilfunknetzen. Die Mobilfunknetze sind die Grundlage der mobilen Kommunikation. So sind neben Mobiltelefonen und dem Internet an sich auch autonome Kraftfahrzeuge auf die Nutzung des Mobilfunknetzes angewiesen.[667] Ohne das Mobilfunknetz würden diese Geräte nicht mehr ihrem Zweck entsprechend genutzt werden können. Von nicht geringer Bedeutung ist daher auch die Untersuchung eines möglichen deliktischen Anspruchs des Eigentümers eines autonomen Kraftfahrzeugs gegen Mobilfunk-Netzbetreiber[668].

Denkbar erscheint insoweit ein Anspruch aus § 823 Abs. 1 BGB wegen Verletzung des Eigentums am autonomen Kraftfahrzeug, wenn das für die autonome Fahrt notwendige Mobilfunknetz und damit auch der für die Ausführung der Fahraufgaben benötigte Datenstrom unterbrochen wird und aufgrund dessen das autonome Kraftfahrzeug, noch vor Erreichen

---

665 Siehe S. 159 ff. und Fußnote 648.

666 *Zech*, in: 73. DJT, Band I, S. A 59.

667 *Schuler*, RAW 2023, 111.

668 In Deutschland: Telekom, Vodafone oder Telefónica.

des risikominimalen Zustands im Sinne des § 1e Abs. 2 Nr. 10 StVG, in einen Verkehrsunfall verwickelt wird.[669] Gleichzeitig könnten hierbei auch Verletzungen der Rechtsgüter Leben, Körper oder Gesundheit in Frage kommen.

Zur Beantwortung dieser Frage, kann eine Parallele zu einem vom BGH entschiedenen Fall aus dem Jahre 1964 gezogen werden, worin der BGH klargestellt hat, dass mittelbare Schädigungen durch eine Unterbrechung der Stromversorgung einen Anspruch des angeschlossenen Abnehmers aus § 823 Abs. 1 BGB begründen.[670] Diese rechtliche Einschätzung wurde in einem weiteren Fall vor dem OLG München im Jahre 2021 bestätigt.[671] Der Sachverhalt vor dem BGH stellte sich wie folgt dar: Im Zuge der Verbreiterung einer Straße ist ein Baum gefällt worden, der auf eine elektrische Freileitung eines Stromnetzbetreibers gefallen ist, woraufhin der Strom im Geflügelzuchtbetrieb des Klägers ausgefallen ist. In Folge des Stromausfalls sind die auf die Stromzufuhr angewiesenen Brutapparate, in denen Eier belegen waren, ausgefallen, wodurch 3600 Eier zerstört worden sind. Der Kläger machte daher einen Schadensersatzanspruch gegen denjenigen geltend, der den Baum gefällt hat und begehrte Ersatz für die zerstörten Eier. Zwar hat der BGH klargestellt, dass es in der Regel keinen Ersatz nach § 823 Abs. 1 BGB für mittelbare Schäden gäbe, die lediglich Auswirkung eines unmittelbaren Schadens eines anderen (hier des Stromnetzbetreibers) sind. Jedoch gäbe es hiervon dann Ausnahmen, wenn die mittelbar geschädigte Sache zur Erhaltung ihrer Substanz einer ständigen Zufuhr der abgeschnittenen Sache bedarf und die Allgemeinheit von dieser anderen Sache abhängig ist, ihr mithin eine hohe Bedeutung in der Gesellschaft zukommt:

> „Bedarf eine Sache zur Erhaltung ihrer Substanz der ständigen Zufuhr von Wasser, Strom oder dgl., so bewirkt (im Rechtssinne) auch derjenige ihre Zerstörung, der sie durch Abschneiden dieser Zufuhr vernichtet. Wer die Bewässerungsanlagen einer Gartenkultur, die Heizung eines Treibhauses schuldhaft außer Betrieb setzt, haftet deshalb für den an den Pflanzen entstehenden Schaden, gleichviel in wessen Eigentum sie stehen. Nicht anders ist es bei der Unterbrechung der Stromzufuhr, wenn auf deren Stetigkeit angewiesene Sachen dadurch untergehen. Hierzu gehören

669 Im Ergebnis zustimmend *Lutz/Tang/Lienkamp*, NZV 2013, 57, 61.
670 BGH, Urteil vom 04.02.1964, Az.: VI ZR 25/63 (NJW 1964, 720).
671 OLG München, Urteil vom 18.11.2021, Az.: 24 U 2051/21 (BeckRS 2021, 54565).

> vor allem Erzeugnisse, die einer elektrisch konstant gehaltenen Temperatur (Wärme oder Kühlung) bedürfen, um nicht zu verderben. Wird dieser Verderb durch eine schuldhafte Durchtrennung der Stromkabel herbeigeführt und sinkt oder entfällt dadurch der Verkaufswert der Produkte, so ist dieser Vermögensverlust lediglich ein aus der Eigentumsverletzung hervorgehender Folgeschaden, der im Rahmen von § 823 Abs. 1 BGB zu ersetzen ist. […] Es geht auch nicht über den Schutzzweck von § 823 Abs. 1 BGB hinaus, dem Zweitbeklagten die Haftung für einen Schaden der eingetretenen Art aufzuerlegen. Das durch die Schadensersatzpflicht ausgedrückte Gebot, fremdes Eigentum nicht zu beschädigen, bezweckt bei Einrichtungen von weittragender Bedeutung nicht nur den Schutz ihrer Substanz, sondern auch ihrer Funktion. Dass Dämme, Signalanlagen, Versorgungsleitungen nicht zerstört werden dürfen, hat nicht nur den Sinn, ihren Eigentümern den Aufwand der Wiederherstellung zu ersparen. Das Verbot der Beschädigung will vielmehr auch und gerade Schutz vor dem Eintritt der typischen Folgen bieten. Aus der ständig steigenden und immer empfindlicher werdenden Abhängigkeit der Allgemeinheit von der Energieversorgung erwächst für jedermann die Pflicht, die Freileitungen und Kabel nicht nur als Gegenstände, sondern ganz besonders im Hinblick auf ihre Bedeutung in acht zu nehmen."[672]

Diese Grundsätze lassen sich auf die Beschädigung oder Zerstörung autonomer Kraftfahrzeuge sowie auf Schäden Dritter durch autonome Kraftfahrzeuge, aufgrund einer Unterbrechung des für die Bewältigung der Fahraufgaben notwendigen Datenstroms, übertragen. Seit dem Jahre 1992 stieg die Anzahl an Mobilfunkanschlüssen um fast 18.000 % an (von 950.000 auf 169 Mio.).[673] Im Vergleich dazu ist die Einwohnerzahl in der Bundesrepublik im selben Zeitraum aber fast konstant geblieben.[674] Dieses enorme Wachstum in der Nutzung ist in den letzten Jahren auf das beständige Wachstum der *Maschine-zu-Maschine-Kommunikation*[675] und des *IoT*[676] zurückzuführen.[677] Flankiert werden diese Zahlen zudem von Prognosen der EU-Kommission, die davon ausgeht, dass das weltweite Datenvolumen bis zum Jahre 2025 im Vergleich zum Jahre 2018 um 530 % steigen wird.[678] Es kann auf Basis dieser Statistiken

---

[672] BGH, Urteil vom 04.02.1964, Az.: VI ZR 25/63 (NJW 1964, 720, 722).
[673] Statista, Anzahl der Mobilfunkanschlüsse in Deutschland von 1992 bis 2023.
[674] Statista, Bevölkerung – Einwohnerzahl von Deutschland von 1990 bis 2023.
[675] Siehe zu Maschine-zu-Maschine-Kommunikation S. 22.
[676] Siehe zu IoT S. 128.
[677] Statista, Anzahl der Mobilfunkanschlüsse in Deutschland von 1992 bis 2023.
[678] Europäische Kommission, Europäische Datenstrategie; *Schoch*, The Future of Automotive Law, RAW 2024, 89.

daher zurecht angenommen werden, dass die Bedeutung des mobilen Netzes für die Allgemeinheit ein ebenso hohes Niveau erreicht hat wie Elektrizität selbst und eine diesbezügliche Abhängigkeit entstanden ist.[679] Nicht nur für die aktuell auf dem Markt existenten smarten Maschinen, sondern auch für das automatisierte und autonome Fahren wird das Mobilfunknetz ebenfalls von besonders hoher Bedeutung sein, denn das Fahrzeug ist auf die Übertragung von Echtzeitdaten angewiesen,[680] um die Fahraufgaben bewältigen zu können, also für ihren bestimmungsgemäßen Zweck genutzt werden zu können.[681]

Wenn also das Mobilfunknetz während des Betriebs eines automatisierten oder autonomen Kraftfahrzeugs unterbrochen werden sollte und es in der Folge zu einer Rechtsgutsverletzung kommt, dann kommt eine Haftung desjenigen in Betracht, der für die Unterbrechung des Mobilfunknetzes verantwortlich ist.[682] So kann beispielsweise auch der Mobilfunk-Netzbetreiber

[679] Zustimmend Bundesnetzagentur, die mobile Kommunikation als integralen Bestandteil der Gesellschaft ansieht, BNetzA, Elektromagnetische Felder (EMF); *Gladbach*, RAW 2023, 1, bezeichnet das Internet heutzutage als Selbstverständnis; vgl. auch *Jourdan/Matschi*, NZV 2015, 26, 29, wonach viele sicherheitsrelevante Funktionen erst durch Schnittstellen und Datenaustausch zwischen Teilsystemen möglich werden.

[680] Brian Krzanich, der ehemalige CEO von Intel, bezeichnete Daten als die „wahrhaft neue Währung in der Automobilwelt“ und schätzte, dass ein autonomes Kfz 4.000 Gigabyte (4 Terabyte) an Daten pro Tag benötigen wird, *Krzanich*, Data is the New Oil in the Future of Automated Driving; vgl. auch den CEO von Toyota, Koji Sato, der die Übertragung von großen Datenmengen als entscheidend für das autonome Fahren bezeichnet, *McCann*, Why Toyota See NTT Solutions as Key to Making Cars Safer; Nationaler IT-Gipfel, 5G – Schlüsseltechnologie für die vernetzte Gesellschaft, S. 9.

[681] Nicht nur autonome Kraftfahrzeuge, sondern auch Verkehrsflugzeuge sind für einen schadenfreien Betrieb auf zuverlässige und intakte Kommunikationskanäle angewiesen. So ist zu beobachten, dass Ausfälle von Kommunikationsmedien schwerwiegende Folgen haben und ganze Flughäfen, teilweise auch flächendeckend im ganzen Land, lahmlegen können (siehe Ausfall des drittgrößten Flughafens Europas (*Eder*, Flughafen Amsterdam-Schiphol vorübergehend lahmgelegt) und die Meidung eines Anflugs des indischen Subkontinents zur Jahrtausendwende (vgl. *Lossau*, Flugzeuge machen einen Bogen um Indien), jeweils wegen technischer Probleme mit den Hauptkommunikationssystemen zwischen Flugzeugen und Flugsicherung aufgrund infrastrukturellen Ausfalls.

[682] Ebenfalls für eine grundsätzliche Haftung der Mobilfunk-Netzbetreiber *Hilgendorf*, JZ 9/2021, 444, 452.

selbst einer Haftung unterfallen, wenn dessen Mobilfunknetz den Datenstrom zum Kraftfahrzeug unterbricht – beispielsweise durch Verbindungsausfälle oder die Vornahme von Wartungsarbeiten an dessen Mobilfunk-Stationen – ohne dass es in der Zwischenzeit eine Alternative zur Überbrückung für die verminderte Datenübertragungsleistung oder gar der Netzabdeckung im entsprechenden Gebiet gibt und das Kraftfahrzeug deshalb in einen Verkehrsunfall verwickelt wird.

Resümee

Das autonom fahrende Kraftfahrzeug ist eine technologisch bahnbrechende Erscheinung, die großes Potenzial hat sowohl das wirtschaftliche als auch das private Leben in erheblicher Weise positiv zu beeinflussen. Nicht weniger erheblich sind aufgrund der derzeitigen Gesetzeslage aber auch die rechtlichen Hürden die es bis zu ihrem Erscheinen auf den hiesigen Straßen noch zu lösen gilt.

Eine Haftung gem. § 7 Abs. 1 StVG zulasten der Halter autonomer Kraftfahrzeuge ist abzulehnen. Zwar hat das Verständnis über diese verschuldensunabhängige Gefährdungshaftung durch richterliche Rechtsfortbildung im Laufe der Zeit Veränderungen erfahren, nichtsdestotrotz verweist der BGH in seinen Urteilen – selbst nach 125 Jahren – noch immer darauf, dass es bei der Beurteilung eines Falles im Lichte des § 7 Abs. 1 StVG auf den Sinn und Zweck des Erlasses der Norm ankommt. Die tiefgehende Auseinandersetzung mit dem Sinn und Zweck des Erlasses der Norm haben aber gezeigt, dass es nicht mehr tragbar erscheint den Halter weiterhin der Gefährdungshaftung des § 7 Abs. 1 StVG zu unterwerfen, wenn er Halter eines autonomen Kraftfahrzeugs ist. Denn das autonome Kraftfahrzeug wird keinen Insassen mehr haben, der das Fahrzeug in schadenverursachender Weise selbst führen können wird. Vielmehr wird der Mensch in einem autonomen Kraftfahrzeug als Fahrzeugführer und somit als Hauptgefahrenquelle des Kraftfahrzeugverkehrs entfallen. Jedoch handelt es sich bei jener Hauptgefahrenquelle um eben diejenige Gefahr, um derentwillen der § 7 Abs. 1 StVG seinerzeit tatsächlich erlassen worden ist. Die scharfe Halterhaftung sollte vor menschlichem Versagen und nicht vor dem Kraftfahrzeug selbst als Gefahrenquelle schützen. Mit dem

Wegfall dieser Gefahr wird daher auch die Grundlage für die Halterhaftung entfallen müssen.

Darüber hinaus haben auch Vergleiche mit der Tierhalterhaftung gem. § 833 BGB und den besonderen Gefahren des Schienen- und Luftverkehrs sowie eine Auseinandersetzung mit den Zielen des Haftungsrechts ergeben, dass eine verschuldensunabhängige Gefährdungshaftung gem. § 7 Abs. 1 StVG bei autonomen Kraftfahrzeugen nicht mehr sachgemäß wäre. Vielmehr sollte § 833 Satz 2 BGB de lege ferenda als Vorbild für die Schaffung eines verschuldensabhängigen Haftungstatbestandes für autonome Kraftfahrzeuge in einem neuen zweiten Satz in § 7 Abs. 1 StVG genommen werden. Denn autonome Kraftfahrzeuge können – genauso wie Nutztiere im Vergleich zu anderen Tieren – in hohem Maße gesellschaftlichen Zwecken dienen, was eine abweichende Haftungsregelung nahelegt. So rechtfertigen eine Erhöhung der Flexibilität und Mobilität der Bevölkerung, die deutliche Erhöhung der Straßenverkehrssicherheit, die Möglichkeit der Steigerung des Umweltschutzes sowie das Potential von Kostenersparnissen für den Fiskus und die Allgemeinheit eine unterschiedliche Wertung mit Blick auf die Haftungsbegründung im Sinne des § 7 Abs. 1 StVG. Auch mit Blick auf die Ziele des Haftungsrechts war festzustellen, dass von autonomen Kraftfahrzeugen keine *besondere Gefahr* ausgeht, die eine Gefährdungshaftung rechtfertigen würde. So ist insbesondere die Befürchtung *einer besonderen* Gefahr aufgrund eines neuen, von einem autonomen Kraftfahrzeug ausgehenden, *Autonomierisikos* abzulehnen, da die Autonomie des Kraftfahrzeugs einerseits die Eintrittswahrscheinlichkeit von Schädigungen nicht erhöhen, sondern vielmehr reduzieren wird und es sich andererseits nicht um ein neues eigenständiges Risiko handelt, sondern als schlichter Produktfehler zu begreifen ist, für das der Hersteller bereits de lege lata voll haftbar gemacht werden kann. Auch war eine besondere Gefahr aus europäisch-legislativer Perspektive abzulehnen. Zwar wurde in der KI-VO der neue Begriff des *Hochrisiko-KI-Systems* eingeführt, jedoch ließ der Verordnungsgeber eine Begründung dafür vermissen, weshalb er bestimmte KI-Systeme als hochriskant einstuft und andere nicht, sodass die bloß pauschale Behauptung, dass bestimmte KI-Systeme hochriskant seien, nicht überzeugen konnte. Demgegenüber konnte mit Blick auf ein neu zu erblickendes *Vernetzungsrisiko* eine besondere Gefahr autonomer Kraftfahrzeuge nicht ohne weiteres verneint werden. Allerdings würde ein solches Vernetzungsrisiko nicht von selbst entstehen, sondern nur dann, wenn der Gesetzgeber untätig bliebe, weshalb präventiv ein rechtlicher Rahmen geschaffen werden muss, der eine unkoordinierte und fehleranfällige Vernetzung zwischen einer Vielzahl von Akteuren im Straßenverkehr von Beginn an reguliert. Durch eine solche notwendige Regulierung würde auch mit Blick auf ein Vernetzungsrisiko eine, die Gefährdungshaftung argumentativ unterstützende, *besondere Gefahr* abzulehnen sein. Schließlich ist auch unter Berücksichtigung der Ziele des Haftungsrechts – Fairness, Gerechtigkeit, Schadensprävention und Risikoverteilung – eine Gefährdungshaftung für autonome Kraftfahrzeuge abzulehnen. Hierbei ist zu berücksichtigen, dass der Hersteller autonomer Kraftfahrzeuge sowohl dem Fahrzeugführer als auch dem Fahrzeughalter die risikosteigernde Kontrolle über das Fahrverhalten des Kraftfahrzeugs entzieht, sodass es sachgerechter ist, den Hersteller für etwaige Verkehrsunfälle haften zu lassen, welcher anstelle des Fahrzeugführers oder des -halters die Fahrzeugführung durch die Software beeinflussen kann. Abschließend war auch festzustellen, dass das Ausmaß von Schadensereignissen durch autonome Kraftfahrzeuge nicht mit dem Ausmaß von Schadensereignissen im Schienen- oder Luftverkehr oder der Gen- oder Atomtechnik vergleichbar ist, sodass es auch vor diesem Hintergrund abzulehnen ist, autonome Kraftfahrzeuge einer Gefährdungshaftung zu unterwerfen.

Allerdings wäre es verfehlt den Halter eines autonomen Kraftfahrzeugs von jedweder Haftung auszunehmen, da er Verkehrssicherungspflichten hat, auf die wiederum der Hersteller keinen Einfluss haben wird. Diesbezüglich wird mit Blick auf die Einhaltung von Verkehrssicherungspflichten zwar eine Abweichung von der Gefährdungshaftung des § 7 Abs. 1 StVG zugunsten autonomer Kraftfahrzeuge befürwortet, jedoch gleichzeitig auch die Einführung eines neuen verschuldensabhängigen Tatbestandes als zweiter Satz in § 7 Abs. 1 StVG vorgeschlagen. Daneben würde weiterhin auch eine verschuldensabhängige Haftung nach § 823 Abs. 1 BGB zulasten des Fahrzeughalters in Frage kommen.

Trotz der Tatsache, dass es in autonomen Kraftfahrzeugen keine Menschen als Fahrzeugführer mehr geben wird, die nach § 18 StVG haften würden, so wäre es weiterhin begrüßenswert, wenn der Gesetzgeber eine gesetzliche Fiktion in das StVG einbauen würde, die für autonome Kraftfahrzeuge den Hersteller als Fahrer begreift, um die Rechtsfolgen des § 18 StVG auszulösen. Insoweit kennt das Gesetz bereits eine solche Fiktion zugunsten von Fahrschülern bzw. zulasten von Fahrlehrern. Durch diese Verschiebung der Haftung auf den Fahrzeughersteller würde ein haftungsrechtlich gerechter Ausgleich erreicht werden können, ohne dass es zu Haftungslücken käme.

So stünde die Haftung nach § 18 Abs. 1 StVG neben einer Haftung des Herstellers aus Produkt- und auch der deliktischen Produzentenhaftung. Dies hätte mit Blick auf die Praxis vor allem den Vorteil, dass etwaige Anspruchsteller von einem vermuteten Verschulden des Herstellers profitieren würden, welcher sich anhand seines technologisch überragenden Wissens in Kombination mit den gesicherten Daten des Kraftfahrzeugs wiederum exkulpieren könnte.

Durch eine derartige Haftungsverschiebung würde aufgrund des potentiellen Kostenaufwands und Organisationsbedarfs auch der Hersteller eine entsprechende Haftpflichtversicherung für seine autonomen Modelle abschließen müssen.

Diesem Resümee folgend werden die folgenden Gesetzesänderungen vorgeschlagen:

§ 7 Abs. 1 StVG

Einfügen eines neuen Satz 2:

Wird bei dem Betrieb eines Kraftfahrzeugs ein Mensch getötet, der Körper oder die Gesundheit eines Menschen verletzt oder eine Sache beschädigt, so ist der Halter verpflichtet, dem Verletzten den daraus entstehenden Schaden zu ersetzen.

Die Ersatzpflicht tritt nicht ein, wenn der Schaden durch ein autonomes Kraftfahrzeug verursacht wird und entweder der Halter bei der Instandhaltung des Kraftfahrzeugs und der autonomen Systeme, sowie der Einhaltung aller nicht an die Fahrzeugführung gerichteten Verkehrsvorschriften, einschließlich der Aufgabenerfüllung durch die Technische Aufsicht, die im Verkehr erforderliche Sorgfalt beobachtet oder der Schaden auch bei Anwendung dieser Sorgfalt entstanden sein würde.

§ 18 Abs. 1 StVG

Einfügen eines neuen Satz 2 und Verschiebung des ursprünglichen Satzes 2 zu Satz 3:

In den Fällen des § 7 Abs. 1 ist auch der Führer des Kraftfahrzeugs zum Ersatz des Schadens nach den Vorschriften der §§ 8 bis 15 verpflichtet.

Bei autonomen Kraftfahrzeugen gilt im Sinne dieses Gesetzes der Hersteller als Führer des Kraftfahrzeugs.

Die Ersatzpflicht ist ausgeschlossen, wenn der Schaden nicht durch ein Verschulden des Führers verursacht ist.

§ 1 PflVG

Einfügen eines neuen Satz 3:

Der Halter eines Kraftfahrzeugs oder Anhängers mit regelmäßigem Standort im Inland ist verpflichtet, für sich, den Eigentümer und den Fahrer eine Haftpflichtversicherung zur Deckung der durch den Gebrauch des Fahrzeugs verursachten Personenschäden, Sachschäden und sonstigen Vermögensschäden nach den folgenden Vorschriften abzuschließen und aufrechtzuerhalten, wenn das Fahrzeug auf öffentlichen Wegen oder Plätzen (§ 1 des Straßenverkehrsgesetzes) verwendet wird.

Der Halter eines Kraftfahrzeugs mit autonomer Fahrfunktion im Sinne des § 1d des Straßenverkehrsgesetzes ist verpflichtet, eine Haftpflichtversicherung gemäß Satz 1 auch für eine Person der Technischen Aufsicht abzuschließen und aufrechtzuerhalten.

Der Hersteller von Kraftfahrzeugen ist verpflichtet, eine Haftpflichtversicherung gemäß Satz 1 für die von ihm hergestellten autonom fahrenden Kraftfahrzeuge abzuschließen und aufrechtzuerhalten.

Mit diesem Vorschlag zur Ergänzung der §§ 7 und 18 StVG wird ein Paradigmenwechsel von einer verschuldensunabhängigen Halterhaftung, hin zu einer primären Haftung des Herstellers für vermutetes Verschulden vorgeschlagen. Hierdurch werden die sich verändernden Umstände in Kraftfahrzeugen und im Straßenverkehr in gebotener Weise berücksichtigt, sodass keine haftungsrechtlichen Ergebnisse gefördert werden, die nicht mehr mit den Zielen des Haftungsrechts oder mit dem Willen des Gesetzgebers im Einklang stünden.

Zusätzlich würde der Hersteller neben einer Haftung aus § 18 Abs. 1 StVG auch aus ProdHaftG und § 823 Abs. 1 BGB haften können. Hinsichtlich der Produkthaftung war festzustellen, dass die Gesetzgebung begrüßenswerter Weise dahingeht, dass der Hersteller künftig ausdrücklich auch für Software sowie digitale Dienstleistungen haften soll. Mit Blick auf das autonome Fahren wird der Hersteller der im Fahrzeug verbauten steuernden Software als Mindestmaß den Grad der menschlichen Sorgfalt einerseits und die technischen Mindeststandards des StVG und der AFGBV andererseits zu erfüllen sowie einen lückenlosen Schutz gegen jeden Fremdzugriff durch Dritte auf die Software (Hackerangriff), jedenfalls auf die Antriebs- und Lenkungssysteme, zu gewährleisten haben.

Abschließend war festzustellen, dass künftig auch die Mobilfunk-Netzbetreiber eine wesentliche Rolle im Haftungsgefüge autonomer Kraftfahrzeuge spielen könnten. Die von Ihnen zur Verfügung gestellte Mobilfunkinfrastruktur stellt die Basis für die notwendige Kommunikation von autonomen Kraftfahrzeugen dar, sodass ihr besonders hohe Bedeutung zukommt. Die Bedeutung des Mobilfunks für die Allgemeinheit ist in der heutigen Zeit mit der Bedeutung von Elektrizität selbst gleichzustellen, weshalb eine schadensbegründende Unterbrechung des Datenstroms in einem autonomen Kraftfahrzeug zu Schadensersatzverpflichtungen des Mobilfunk-Netzbetreibers gem. § 823 Abs. 1 BGB führen kann.

Literaturverzeichnis

Beiträge in Zeitschriften

André, Tobias / Lutz-Bachmann, Sebastian, EU-Typengenehmigungsrecht und deliktische Direkthaftung von Fahrzeugherstellern – Anmerkung zum Urteil des EuGH vom 21. März 2023 in der Rs. C-100/21, Recht Automobil Wirtschaft (RAW) 2023, S. 164–171.

Arloth, Frank, Autonomes Fahren, Recht Automobil Wirtschaft (RAW) 2023, S. 2–3.

Armbrüster, Christian, Automatisiertes Fahren – Paradigmenwechsel im Straßenverkehrsrecht, Zeitschrift für Rechtspolitik (ZRP) 2017, S. 83–86.

Ayad, Patrick / Lach, Sebastian, Autonomes Fahren – Herausforderung jetzt und demnächst, Recht Automobil Wirtschaft (RAW) 2020, S. 1.

Bayreuth, Armin Hans, Automotive Software 2.0: Risiken und Haftungsfragen, Gesellschafts- und Wirtschaftsrecht (GWR) 2016, S. 393–396.

Borges, Georg, Haftung für selbstfahrende Autos: Warum eine Kausalhaftung für selbstfahrende Autos gesetzlich geregelt werden sollte, Computer und Recht (CR) 4/2016, S. 272–280.

Bräutigam, Peter / Klindt, Thomas, Industrie 4.0, das Internet der Dinge und das Recht, Neue Juristische Wochenschrift (NJW) 2015, S. 1137–1142.

Brisch, Klaus / Müller-ter Jung, Marco, Autonomous Driving – Von Data Ownership über Blackbox bis zum Beweisrecht. Plädoyer für eine zentrale Verwertbarkeit der Daten aus dem digitalisierten Auto im Zivilprozess, Computer und Recht (CR) 6/2016, S. 411–416.

Bubinger, Phillip, Die zivilrechtliche Haftung des Herstellers und Händlers für Fahrassistenzsysteme, Recht Automobil Wirtschaft (RAW) 2023, S. 57–63.

Cesarano, Carlos Deniz / Koenig, Christian / Veidt, Anton, Autonomes Fahren als Anwendungsfall der Telekommunikationsregulierung? Recht Automobil Wirtschaft (RAW) 2022, S. 134–142.

Cornelius, Kai, Autonome Softwareagenten im Verbandssanktionenrecht, Zeitschrift für Rechtspolitik (ZRP) 2019, S. 8–12.

Deutsch, Erwin, Das neue System der Gefährdungshaftungen: Gefährdungshaftung, erweiterte Gefährdungshaftung und Kausal-Vermutungshaftung, Neue Juristische Wochenschrift (NJW) 1992, S. 73–77.

Droste, Johannes, Produktbeobachtungspflichten der Automobilhersteller bei Software in Zeiten vernetzten Fahrens, Corporate Compliance Zeitschrift (CCZ) 2015, S. 105–110.

Ehring, Philipp, Produktverantwortung bei Konstruktion und Betrieb automatisierter Fahrzeuge, Monatsschrift für Deutsches Recht (MDR) 2020, S. 1156–1162.

Fleck, Jörg / Thomas, Aline, Automatisierung im Straßenverkehr: Wohin fahren wir?, Neue Juristische Online-Zeitschrift (NJOZ) 2015, S. 1393–1397.

Franke, Rechtsprobleme beim automatisierten Fahren – ein Überblick, Deutsches Autorecht (DAR) 2016, S. 61–66.

Freise, Rainer, Rechtsfragen des automatisierten Fahrens, Versicherungsrecht (VersR) 2019, S. 65–79.

Gatzke, Sophie, Zulässigkeitsvoraussetzungen für den Betrieb autonomer Kraftfahrzeuge – Bringt das Gesetz zum autonomen Fahren Rechtssicherheit?, Neue Zeitschrift für Verkehrsrecht (NZV) 2022, S. 62–68.

Gladbach, Peter, Paradigmenwechsel für den Automobilsektor und dessen Rechtsrahmen, Recht Automobil Wirtschaft (RAW) 2023, S. 1.

Gomille, Christian, Herstellerhaftung für automatisierte Fahrzeuge, JuristenZeitung (JZ) 2/2016, S. 76–82.

Greger, Reinhard, Haftungsfragen beim automatisierten Fahren – Zum Arbeitskreis II des Verkehrsgerichtstags 2018, Neue Zeitschrift für Verkehrsrecht (NZV) 2018, S. 1–5.

Grützmacher, Malte, Die deliktische Haftung für autonome Systeme – Industrie 4.0 als Herausforderung für das bestehende Recht? – Ein Plädoyer für die Nutzung von Beweislastregeln und wider den vorschnellen Ruf nach Einführung einer Gefährdungshaftung, Computer und Recht (CR) 10/2016, S. 695–698.

Habersack, Mathias / Zickgraf, Peter, Deliktsrechtliche Verkehrs- und Organisationspflichten im Konzern, Zeitschrift für das gesamte Handelsrecht und Wirtschaftsrecht (ZHR) 2018, Band 182, S. 252–295.

Haupt, Tino, Die Verordnung zum Gesetz zum autonomen Fahren, Neue Zeitschrift für Verkehrsrecht (NZV) 2022, S. 166–169.

Heiderhoff, Bettina / Gramsch, Kilian, Klassische Haftungsregimes und autonome Systeme – genügt „functional equivalence" oder bedarf es eigenständiger Maßstäbe? Zeitschrift für Wirtschaftsrecht (ZIP) 40/2020, S. 1937–1943.

Helmig, Ekkehard, Sicherheitserwartungen für automatisierte und autonome Fahrzeuge: Haftung aus Basis. Vs. Zukunftstechnologie, PHi | Haftpflicht International – Recht & Versicherung, Ausgabe 5/2016, S. 188–196.

Hemker, Thomas / Mischkovsky, Olaf, Erforderliche Schutzmaßnahmen für das (vernetzte) Auto – Kurze Übersicht der Angriffsmethoden und Sicherheitstechnologien für moderne Fahrzeuge, Datenschutz und Datensicherheit (DuD) 2017, S. 233–238.

Hensen, Simone, Verkehrssicherungspflichten im Straßenverkehr, Neue Juristische Wochenschrift Spezial (NJW-Spezial) 2017, S. 457–458.

Hilgendorf, Eric, Straßenverkehrsrecht der Zukunft – Der Entwurf eines Gesetzes zum autonomen Fahren vom 12.2.2021, JuristenZeitung (JZ) 9/2021, S. 444–454.

Horner, Susanne / Kaulartz, Markus, Haftung 4.0 – Verschiebung des Sorgfaltsmaßstabs bei Herstellung und Nutzung autonomer Systeme, Computer und Recht (CR) 01/2016, S. 7–14.

Jänich, Volker / Schrader, Paul T. / Reck, Viviane, Rechtsprobleme des autonomen Fahrens, Neue Zeitschrift für Verkehrsrecht (NZV) 2015, S. 313–317.

Jourdan, Frank / Matschi, Helmut, Automatisiertes Fahren – Wie weit kann die Technik den Fahrer ersetzen? Entwickler oder Gesetzgeber, wer gibt die Richtung vor? Neue Zeitschrift für Verkehrsrecht (NZV) 2015, S. 26–29.

Kahl, Thomas / Kling, Sophia-Marie, Connected Vehicles Services und der Digital Services Act, Recht Automobil Wirtschaft (RAW) 2023, S. 104–110.

Kapoor, Arun / Sedlmaier, Felix, Verschärfung der Produkthaftung in Europa – eine Zäsur für die Automobilindustrie? Recht Automobil Wirtschaft (RAW) 2023, S. 8–15.

Koch, Robert, Verteilung des Haftpflichtversicherungs-/Regressrisikos bei Kfz-Unfällen während der Fahrzeugführung im Autopilot-Modus gem. § 1a Abs. 2 StVG, Versicherungsrecht (VersR) 2018, S. 901–910.

Kötz, Hein, Haftung für besondere Gefahr – Generalklausel für die Gefährdungshaftung, Archiv für die civilistische Praxis (AcP) 1970, Band 170, S. 1–41.

Kütük-Markendorf, Merih Erdem / Essers, David, Zivilrechtliche Haftung des Herstellers beim autonomen Fahren – Haftungsfragen bei einem durch ein autonomes System verursachten Verkehrsunfall, Multimedia und Recht – Zeitschrift für IT-Recht und Recht der Digitalisierung (MMR) 2016, S. 22–26.

Lange, Ulrich, Automatisiertes und autonomes Fahren – eine verkehrs-, wirtschafts- und rechtspolitische Einordnung, Neue Zeitschrift für Verkehrsrecht (NZV) 2017, S. 345–352.

Lohmann, Melinda F., Roboter als Wundertüten – eine zivilrechtliche Haftungsanalyse, Aktuelle Juristische Praxis / Pratique Juridique Actuelle (AJP/PJA) 2/2017, S. 152–162.

Lutz, Lennart, Autonome Fahrzeuge als rechtliche Herausforderung, Neue Juristische Wochenschrift (NJW) 2015, S. 119–124.

Lutz, Lennart / Tang, Tito / Lienkamp, Markus, Die rechtliche Situation von teleoperierten und autonomen Fahrzeugen, Neue Zeitschrift für Verkehrsrecht (NZV) 2013, S. 57–63.

Meents, Jan Geert / Obradovic, Julia, Pflicht zur Durchführung und Duldung von Over-the-Air-Updates, Zeitschrift für Product Compliance (ZfPC) 2022, S. 13–18.

Meyer, Stephan, Künstliche Intelligenz und die Rolle des Rechts für Innovation – Rechtliche Rationalitätsanforderungen an zukünftige Regulierung, Zeitschrift für Rechtspolitik (ZRP) 2018, S. 233–238.

Müller, Hildegard, Die Mobilität der Zukunft zum Erfolgsprojekt machen, Recht Automobil Wirtschaft (RAW) 2024, S. 1.

Orthwein, Matthias / Obst, Jean-Stephan, Embedded Systems – Updatepflichten für Hersteller hardwarenaher Software, Computer und Recht (CR) 01/2009, S. 1–4.

Pehm, Julian, Systeme der Unfallhaftung beim automatisierten Verkehr – Eine rechtsvergleichende Analyse der Haftungsrisiken, Zeitschrift für Internationales Wirtschaftsrecht (IWRZ) 2018, S. 259–265.

Pieroth, Lukas / Schmitz-Justen, Thomas, Die Ausweitung des Betriebsbegriffs nach § 7 I StVG in der Rechtsprechung, Neue Zeitschrift für Verkehrsrecht (NZV) 2020, S. 293–298.

Rebler, Adolf / Scheidler, Alfred, Schienenverkehr – Haftung von Betriebsunternehmer und Beförderer, Monatsschrift für Deutsches Recht (MDR) 2010, S. 300–304.

Reichwald, Julian / Pfisterer, Dennis, Autonomie und Intelligenz im Internet der Dinge – Möglichkeiten und Grenzen autonomer Handlungen, Computer und Recht (CR) 03/2016, S. 208–212.

Riehm, Thomas, 25 Jahre Produkthaftungsrichtlinie – Ein Lehrstück zur Vollharmonisierung –, Europäische Zeitschrift für Wirtschaftsrecht (EuZW) 2010, S. 567–571.

Roth-Stielow, Klaus, Ausweitung der Betriebshaftung durch Richterrecht?, Deutsches Autorecht (DAR) 1958, S. 123–124.

Sandherr, Urban, Strafrechtliche Fragen des automatisierten Fahrens – Zum Arbeitskreis II des 57. Deutschen Verkehrsgerichtstags, Neue Zeitschrift für Verkehrsrecht (NZV) 2019, S. 1–4.

Schaub, Renate, Interaktion von Mensch und Maschine – Haftungs- und immaterialgüterrechtliche Fragen bei eigenständiger Weiterentwicklung autonomer Systeme, JuristenZeitung (JZ) 2017, S. 342–349.

Schirmer, Jan-Erik, Robotik und Verkehr: Was bleibt von der Halterhaftung?, Rechtswissenschaft – Zeitschrift für rechtswissenschaftliche Forschung (RW) 4/2018, S. 453–476.

Schmid, Alexander, Die Verkehrssicherungspflichten des Herstellers als dogmatische Grundlage einer zukunftsfähigeren Produktbeobachtung, Computer und Recht (CR) 2019, S. 141–147.

Schoch, Nicholas P., The Future of Automotive Law, Recht Automobil Wirtschaft (RAW) 2024, S. 89.

Schrader, Paul T., Haftung für fehlerhaft zugelieferte Dienste in Fahrzeugen, Neue Zeitschrift für Verkehrsrecht (NZV) 2018, S. 489–496.

Schrader, Paul T., Haftungsfragen für Schäden beim Einsatz automatisierter Fahrzeuge im Straßenverkehr, Deutsches Autorecht (DAR) 2016, S. 242–246.

Schrader, Paul T., Haftungsrechtlicher Begriff des Fahrzeugführers bei zunehmender Automatisierung von Kraftfahrzeugen, Neue Juristische Wochenschrift (NJW) 2015, S. 3537–3542.

Schrader, Paul T., Wohin steuert das autonome Fahrzeug – vorübergehend?, Zeitschrift für Rechtspolitik (ZRP) 2021, S. 109–112.

Schuler, Andreas, Vernetzte Fahrzeuge und Telekommunikationsdienste – eine kritische Würdigung der Einschätzung der Bundesnetzagentur, Recht Automobil Wirtschaft (RAW) 2023, S. 111–116.

Schulz, Thomas, Sicherheit im Straßenverkehr und autonomes Fahren, Neue Zeitschrift für Verkehrsrecht (NZV) 2017, S. 548–553.

Sedlmaier, Felix / Krzic Bogataj, Andreja, Die Haftung beim (teil-) autonomen Fahren, Neue Juristische Wochenschrift (NJW) 2022, S. 2953–2957.

Seufert, Julia, Wer fährt – Mensch oder Maschine?, Neue Zeitschrift für Verkehrsrecht (NZV) 2022, S. 319–329.

Singler, Philipp, Haftungsprobleme bei autonomen Fahrzeugen, Freiburg Law Students Journal (Freilaw) 1/2017, S. 14–20.

Sosnitza, Olaf, Das Internet der Dinge – Herausforderung oder gewohntes Terrain für das Zivilrecht?, Computer und Recht (CR) 11/2016, S. 764–772.

Spiecker gen. Döhmann, Indra, Zur Zukunft systemischer Digitalisierung – Erste Gedanken zur Haftungs- und Verantwortungszuschreibung bei informationstechnischen Systemen – Warum für die systemische Haftung ein neues Modell erforderlich ist, Computer und Recht (CR) 10/2016, S. 698–704.

Spindler, Gerald, IT-Sicherheit und Produkthaftung – Sicherheitslücken, Pflichten der Hersteller und der Softwarenutzer, Neue Juristische Wochenschrift (NJW) 2004, S. 3145–3150.

Spindler, Gerald, Roboter, Automation, künstliche Intelligenz, selbststeuernde Kfz – Braucht das Recht neue Haftungskategorien? – Eine kritische Analyse möglicher Haftungsgrundlagen für autonome Steuerungen, Computer und Recht (CR) 12/2015, S. 766–776.

Steege, Hans, Haftung für Künstliche Intelligenz im Straßenverkehr, Straßenverkehrsrecht (SVR) 2023, S. 9–15.

Stöber, Michael / Möller, Annelie / Willmer, Dominik, Das Gesetz zum autonomen Fahren und seine Auswirkungen auf die zivilrechtliche Haftung im Straßenverkehr, Neue Zeitschrift für Verkehrsrecht (NZV) 2024, S. 117–124.

Stöber, Michael / Pieronczyk, Marc-Christian / Möller, Annelie, Die Schadensersatzhaftung für automatisierte und autonome Fahrzeuge, Deutsches Autorecht (DAR) 2020, S. 609–614.

Terbille, Michael, Der Schutzbereich der Tierhalterhaftung nach § 833 S. 1 BGB, Zeitschrift für Versicherungsrecht, Haftungs- und Schadensrecht (VersR) 1994, S. 1151–1155.

Teubner, Gunther, Digitale Rechtssubjekte? Zum privatrechtlichen Status autonomer Softwareagenten, in: Archiv für die civilistische Praxis (AcP) 2018, Band 218, S. 155–205.

von Bodungen, Benjamin / Hoffmann, Martin, Autonomes Fahren – Haftungsverschiebung entlang der Supply Chain? (2. Teil), Neue Zeitschrift für Verkehrsrecht (NZV) 2016, S. 503–509.

von Bodungen, Benjamin / Hoffmann, Martin, Hoch- und vollautomatisiertes Fahren *ante portas* – Auswirkungen des 8. StVG – Änderungsgesetzes auf die Herstellerhaftung, Neue Zeitschrift für Verkehrsrecht (NZV) 2018, S. 97–102.

von Bodungen, Benjamin, Zivilrechtliche Haftung beim Einsatz künstlicher Intelligenz im autonomen Straßenverkehr von morgen Geltendes Recht und Reformbestrebungen auf EU-Ebene, Straßenverkehrsrecht (SVR) 2022, S. 1–6.

von Caemmerer, Ernst, Das Verschuldensprinzip in rechtsvergleichender Sicht, Rabels Zeitschrift für ausländisches und internationales Privatrecht (RabelsZ) 42/1978, S. 5–27.

von Haugwitz, Camillo, Deutschland und China wollen Zusammenarbeit beim autonomen Fahren ausweiten, Recht Automobil Wirtschaft (RAW) 2024, S. 177.

Wagner Gerhard, Die Aufgaben des Haftungsrechts – eine Untersuchung am Beispiel der Umwelthaftungsrechts-Reform, JuristenZeitung (JZ) 4/1991, S. 175–183.

Wagner, Gerhard, Haftung für Künstliche Intelligenz – Eine Gesetzesinitiative des Europäischen Parlaments, Zeitschrift für europäisches Privatrecht (ZEuP) 2021, S. 545–572.

Wagner, Gerhard, Produkthaftung für autonome Systeme, Archiv für die civilistische Praxis (AcP) 2017, S. 707–765.

Wagner, Gerhard, Verantwortlichkeit im Zeichen digitaler Technik, Zeitschrift für Versicherungsrecht, Haftungs- und Schadensrecht (VersR) 2020, S. 717–741.

Wallentowitz, Henning, DUAL-MODE – Was ist das?, Internationales Verkehrswesen: Fachzeitschrift für Information und Kommunikation im Verkehr (iV) 1977, S. 260–262.

Wiebe, Gerhard, Produktsicherheitsrechtliche Pflicht zur Bereitstellung sicherheitsrelevanter Software-Updates, Neue Juristische Wochenschrift (NJW) 2019, S. 625–630.

Wieczorek, Andreas, Cyberphysische Systeme – Auch eine zivilprozessuale Herausforderung. Erste Überlegungen zu den zivilprozessualen Folgen autonomer Lebenserleichterungen wie „Smart Car“, „Smart Factory“ oder „Smart Home“, Computer und Recht (CR) 09/2017, S. 620–624.

Yuan, Tianyu, Lernende Roboter und Fahrlässigkeitsdelikt, Rechtswissenschaft – Zeitschrift für rechtswissenschaftliche Forschung (RW) 4/2018, S. 477–504.

Zech, Herbert, Künstliche Intelligenz und Haftungsfragen, Zeitschrift für die gesamte Privatrechtswissenschaft (ZfPW) 2019, S. 198–219.

Zech, Herbert, „There's no such thing as a free lunch" - Die Zuweisung von Chancen und Risiken im Life Sciences-Recht, Basler Juristische Mitteilungen (BJM) 1/2014, S. 1–15.

Kommentare

Burmann, Michael / Heß, Reiner / Hühnermann, Katrin / Jahnke, Jürgen (Hrsg.), Straßenverkehrsrecht Kommentar, 28. Auflage, München 2024 (zitiert: *Bearbeiter*, in: Burmann/Heß/Hühnermann/Jahnke).

Borges, Georg / Hilber, Marc (Hrsg.), BeckOK IT-Recht, 15. Edition, München 2024, zitiert: *Bearbeiter*, in: BeckOK IT-Recht.

Dötsch, Jens / Koehl, Felix / Krenberger, Benjamin / Türpe, Andreas (Hrsg.), BeckOK StVR, 25. Edition, München 2024 (zitiert: *Bearbeiter*, in: BeckOK StVR).

Filthaut, Werner / Piontek, Sascha / Kayser, Alke (Hrsg.), Haftpflichtgesetz, 10. Auflage, München 2019 (zitiert: *Bearbeiter*, in: Filthaut/Piontek/Kayser).

Grüneberg, Christian (Hrsg.), Grüneberg – Bürgerliches Gesetzbuch mit Nebengesetzen, 83. Auflage, München 2024, (zitiert: *Bearbeiter*, in: Grüneberg).

Gsell, Beate / Krüger, Wolfgang / Lorenz, Stephan / Reymann, Christoph / Spickhoff, Andreas (Hrsg.), beck-online.Großkommentar BGB, München 2024 (zitiert: *Bearbeiter*, in: BeckOGK BGB).

Gsell, Beate / Krüger, Wolfgang / Lorenz, Stephan / Reymann, Christoph / Spickhoff, Andreas (Hrsg.), beck-online.Großkommentar HPflG, München 2024 (zitiert: *Bearbeiter*, in: BeckOGK HPflG).

Gsell, Beate / Krüger, Wolfgang / Lorenz, Stephan / Reymann, Christoph / Spickhoff, Andreas (Hrsg.), beck-online.Großkommentar LuftVG, München 2024 (zitiert: *Bearbeiter*, in: BeckOGK LuftVG).

Gsell, Beate / Krüger, Wolfgang / Lorenz, Stephan / Reymann, Christoph / Spickhoff, Andreas (Hrsg.), beck-online.Großkommentar ProdHaftG, München 2024 (zitiert: *Bearbeiter*, in: BeckOGK ProdHaftG).

Gsell, Beate / Krüger, Wolfgang / Lorenz, Stephan / Reymann, Christoph / Spickhoff, Andreas (Hrsg.), beck-online.Großkommentar StVG, München 2022 (zitiert: *Bearbeiter*, in: BeckOGK StVG).

Hau, Wolfgang / Poseck, Roman, BeckOK BGB, 71. Edition, München 2024 (zitiert: *Bearbeiter*, in: BeckOK BGB).

Haus, Klaus-Ludwig / Krumm, Carsten / Quarch, Matthias, Gesamtes Verkehrsrecht, 3. Auflage, Baden-Baden 2022 (zitiert: *Bearbeiter*, in: Haus/Krumm/Quarch).

Hentschel, Peter / König, Peter / Dauer, Peter, Straßenverkehrsrecht, 47. Auflage, München 2023 (zitiert: *Bearbeiter*, in: Hentschel/König/Dauer).

Hoepfel, Friedrich, Das Reichsgesetz über den Verkehr mit Kraftfahrzeugen vom 3. Mai 1909, Nürnberg und Leipzig 1911 (zitiert: *Hoepfel*, in: Das Reichsgesetz über den Verkehr mit Kraftfahrzeugen vom 3. Mai 1909).

Jatzow, Hermann, Motive zu dem Entwurfe eines Bürgerlichen Gesetzbuchs für das Deutsche Reich, Band II, Recht der Schuldverhältnisse, Berlin und Leipzig 1888 (zitiert: *Jatzow*, in: Motive des BGB).

Kirchner, Rudolf, Gesetz über den Verkehr mit Kraftfahrzeugen vom 03.05.1909, Guttentagsche Sammlung Deutscher Reichsgesetze Nr. 92, 3. Auflage, Berlin 1915 (zitiert: *Kirchner*, in: Guttentagsche Sammlung Deutscher Reichsgesetze).

Martini, Mario / Wendehorst, Christiane, KI-VO – Verordnung über künstliche Intelligenz, München 2024 (zitiert: *Bearbeiter*, in: Martini/Wendehorst).

Mugdan, Benno, Die gesamten Materialien zum Bürgerlichen Gesetzbuch für das Deutsche Reich, Band 2, Recht der Schuldverhältnisse, Berlin 1899 (zitiert: *Mugdan*, in: Materialien zum BGB).

Säcker, Franz Jürgen / Rixecker, Roland / Oetker, Hartmut / Limperg, Bettina (Hrsg.), Münchener Kommentar zum Bürgerlichen Gesetzbuch, Band 7: Schuldrecht – Besonderer Teil IV, 9. Auflage, München 2024 (zitiert: *Bearbeiter*, in: MüKo BGB).

Schulze, Reiner, Bürgerliches Gesetzbuch, 12. Auflage, Baden-Baden 2024 (zitiert: *Bearbeiter*, in: HK-BGB).

Staudinger, Julius von, Kommentar zum Bürgerlichen Gesetzbuch mit Einführungsgesetzen und Nebengesetzen, Buch 2 – Recht der Schuldverhältnisse: §§ 823 E-I, 824, 825, Berlin 2021 (zitiert: *Bearbeiter*, in: Staudinger BGB).

Staudinger, Julius von, Kommentar zum Bürgerlichen Gesetzbuch mit Einführungsgesetzen und Nebengesetzen, Buch 2 – Recht der Schuldverhältnisse: §§ 826–829, ProdHaftG, Berlin 2021 (zitiert: *Bearbeiter*, in: Staudinger ProdHaftG).

Staudinger, Julius von (Hrsg.), Kommentar zum Bürgerlichen Gesetzbuch mit Einführungsgesetzen und Nebengesetzen, Buch 2 – Recht der Schuldverhältnisse: §§ 830 – 838, 17. Auflage, Berlin 2022 (zitiert: *Bearbeiter*, in: Staudinger BGB).

Monografien / Lehrbücher

Adams, Michael, Ökonomische Analyse der Gefährdungs- und Verschuldenshaftung, Heidelberg 1985 (zitiert: *Adams*, in: Ökonomische Analyse der Gefährdungs- und Verschuldenshaftung).

Blaschczok, Andreas, Gefährdungshaftung und Risikozuweisung, Köln 1993 (zitiert: *Blaschczok*, in: Gefährdungshaftung und Risikozuweisung).

Coleman, Jules Leslie, Risks and Wrongs, Oxford 2002 (zitiert: *Coleman*, in: Risks and Wrongs).

Deutsch, Erwin / Ahrens, Hans-Jürgen, Deliktsrecht, 6. Auflage, München 2014 (zitiert: *Deutsch/Ahrens*, in: Deliktsrecht).

Hanisch, Jochen, Cuvillier, J.-P. (Hrsg.), Haftung für Automation, Göttingen 2010 (zitiert: *Hanisch*, in: Haftung für Automation).

Hey, Tim, Die außervertragliche Haftung des Herstellers autonomer Fahrzeuge bei Unfällen im Straßenverkehr, Wiesbaden 2018 (zitiert: *Hey*, in: Die außervertragliche Haftung des Herstellers autonomer Fahrzeuge bei Unfällen im Straßenverkehr).

Ensthaler, Jürgen / Gollrad, Markus, Rechtsgrundlagen des automatisierten Fahrens – Standardessentielle Patente und Fahrzeugvernetzung, Zulässigkeit und Zulassung, Haftungsrecht, Datenschutz, Datensicherheit und Datenhoheit, Frankfurt am Main 2019, (zitiert: *Ensthaler/Gollrad*, in: Rechtsgrundlagen des automatisierten Fahrens).

Esser, Josef, Grundlagen und Entwicklung der Gefährdungshaftung, 2. Auflage, München 1969 (zitiert: *Esser*, in: Gefährdungshaftung).

Gebetsroither, Barbara, Rechtliche Aspekte autonomer Fahrzeuge, Graz 2016, (zitiert: *Gebetsroither*, in: Rechtliche Aspekte autonomer Fahrzeuge).

Günther, Jan-Philipp, Roboter und rechtliche Verantwortung – Eine Untersuchung der Benutzer- und Herstellerhaftung, München 2016 (zitiert: *Günther*, Roboter und rechtliche Verantwortung).

Jansen, Nils, Die Struktur des Haftungsrechts, Tübingen 2003 (zitiert: *Jansen* in: Die Struktur des Haftungsrechts).

Köndgen, Johannes, Haftpflichtfunktionen und Immaterialschaden am Beispiel von Schmerzensgeld bei Gefährdungshaftung, Berlin 1976 (zitiert: *Köndgen*, in: Haftpflichtfunktionen).

Laimer, Simon / Perathoner, Christoph, Mobilitäts- und Transportrecht in Europa – Bestandsaufnahme und Zukunftsperspektiven, Berlin 2022, (zitiert: *Bearbeiter*, in: Laimer/Perathoner).

Larenz, Karl / Canaris, Claus-Wilhelm, Lehrbuch des Schuldrechts, Zweiter Band, Besonderer Teil, 2. Halbband, 13. Auflage, München 1994 (zitiert: *Larenz/Canaris* in: Schuldrecht BT 2).

Linardatos, Dimitrios, Autonome und vernetzte Aktanten im Zivilrecht – Grundlinien zivilrechtlicher Zurechnung und Strukturmerkmale einer elektronischen Person, Tübingen 2021, (zitiert: *Linardatos*, in: Autonome und vernetzte Aktanten im Zivilrecht).

Lohsse, Sebastian / Schulze, Reiner / Staudenmeyer, Dirk (Hrsg.), Liability for Artificial Intelligence and the Internet of Things, Baden-Baden, 2019, (zitiert: *Bearbeiter*, in: Lohsse/Schulze/Staudenmeyer).

Martini, Mario, Blackbox Algorithmus – Grundfragen einer Regulierung Künstlicher Intelligenz, Berlin 2019 (zitiert: *Martini*, in: Blackbox Algorithmus).

Matthias, Andreas, Automaten als Träger von Rechten, Berlin 2008 (zitiert: *Matthias*, in: Automaten als Träger von Rechten).

Redeker, Helmut, IT-Recht, 8. Auflage, München 2023 (zitiert: *Redeker*, IT-Recht).

Rosenberger, Miriam, Die außervertragliche Haftung für automatisierte Fahrzeuge, Baden-Baden 2022 (zitiert: *Rosenberger*, in: Die außervertragliche Haftung für automatisierte Fahrzeuge).

Schäfer, Hans-Bernd / Ott, Claus, Lehrbuch der ökonomischen Analyse des Zivilrechts, 6. Auflage, Berlin 2021 (zitiert: *Schäfer/Ott*, in: Lehrbuch der ökonomischen Analyse des Zivilrechts).

Schmalhorst, Regine, Die Tierhalterhaftung im BGB von 1896 – Die Entstehung und Änderung des § 833 BGB sowie eine Analyse der Rechtsprechung des Reichsgerichts bis 1908, Frankfurt am Main 2002 (zitiert: *Schmalhorst*, in: Die Tierhalterhaftung im BGB von 1896).

Spindler, Gerald, Verantwortlichkeiten von IT-Herstellern, Nutzern und Intermediären, Göttingen 2008 (zitiert: *Spindler*, Verantwortlichkeiten von IT-Herstellern, Nutzern und Intermediären).

Steege, Hans / Broemel, Roland / Lüdemann, Jörn / Podszun, Rupprecht / Schweitzer, Heike (Hrsg.), Automatisierte Rechtsanwendung und ihre Grenzen, Baden-Baden 2022 (zitiert: *Steege*, in: Automatisierte Rechtsanwendung und ihre Grenzen).

Weyers, Hans-Leo, Unfallschäden – Praxis und Ziele von Haftpflicht- und Vorsorgesystemen, Frankfurt am Main 1971 (zitiert: *Weyers*, in: Unfallschäden).

Will, Michael R. / Lerche, Peter / Lorenz, Werner / Roxin, Claus (Hrsg.), Quellen erhöhter Gefahr – Rechtsvergleichende Untersuchung zur Weiterentwicklung der deutschen Gefährdungshaftung durch richterliche Analogie oder durch gesetzliche Generalklausel, München 1980 (zitiert: *Will*, in: Quellen erhöhter Gefahr).

Sammelwerke

Buck-Heeb, Petra / Dieckmann, Andreas, Haftungsfragen – Zivilrechtliche Haftung von Halter und Fahrer bei Einsatz (zeil-)automatisierter Fahrfunktionen, in: Oppermann, Bernd / Stender-Vorwachs, Jutta (Hrsg.), Autonomes Fahren – Rechtsprobleme, Rechtsfolgen, technische Grundlagen, 2. Auflage, München 2020, S. 141–176 (zitiert: *Buck-Heeb/Dieckmann*, in: Oppermann/Stender-Vorwachs).

Cane, Peter, Retribution, Proportionality, and Moral Luck in Tort Law, in: Cane, Peter / Stapleton, Jane (Hrsg.), The Law of Obligations – Essays in Celebration of John Fleming, Oxford 1998, S. 141–173 (zitiert: *Cane*, in: The Law of Obligations).

Feldle, Jochen, Zivilrechtliche Haftung im automatisierten Straßenverkehr – Hackerangriffe, Sicherheitserwartungen und erlaubte Nebentätigkeiten, in: *Beck, Susanne / Kusche, Carsten / Valerius, Brian (Hrsg.)*, Digitalisierung, Automatisierung, KI und Recht – Festgabe zum 10-jährigen Bestehen der Forschungsstelle RobotRecht, Baden-Baden 2020, S. 199–214 (zitiert: *Feldle*, in: Beck/Kusche/Valerius).

Foerste, Ulrich, Träger der Verkehrspflichten bei der Warenherstellung, in: *Foerste, Ulrich / Graf von Westphalen, Friedrich (Hrsg.)*, Produkthaftungshandbuch, 4. Auflage, München 2024, S. 559–652 (zitiert: *Foerste*, in: Foerste/GvW).

Haag, Kurt, Haftung des Tierhalters (§ 833 BGB) und des Tieraufsehers (§ 834 BGB), in: Geigel, Reinhart / Haag, Kurt (Hrsg.), Der Haftpflichtprozess, 29. Auflage, München 2024 S. 813–825 (zitiert: *Haag*, in: Geigel).

Kaufmann, Michael, Haftung des Kraftfahrzeughalters und -führers, in: Geigel, Reinhart / Haag, Kurt (Hrsg.), Der Haftpflichtprozess, 29. Auflage, München 2024 S. 1264–1384 (zitiert: *Kaufmann*, in: Geigel).

Koziol, Helmut, Umfassende Gefährdungshaftung durch Analogie?, in: Baltl, Hermann (Hrsg.), Festschrift für Walter Wilburg zum 70. Geburtstag, Graz 1975, S. 173–186 (zitiert: *Koziol*, in: Festschrift für Wilburg).

Leupold, Andreas / Wiesner, Marc, Zivilrechtliche Haftung bei Einsatz von Robotern und Künstlicher Intelligenz, in: Leupold, Andreas / Wiebe, Andreas / Glossner, Silke (Hrsg.), IT-Recht – Recht, Wirtschaft und Technik der digitalen Transformation, 4. Auflage, München 2021, S. 1051–1114 (zitiert: *Leupold/Wiesner*, in: Leupold/Wiebe/Glossner).

Meents, Jan Geert, Over-the-Air-Updates bei vernetzten Fahrzeugen – Pflicht zur Durchführung und Pflicht zur Duldung, in: Specht-Riemenschneider, Louisa / Buchner, Benedikt / Heinze, Christian / Thomson, Oliver (Hrsg.), IT-Recht in Wissenschaft und Praxis – Festschrift für Jürgen Taeger, Frankfurt am Main 2020, S. 13–32 (zitiert: *Meents*, in: FS Taeger).

Reschka, Andreas, Sicherheitskonzept für autonome Fahrzeuge, in: Maurer, Markus / Gerdes, J. Christian / Lenz, Barbara / Winner, Hermann (Hrsg.), Autonomes Fahren, Technische, rechtliche und gesellschaftliche Aspekte, Berlin und Heidelberg 2015, S. 489–513 (zitiert: *Reschka*, in: Maurer/Gerdes/Lenz/Winner).

Schmidt, Andrea, in: Weber, Klaus (Hrsg.), Weber, Rechtswörterbuch, 33. Edition, München 2024 (zitiert: *Schmidt*, in: Weber Rechtswörterbuch).

Schweighofer, Erich, Rechtliche Aspekte der Robotik, in: Gethmann, Carl Friedrich (Hrsg.), Robotik – Perspektiven für menschliches Handeln in der zukünftigen Gesellschaft, Berlin 2001, S. 135–172 (zitiert: *Schweighofer*, in: Robotik).

Siemann, Martin, Automatisiertes Fahren – Fahrer- und Halterhaftung, in: Chibanguza, Kuuya / Kuß, Christian / Steege, Hans (Hrsg.), Künstliche Intelligenz – Recht und Praxis automatisierter und autonomer Systeme, Baden-Baden 2022, S. 301–327 (zitiert: *Siemann*, in: Chibanguza/Kuß/Steege).

Ständige Deputation des Deutschen Juristentages (Hrsg.), Entscheidungen digitaler autonomer Systeme: Empfehlen sich Regelungen zur Verantwortung und Haftung? in: Verhandlungen des 73. Deutschen Juristentages Bonn 2022, Band II/1, Sitzungsberichte (Referate und Beschlüsse), München 2023, S. K7 – K69 (zitiert: *Bearbeiter*, in: 73. DJT, Band II/1).

Ständige Deputation des Deutschen Juristentages (Hrsg.), Entscheidungen digitaler autonomer Systeme: Empfehlen sich Regelungen zur Verantwortung und Haftung? in: Verhandlungen des 73. Deutschen Juristentages Bonn 2022, Band II/2, Sitzungsberichte (Diskussion und Beschlussfassung), München 2023, S. K77–K175 (zitiert: *Bearbeiter*, in: 73. DJT, Band II/2).

von Caemmerer, Ernst, Wandlungen des Deliktsrechts, in: *Friesenhahn, Ernst / Lange, Richard / von Caemmerer, Ernst*, Hundert Jahre Deutsches Rechtsleben, Festschrift zum hundertjährigen Bestehen des Deutschen Juristentages 1860–1960, Band II, Karlsruhe 1960, S. 49–136 (zitiert: *von Caemmerer*, in: Wandlungen des Deliktsrechts).

Zech, Herbert, Entscheidungen digitaler autonomer Systeme: Empfehlen sich Regelungen zu Verantwortung und Haftung? Gutachten A zum 73. Deutschen Juristentag, in: Ständige Deputation des Deutschen Juristentages (Hrsg.), Verhandlungen des 73. Deutschen Juristentages Hamburg 2020 / Bonn 2022, Band I, Gutachten, München 2020, S. A11–A111 (zitiert: *Zech*, in: 73. DJT, Band I).

Zech, Herbert, Zivilrechtliche Haftung für den Einsatz von Robotern – Zuweisung von Automatisierungs- und Autonomierisiko, in: Gless, Sabine / Seelmann, Kurt (Hrsg.), Intelligente Agenten und das Recht, Baden-Baden 2016, S. 163–204 (zitiert: *Zech*, in: Gless/Seelmann).

Nicht-juristische Quellen

2 Getthere B.V., Schiphol GRT, abrufbar unter: https://www.2getthere.eu/projects/schiphol-grt/ (zuletzt abgerufen am 02.12.2024).

Alexander, Martin / Böhmer, Jendrik, Haftungsrechtliche Aspekte des autonomen Fahrens – Status quo 2019 und Ausblick, Publikation vom 16.01.2019, in: General Reinsurance, abrufbar unter: https://www.genre.com/content/dam/generalreinsuranceprogram/documents/netletterpc19-1-de.pdf (zuletzt abgerufen am 02.12.2024).

Allgemeiner Deutscher Automobil-Club e.V. (ADAC), Vor- und Nachteile von Updates Over The Air für Pkw, Pressemeldung vom 27.07.2021. abrufbar unter: https://presse.adac.de/meldungen/adac-ev/technik/updates-over-the-air.html (zuletzt abgerufen am 02.12.2024).

Allianz Konzern (Allianz), Cyberversicherung auf den Punkt gebracht, abrufbar unter: https://www.allianz.de/business/cyberschutz-versicherung/#ablauf-krisenfall (zuletzt abgerufen am 02.12.2024).

Allianz pro Schiene e. V., Verkehrssicherheit im Vergleich: Bahn ist sicherstes Verkehrsmittel, abrufbar unter: https://www.allianz-pro-schiene.de/themen/verkehrssicherheit/#h (zuletzt abgerufen am 02.12.2024).

Audi AG (Audi), Audi Studie zum autonomen Fahren: die Wege der Daten. Zuverlässiger Schutz für sensible Daten im Verkehr von morgen, Studie vom 14.09.2022, abrufbar unter: https://www.audi.com/de/innovation/research/and-audi-initiative/audi-autonomous-vehicles-privacy-discussion.html (zuletzt abgerufen am 05.05.2024).

Audi AG (Audi), Functions on Demand, abrufbar unter: https://www.audi.de/de/brand/de/service-zubehoer/audi-digital-service/functions-on-demand.html?csref=sea:cdi:114169268289_kwd-1295889419918&gad_source=1&gclid=EAIaIQobChMImOOayY mohAMVnjwGAB3UvA FeEAAYASAAEgKCfPD_BwE&gclsrc=aw.ds (zuletzt abgerufen am 02.12.2024).

Audi AG (Audi), Raum-Fahrt in der Megacity, MediaInfo vom 19.04.2022, abrufbar unter: https://www.audi-mediacenter.com/de/presse mitteilungen/raum-fahrt-in-der-megacity-14595 (zuletzt abgerufen am 02.12.2024).

Audi AG (Audi), Software-Update: Audi bietet neue Funktionen mit hohem Nutzen für den Audi Q4 e-tron, Mediainfo vom 14.03.2023, abrufbar unter: https://www.audi-mediacenter.com/de/pressemitteilungen/software-update-audi-bietet-neue-funktionen-mit-hohem-nutzen-fuer-den-audi-q4-e-tron-15244 (zuletzt abgerufen am 02.12.2024).

Baddeley, Alan, The Magical Number Seven: Still Magic After All These Years?, The Psychological Review 1994, Vol. 101, No. 2, S. 353–356.

Bayerische Motoren Werke AG (BMW), Neuer BMW 5er wird erstes Automobil mit Zulassung für teilautomatisiertes Fahren bis 130 km/h in Deutschland, Pressemeldung vom 13.06.2023, abrufbar unter: https://www.press.bmwgroup.com/deutschland/article/detail/T0420962DE/neuer-bmw-5er-wird-erstes-automobil-mit-zulassung-fuer-teilautomatisiertes-fahren-bis-130-km/h-in-deutschland (zuletzt abgerufen am 02.12.2024).

Bendel, Oliver, Definition: Was ist „Fahrassistenzsystem"?, in: Gabler Online-Wirtschaftslexikon, abrufbar unter: https://wirtschaftslexikon.gabler.de/definition/fahrerassistenzsystem-53999/version-384609 (zuletzt abgerufen am 02.12.2024).

Bertoncello, Michele / Wee, Dominik, Ten *ways autonomous driving could redefine the automotive world*, Artikel vom 01.06.2015, in: McKinsey & Company, abrufbar unter: https://www.mckinsey.com/industries/automotive-and-assembly/our-insights/ten-ways-autonomous-driving-could-redefine-the-automotive-world#/ (zuletzt abgerufen am 02.12.2024)

Bogenberger, Klaus, MOIA Begleitforschung der Technischen Universität München, abrufbar unter: https://www.mos.ed.tum.de/vt/forschung/projekte/abgeschlossene-projekte/moia-begleitforschung-abgeschlo ssen-2021/ (zuletzt abgerufen am 02.12.2024).

Bönninger, Jürgen, von der FSD Fahrzeugsystemdaten GmbH, Stellungnahme zum Gesetzesentwurf der Bundesregierung „Entwurf eines Gesetzes zur Änderung des Straßenverkehrsgesetzes und des Pflichtversicherungsgesetzes – Gesetz zum autonomen Fahren“, Öffentliche Anhörung des Deutschen Bundestages am 3. Mai 2021, Ausschussdrucksache 19(15)489-A, abrufbar unter: https://www.bundestag.de/resource/blob/838392/f4c43cd2edd1a3585705553abbe8c3c3/19-15-489-A.pdf (zuletzt abgerufen am 02.12.2024).
Brill, Alan, How Many Times Has Your AI System Broken the Law?, Artikel vom 18.06.2022, in: AI Magazine, abrufbar unter: https://aimagazine.com/ai-strategy/how-many-times-has-your-ai-system-broken-the-law (zuletzt abgerufen am 02.12.2024).
Büchenbacher, Katrin, Eine Taxiflotte namens „rasender Rettich“ sorgt in Wuhan für Aufruhr – die 300 Autos sind ganz ohne Fahrer unterwegs, in: Neue Zürcher Zeitung, Artikel vom 14.08.2024, abrufbar unter: https://www.nzz.ch/international/autonomes-fahren-fahrerlose-taxis-in-wuhan-sorgen-fuer-lacher-ld.1842894 (zuletzt abgerufen am 02.12.2024).
Bundesamt für Sicherheit in der Informationstechnik (BSI), TR-02102-2, Kryptographische Verfahren: Empfehlungen und Schlüssellängen, Teil 2 – Verwendung von Transport Layer Security (TLS), abrufbar unter: https://www.bsi.bund.de/DE/Themen/Unternehmen-und-Organisationen/Standards-und-Zertifizierung/Technische-Richtlinien/TR-nach-Thema-sortiert/tr02102/tr02102_node.html (zuletzt abgerufen am 02.12.2024).
Bundesanstalt für Straßenwesen (BASt), Volkswirtschaftliche Kosten von Straßenverkehrsunfällen in Deutschland – Unfallkosten 2021, abrufbar unter: https://www.bast.de/DE/Kurzinfos/Verkehrssicherheit/2023/U-01.html#:~:text=Die%20verkehrsbedingten%20Unfallkosten%20betrugen%20im,Drittel%20durch%20Personenschäden%20verursacht%20wurden. (zuletzt abgerufen am 02.12.2024).
Bundeskriminalamt (BKA), Cybercrime Bundeslagebild 2022, Stand: Mai 2023, abrufbar unter: https://www.bka.de/SharedDocs/Downloads/DE/Publikationen/JahresberichteUndLagebilder/Cybercrime/cybercrimeBundeslagebild2022.html (zuletzt abgerufen am 02.12.2024).
Bundesministerium für Digitales und Verkehr (BMDV), Absichtserklärung mit China, abrufbar unter: https://bmdv.bund.de/SharedDocs/DE/Pressemitteilungen/2024/021-wissing-deutschland-china-absichtserklaerung-automatisiertes-und-vernetztes-fahren.html (zuletzt abgerufen am 02.12.2024).

Bundesministerium für Digitales und Verkehr (BMDV), Automatisiertes und vernetztes Fahren, abrufbar unter: https://bmdv.bund.de/DE/Themen/Digitales/Automatisiertes-und-vernetztes-Fahren/Automatisiertes-und-vernetztes-Fahren/automatisiertes-und-vernetztes-fahren.html (zuletzt abgerufen am 02.12.2024).
Bundesministerium für Digitales und Verkehr (BMDV), Bund und Hamburg bringen „Autonomes Ridepooling" auf die Straße, abrufbar unter: https://bmdv.bund.de/SharedDocs/DE/Pressemitteilungen/2023/108-wissing-autonomes-ridepooling.html (zuletzt abgerufen am 02.12.2024)
Bundesministerium für Digitales und Verkehr (BMDV), Die häufigsten Unfallursachen (Stand: 31.07.2023), abrufbar unter: https://www.runtervomgas.de/ratgeber-und-service/unfallursachen/die-haeufigsten-unfallursachen/ (zuletzt abgerufen am 02.12.2024).
Bundesministerium für Digitales und Verkehr (BMDV), Gesetz zum autonomen Fahren tritt in Kraft, Artikel vom 27.07.2021, abrufbar unter: https://bmdv.bund.de/SharedDocs/DE/Artikel/DG/gesetz-zum-autonomen-fahren.html (zuletzt abgerufen am 02.12.2024).
Bundesministerium für Digitales und Verkehr (BMDV), Integration von autonomen Fahrzeugen in Mobilitätsanwendungen – ALIKE, abrufbar unter: https://bmdv.bund.de/SharedDocs/DE/Artikel/DG/AVF-projekte/alike.html (zuletzt abgerufen am 02.12.2024).
Bundesministerium für Sicherheit in der Informationstechnik (BSI), Internet der Dinge, abrufbar unter: https://www.bsi.bund.de/DE/Themen/Verbraucherinnen-und-Verbraucher/Informationen-und-Empfehlungen/Internet-der-Dinge-Smart-leben/internet-der-dinge-smart-leben_node.html (zuletzt abgerufen am 02.12.2024).
Bundesministerium für Sicherheit in der Informationstechnik (BSI), Künstliche Intelligenz – das unheimlich autonome Fahrzeug. Welche Risiken bringt autonomes Fahren mit sich?, abrufbar unter: https://www.bsi.bund.de/DE/Themen/Verbraucherinnen-und-Verbraucher/Informationen-und-Empfehlungen/Wie-geht-Internet/KI-Autonomes-Fahren/ki-autonomes-fahren.html (zuletzt abgerufen am 02.12.2024).
Bundesministerium für Wirtschaft und Klimaschutz (BMWK), Deutschland strebt Führungsrolle beim autonomen Fahren an, Meldung vom 20.07.2021, abrufbar unter: https://www.digitale-technologien.de/DT/Redaktion/DE/Kurzmeldungen/Aktuelles/2021/KI-Inno/2021_07_20_Autonomes_Fahren.html (zuletzt abgerufen am 02.12.2024).

Bundesministerium für Wirtschaft und Klimaschutz (BMWK), Linie A01: Automatisiert fahrender Linienbus Monheim am Rhein, abrufbar unter: https://www.bmwk.de/Redaktion/DE/Wettbewerb/Fragmente/innovationspreis-reallabore-linie-a01.html (zuletzt abgerufen am 02.12.2024).

Bundesnetzagentur für Elektrizität, Gas, Telekommunikation, Post und Eisenbahnen (BNetzA), Elektromagnetische Felder (EMF), abrufbar unter: https://www.bundesnetzagentur.de/DE/Vportal/TK/Funktechnik/EMF/start.html (zuletzt abgerufen am 02.12.2024).

Cerwenka, Peter / Hauger, Georg, Neuverkehr – Realität oder Phantom?, in: Zeitschrift für Verkehrswissenschaft (ZfV) 1996/4, S. 286–326.

Chief Information Officer (CIO) Magazin, Neuer Auto-Hack – Forscher schalten per Handy Corvette-Bremsen ab, Artikel vom 12.08.2015, abrufbar unter: https://www.cio.de/a/forscher-schalten-per-handy-corvette-bremsen-ab,3214226 (zuletzt abgerufen am 02.12.2024).

Chowdhury, Thomas / Lesitua, Eric / Rikley, Kerianne / Lin, Chung-Wei / Kang, Eunsuk / Kim, BaekGyu / Shiraishi, Shinichi / Lawford, Mark / Wassyng, Alan, Safe and Secure Automotive Over-the-Air Updates, in: Gallina, Barbara / Skavhaug, Amund / Bitsch, Friedemann (Hrsg.), Computer Safety, Reliability, and Security, Västerås, Sweden 2018, S. 172–187 (zitiert: *Chowdhury* et al., Safe and Secure Automotive Over-the-Air Updates).

Cox, Joseph / Gordon, Aaron, BMW wants to charge for heated seats. These grey market hackers will fix that, in VICE Digital vom 19.07.2022, abrufbar unter: https://www.vice.com/en/article/7k8bv9/bmw-wants-to-charge-for-heated-seats-these-grey-market-hackers-will-fix-that? (zuletzt abgerufen am 02.12.2024).

Craft Law Firm P.C., Self-driving car accident statistics – Autonomous Vehicle Accidents: NHTSA Crash Data (2019-2024), abrufbar unter: https://www.craftlawfirm.com/autonomous-vehicle-accidents-2019-2024-crash-data/ (zuletzt abgerufen am 02.12.2024).

Deutsche Gesellschaft für Suizidprävention - Hilfe in Lebenskrisen e.V. (DGS), Suizidalität – Suizidprävention ist möglich, abrufbar unter: https://www.suizidprophylaxe.de/suizidalitaet1/allgemeine-informationen/ (zuletzt abgerufen am 02.12.2024).

Deutsche Telekom AG, Das Internet der Dinge (IoT): Definition und Beispiele, abrufbar unter: https://www.telekom.com/de/konzern/details/das-internet-der-dinge-603508#:~:text=Das%20Internet%20der%20Dinge%20(Internet,neuen%20Highspeed%2DMobilfunknetzes%205G%20angetrieben (zuletzt abgerufen am 02.12.2024).

Deutscher Bundestag, Verkehr: Straßenverkehrsgesetz für automatisiertes Fahren geändert, Meldung vom 30.03.2017, abrufbar unter: https://www.bundestag.de/dokumente/textarchiv/2017/kw13-de-automatisiertes-fahren-499928 (zuletzt abgerufen am 02.12.2024).

Deutscher Verkehrssicherheitsrat (DRV), Stellungnahme zum Gesetzesentwurf der Bundesregierung: Entwurf eines Gesetzes zur Änderung des Straßenverkehrsgesetzes und des Pflichtversicherungsgesetzes – Gesetz zum Autonomen Fahren. Öffentliche Anhörung des Deutschen Bundestages am 3. Mai 2021, Ausschussdrucksache 19(15)489-F.

Deutsches Patent- und Markenamt (DPMA), Technik und Perspektiven: Mobilität der Zukunft – Made in Germany, abrufbar unter: https://www.dpma.de/dpma/veroeffentlichungen/hintergrund/autonomesfahren/autonomesfahren-technikteil1/teil1/index.html (zuletzt abgerufen am 02.12.2024).

DeVault, Travis L. / Blackwell, Bradley F. / Seamans, Thomas W. / Lima, Steven L. / Fernández-Juricic, Esteban, Speed kills: ineffective avian escape responses to oncoming vehicles, in: Proceedings of the Royal Society B – Biological Sciences (2015), Volume 282, issue 1801, abrufbar unter: https://royalsocietypublishing.org/doi/epdf/10.1098/rspb.2014.2188 (zuletzt abgerufen am 02.12.2024).

Dralle, Jens / Priemer, Birgit, Interview mit Audi-Entwicklungsvorstand Hoffmann: „Noch mindestens 10 Jahre Verbrennungsmotoren“, in: Auto Motor und Sport vom 02.06.2021, abrufbar unter: https://www.auto-motor-und-sport.de/tech-zukunft/alternative-antriebe/interview-audi-entwicklungsvorstand-hoffman/ (zuletzt abgerufen am 02.12.2024).

Eder, Leo, Flughafen Amsterdam-Schiphol vorübergehend lahmgelegt, in: Euronews, abrufbar unter: https://de.euronews.com/2018/08/15/amsterdam-schiphol-flugverkehr-kurzzeitig-lahmgelegt (zuletzt abgerufen am 02.12.2024).

Elsaraf, Ramy, Chrysler UConnect Hack and Automotive Computer and Cyber Security, abrufbar unter: https://www.academia.edu/80222217/Chrysler_UConnect_Hack_and_Automotive_Computer_and_Cyber_Security (zuletzt abgerufen am: 02.12.2024).

Europäische Kommission, Europäische Datenstrategie, abrufbar unter: https://commission.europa.eu/strategy-and-policy/priorities-2019-2024/europe-fit-digital-age/european-data-strategy_de (zuletzt abgerufen am 02.12.2024).

Fasse, Markus / Murphy, Martin, Elektromobilität: Neue Fahrzeugklasse für Elektroautos soll Wandel bei BMW beschleunigen, in: Handelsblatt vom 21.07.2022, abrufbar unter: https://www.handelsblatt.com/mobilitaet/elektromobilitaet-neue-fahrzeugklasse-fuer-elektroautos-soll-wandel-bei-bmw-beschleunigen/28506348.html (zuletzt abgerufen am 02.12.2024).

Favarò, Francesca M. / Nader, Nazanin / Eurich, Sky O. / Tripp, Michelle / Varadaraju, Naresh, Examining accident reports involving autonomous vehicles in Californa, in: PLOS ONE 20/2017, abrufbar unter: https://journals.plos.org/plosone/article/file?id=10.1371/journal.pone.0184952&type=printable (zuletzt abgerufen am 02.12.2024).

FZI Forschungszentrum Informatik, Themenpapier Cluster Elektromobilität Süd-West – Analyse der Aktivitäten und Entwicklungsfortschritte im Bereich der Fahrzeugelektronik mit Fokus auf fahrzeugeigene Betriebssysteme, abrufbar unter: https://www.fzi.de/wp-content/uploads/2021/05/doku-position-fahrzeugelektronik.pdf (zuletzt abgerufen am 02.12.2024).

Geiger, Thomas / Wieler, Jochen / Rudschies, Wolfgang, BMW i5: Was der elektrische 5er an Qualität und Fahrspaß bietet, in: Allgemeiner Deutscher Automobil-Club e.V. (ADAC), abrufbar unter: https://www.adac.de/rund-ums-fahrzeug/autokatalog/marken-modelle/bmw/bmw-i5/ (zuletzt abgerufen am 02.12.2024).

Gelowicz, Svenja, Transformation der Zulieferer: Die sieben größten deutschen Zulieferer machen Tempo bei der Elektromobilität, in: WirtschaftsWoche vom 28.07.2022, abrufbar unter: https://www.wiwo.de/technologie/mobilitaet/e-mobility/transformation-der-zulieferer-die-sieben-groessten-deutschen-zulieferer-machen-tempo-bei-der-elektromobilitaet/28550032.html (zuletzt abgerufen am 02.12.2024).

Harttmann, Christine, MAN Truck & Bus: „Die Transformation beginnt hier und jetzt“, in: Transport – Die Zeitung für den Güterverkehr, Artikel vom 17.02.2022, abrufbar unter: https://transport-online.de/news/man-truck-bus-die-transformation-beginnt-hier-und-jetzt-64348.html (zuletzt abgerufen am 02.12.2024).

Hessisches Institut für Landesgeschichte, Unfälle beim Kaiserpreis-Autorennen in Bad Homburg, 13. Juni 1907, abrufbar unter: https://www.lagis-hessen.de/de/subjects/idrec/sn/edb/id/352 (zuletzt abgerufen am 02.12.2024).

Industrie- und Handelskammer (IHK) für München und Oberbayern, Autonomes Fahren – Chancen und Potenziale, abrufbar unter: https://www.ihk-muenchen.de/de/Wirtschaftsstandort/Infrastruktur/Verkehr/autonomes-fahren/ (zuletzt abgerufen am 02.12.2024).

IVsource.net, Nissan Demos New Lane Keeping Products, abrufbar unter: https://web.archive.org/web/20050110073214/http://ivsource.net/archivep/2001/feb/010212_nissandemo.html#article (zuletzt abgerufen am 02.12.2024).

Jafarnejad, Sasan / Codeca, Lara / Bronzi, Walter / Frank Paphael / Engel, Thomas, A Car Hacking Experiment: When Connectivity Meets Vulnerability, in: IEEE Globecom Workshops 2015, S. 1–6, abrufbar unter: https://ieeexplore.ieee.org/abstract/document/7413993/authors (zuletzt abgerufen am 02.12.2024).

Kraftfahrt-Bundesamt (KBA), Automatisierungsstufen, abrufbar unter: https://www.kba.de/DE/Themen/Marktueberwachung/Produktpruefungen/AutomatisiertesAutonomesFahren/Automatisierungsstufen/Automatisierungsstufen_node.html (zuletzt abgerufen am 02.12.2024).

Kraftfahrt-Bundesamt (KBA), Bestand – Zahlen zum 1. Januar 2024, abrufbar unter: https://www.kba.de/DE/Statistik/Fahrzeuge/Bestand/bestand_node.html (zuletzt abgerufen am 02.12.2024).

Kraftfahrt-Bundesamt (KBA), Pressemitteilung Nr. 08/2021 – Der Fahrzeugbestand am 1. Januar 2021, abrufbar unter: https://www.kba.de/DE/Presse/Pressemitteilungen/2021/Fahrzeugbestand/fahrzeugbestand_node.html#:~:text=Um%201%2C1%20Millionen%20Fahrzeuge,%2C9%20Millionen%20Kfz%2DAnhänger. (zuletzt abgerufen am 02.12.2024).

Kreimeier, Nils / von Buttlar, Horst, Porsche-Chef Blume: „Wir verstehen uns als Speerspitze“, in: Capital vom 23.03.2021, abrufbar unter: https://www.capital.de/wirtschaft-politik/porsche-chef-blume---wir-verstehen-uns-als-speerspitze--30447336.html (zuletzt abgerufen am 02.12.2024).

Krzanich, Brian, Data is the New Oil in the Future of Automated Driving, in: Intel newsroom vom 15.11.2016, abrufbar unter: https://download.intel.com/newsroom/2021/archive/2016-11-15-editorials-krzanich-the-future-of-automated-driving.pdf (zuletzt abgerufen am 02.12.2024).

Kusano, Kristofer D. / Scanlon, John D. / Chen, Yin-Hsiu / McMurry, Timothy L. / Chen, Ruoshu / Gode, Tilia / Victor, Trent, Comparison of Waymo rider-only crash data to human benchmarks at 7.1 million miles, in: Traffic Injury Prevention (2024), Volume 25, issue sup1, abrufbar unter: https://www.tandfonline.com/doi/epdf/10.1080/15389588.2024.2380786?needAccess=true (zuletzt abgerufen am 02.12.2024).

Landkreis Tuttlingen, Geschichte des Führerscheins, abrufbar unter: https://www.landkreis-tuttlingen.de/media/custom/2328_682_1.PDF?1395734522#:~:text=Geschichte%20des%20Führerscheines-,Das%20Reichsgesetz%20über%20den%20Verkehr%20mit%20Kraftfahrzeugen%20vom%203.,für%20das%20gesamte%20Deutsche%20Reich. (zuletzt abgerufen am 02.12.2024).

Liggesmeyer, Peter, vom Fraunhofer-Institut für Experimentelles Software Engineering IESE, Stellungnahme zum Gesetzesentwurf der Bundesregierung: Entwurf eines Gesetzes zur Änderung des Straßenverkehrsgesetzes und des Pflichtversicherungsgesetzes – Gesetz zum Autonomen Fahren. Öffentliche Anhörung des Deutschen Bundestages am 3. Mai 2021, Ausschussdrucksache 19(15)489-B.

Lossau, Norbert, Flugzeuge machen einen Bogen um Indien, in: Die Welt, abrufbar unter: https://www.welt.de/print-welt/article583609/Flugzeuge-machen-einen-Bogen-um-Indien.html (zuletzt abgerufen am 02.12.2024).

McCann, Kristian, Why Toyota See NTT Solutions as Key to Making Cars Safer, abrufbar unter: https://aimagazine.com/articles/how-toyota-ntt-use-ai-to-create-a-zero-accident-society?utm_campaign=&utm_medium=email&utm_source=Newsletter (zuletzt abgerufen am 02.12.2024).

Mercedes-Benz Group AG, Autonomes Fahren, abrufbar unter: https://group.mercedes-benz.com/innovation/produktinnovation/autonomes-fahren/ (zuletzt abgerufen am 02.12.2024).

Mercedes-Benz Group AG, Car-to-X Kommunikation geht in Serie: Mit der Umgebung vernetzt, abrufbar unter: https://group.mercedes-benz.com/innovation/case/connectivity/car-to-x.html (zuletzt abgerufen am 02.12.2024).

Mercedes-Benz Group AG, Das erste Automobil 1885-1886, abrufbar unter: https://group.mercedes-benz.com/unternehmen/tradition/geschichte/1885-1886.html (zuletzt abgerufen am 02.12.2024).

Mercedes-Benz Group AG, Funktion des Tempomat, abrufbar unter: https://www.mercedes-benz.de/passengercars/services/manuals.html/a-klasse-limousine-2021-09-v177-mbux/tempomat-und-limiter/funktion-des-tempomat (zuletzt abgerufen am 02.12.2024).

Mercedes-Benz Group AG, Over the Air: Aus Updates werden bei Mercedes-Benz Upgrades, Mediainfo vom 28.01.2021, abrufbar unter: https://media.mercedes-benz.be/de/over-the-air-aus-updates-werden-bei-mercedes-benz-upgrades/# (zuletzt abgerufen am 02.12.2024).

Miller, George A., The magical number seven, plus or minus two: Some limits on our capacity for processing information, The Psychological Review 1956, Vol. 63, No. 2, S. 81–97.

Ministerium der Justiz des Landes Nordrhein-Westfalen, Arbeitsgruppe „Digitaler Neustart“ der Konferenz der Justizministerinnen und Justizminister der Länder. Bericht vom 15. April 2019 – Robotic Law, Blockchain, Leistungsschutzrecht an Daten, abrufbar unter: https://www.justiz.nrw.de/JM/justizpol_themen/digitaler_neustart/zt_fortsetzung_arbeitsgruppe_teil_2/2019-04-15-Berichte_Apr_19_Okt_18_Druckfassung.pdf (zuletzt abgerufen am 02.12.2024).

Mitusch, Kay, Flugunfallstatistik, Unfallursachen, Publikation vom Bundesministerium für Digitales und Verkehr vom 03.05.2018 (Wissensstand vom 12.06.2023), abrufbar unter: https://www.forschungsinformationssystem.de/servlet/is/483653/ (zuletzt abgerufen am 02.12.2024).

Moia GmbH (MOIA), Erfolgreicher AD-Auftakt von Volkswagen Nutzfahrzeuge und MOIA, abrufbar unter: https://www.moia.io/de-DE/blog/muenchen-ad-readiness (zuletzt abgerufen am 02.12.2024).

Moia GmbH (MOIA), München setzt auf Expertise von MOIA, dmo und TUM für urbane Mobilität der Zukunft, abrufbar unter: https://www.moia.io/de-DE/news-center/muenchen-setzt-auf-expertise-von-moia-dmo-und-tum-fuer-urbane-mobilitaet-der-zukunft (zuletzt abgerufen am 02.12.2024).

Nationaler IT-Gipfel, 5G – Schlüsseltechnologie für die vernetzte Gesellschaft, Ergebnisdokument der Fokusgruppe 5G, Plattform „Digitale Netze und Mobilität“, Berlin 2015, abrufbar unter: https://www.de.digital/DIGITAL/Redaktion/DE/IT-Gipfel/Download/2015/it-gipfel-2015-5G-schluesseltechnologie.pdf?__blob=publicationFile&v=4 (zuletzt abgerufen am 02.12.2024).

Nehm, Kay, Augen zu im Straßenverkehr, Augen zu im Straßenverkehr, Artikel vom 14.08.2015, abrufbar unter: https://www.lto.de/recht/hintergruende/h/autonome-autos-praesident-verkehrsgerichtstag-ueber-rechtliche-probleme-ethische-konflikte/ (zuletzt abgerufen am 02.12.2024).

Newth, Magnus, Tesla muss 31 norwegischen Kunden 130.000 norwegische Kronen zahlen, nachdem die Ladegeschwindigkeit gesenkt wurde (maschinelle Übersetzung aus dem Norwegischen – Originaltitel: Tesla må betale 31 norske kunder 130.000 kroner etter å ha senket ladehastigheten), Artikel vom 01.12.2021, in: Dagens Næringsliv, abrufbar unter: https://www.dn.no/gronn-okonomi/tesla/jus/elbiler/tesla-ma-betale-31-norske-kunder-130000-kroner-etter-a-ha-senket-ladehastigheten-elbilselskapet-mente-det-hadde-gjort-bilene-bedre-vil-anke/2-1-1109648 (zuletzt abgerufen am 02.12.2024).

Nilsson, Dennis K. / Larson, Ulf E., Secure Firmware Updates over the Air in Intelligent Vehicles, Institute of Electrical and Electronics Engineers (IEEE) International Conference on Communications Workshops, Beijing, China, 2008, S. 380–384, abrufbar unter: https://ieeexplore.ieee.org/document/4531926 (zuletzt abgerufen am 02.12.2024).

Nolan, Alistair, Artificial intelligence in science: Overview and policy proposalsm in: OECD (Hrsg.), Artificial Intellligence in Science – Challenges, Opportunities and the Future or Research, abrufbar unter: https://www.oecd-ilibrary.org/docserver/a8d820bd-en.pdf?expires=1730647849&id=id&accname=ocid195065&checksum=099E7FCE1BAD17484B9161DE3809B904 (zuletzt abgerufen am 02.12.2024).

Nowak, Inge, Entwicklungsdienstleister Bertrandt: E-Autos werden Massengeschäft, Artikel in: Stuttgarter Zeitung vom 15.12.2022, abrufbar unter: https://www.stuttgarter-zeitung.de/inhalt.entwicklungsdienstleister-bertrandt-e-autos-werden-massengeschaeft.da0048e4-7b50-42f4-81bd-b2d6df48c9d5.html (zuletzt abgerufen am 02.12.2024).

Ornes, Stephen, How to hack a self-driving car, in: Physics World 8/2020, S. 37–41, abrufbar unter: https://iopscience.iop.org/article/10.1088/2058-7058/33/8/25/pdf (zuletzt abgerufen am 02.12.2024).

Pankow, Gabriel, Projektchef Urmson auf IAA – Google: Autonome Autos brauchen kein Lenkrad, in: Automobil Produktion vom 18.09.2015, abrufbar unter: https://www.automobil-produktion.de/technologie/google-autonome-autos-brauchen-kein-lenkrad-248.html (zuletzt abgerufen am 02.12.2024).

Paulsen, Thomas, Autonomes Fahren: Die 5 Stufen zum selbst fahrenden Auto, in: Allgemeiner Deutscher Automobil-Club e.V. (ADAC), abrufbar unter: https://www.adac.de/rund-ums-fahrzeug/ausstattung-technik-zubehoer/autonomes-fahren/grundlagen/autonomes-fahren-5-stufen/ (zuletzt abgerufen am 02.12.2024).

Pertlwieser, Markus, Das Richtige digitalisieren – Eine ‚Masterclass' zur digitalen Transformation der Wirtschaft, Wiesbaden 2022 (zitiert: *Pertlwieser*, in: Das Richtige digitalisieren).

Randelhoff, Martin, Rechtliche Zulassung von autonomen Fahrzeugen: Welche Regelungen müssen geändert werden?, in: Zukunft Mobilität vom 01.05.2013, abrufbar unter: https://www.zukunft-mobilitaet.net/17991/analyse/rechtslage-autonomes-fahren-regelungen-gesetz/ (zuletzt abgerufen am 02.12.2024).

Rouder, Jeffrey N. / Morey, Richard D. / Cowan, Nelson / Zwilling, Christopher E. / Morey, Candice C. / Pratte, Michael S., An assessment of fixed-capacity models of visual working memory, *Proceedings of the National Academy of Sciences of the United States of America* (PNAS) 2008, Vol. 105, No. 16, S. 5975–5979 (zitiert: *Rouder* et al., in: An assessment of fixed-capacity models of visual working memory).

Rudschies, Wolfgang, Updates over the air: Wie das Auto per Software aufgefrischt wird, Artikel vom 22.11.2023, in: Allgemeiner Deutscher Automobil-Club e.V. (ADAC), abrufbar unter: https://www.adac.de/rund-ums-fahrzeug/reparatur-pflege-wartung/reparatur-rueckruf/updates-over-the-air/ (zuletzt abgerufen am 02.12.2024).

Rudschies, Wolfgang / Kroher, Thomas / Wieler, Jochen, Autonomes Fahren: So fahren wir in Zukunft, Artikel vom 26.10.2023, in: Allgemeiner Deutscher Automobil-Club e.V. (ADAC), abrufbar unter: https://www.adac.de/rund-ums-fahrzeug/ausstattung-technik-zubehoer/autonomes-fahren/technik-vernetzung/aktuelle-technik/ (zuletzt abgerufen am 02.12.2024).

SAE International (SAE), SAE J3016: Levels of Driving Automation, abrufbar unter: https://www.sae.org/news/2019/01/sae-updates-j3016-automated-driving-graphic (zuletzt abgerufen am 02.12.2024).

Saltenberg, Frank, Spektakulär, dieses Rennen! Artikel vom 03.12.2018, in: Frankfurter Neue Presse, abrufbar unter: https://www.fnp.de/lokales/hochtaunus/usingen-ort893437/spektakulaer-diese-rennen-10796839.html (zuletzt abgerufen am 02.12.2024).

Schaal, Sebastian, Automobil: VW Pkw schafft Vorstands-Ressort „New Mobility“, in: electrive vom 13.09.2022, abrufbar unter: https://www.electrive.net/2022/09/13/vw-pkw-schafft-wohl-vorstands-ressort-new-mobility/ (zuletzt abgerufen am 02.12.2024).

Scheiner, Joachim, Verkehrsgeneseforschung: Wie entsteht Verkehr?, in: Schwedes, Oliver / Canzler, Weert / Knie, Andreas (Hrsg.), Handbuch der Verkehrspolitik, 2. Auflage, Wiesbaden 2016, S. 679 – 700 (zitiert: *Schreiner*, Verkehrsgeneseforschung: Wie entsteht Verkehr?).

Schmidt, Herbie, Neue Sicherheitslücke bei Tesla-Fahrzeug: Hacker zeigt, wie er Türen öffnen und wegfahren kann, in: Neue Zürcher Zeitung, Artikel vom 18.05.2022, abrufbar unter: https://www.nzz.ch/mobilitaet/tesla-modelle-lassen-sich-leicht-hacken-andere-aber-auch-ld.1684543?xing_share=news (zuletzt abgerufen am 02.12.2024).

Schmitz, Martin, vom Verband Deutscher Verkehrsunternehmen e. V. (VDV), Stellungnahme zum Entwurf eines Gesetzes zur Änderung des Straßenverkehrsgesetz und des Pflichtversicherungsgesetz (Gesetz zum autonomen Fahren; BT-Drucksache 19/27439), Öffentliche Anhörung des Deutschen Bundestages am 3. Mai 2021, Ausschussdrucksache 19(15)489-C.

Schnieder, Lars / Hosse, René Sebastian, Leitfaden Automotive Cybersecurity Engineering – Absicherung vernetzter Fahrzeuge auf dem Weg zum autonomen Fahren, Wiesbaden 2018, (zitiert: *Schnieder/Hosse*, in: Leitfaden Automotive Cybersecurity Engineering).

Shiffrin, Richard M. / Nosofsky, Robert M., Seven Plus or Minus Two: A Commentary On Capacity Limitations, The Psychological Review 1994, Vol. 101, No. 2, S. 357–361 (zitiert: *Shiffrin/Nosofsky*, Seven Plus or Minus Two: A Commentary On Capacity Limitation).

Sommer, Klaus, Continental Mobilitätsstudie 2013, in: Continental, abrufbar unter: https://www.continental.com/de/presse/initiativen-umfragen/continental-mobilitaetsstudien/mobilitaetsstudie-2013/ (zuletzt abgerufen am 02.12.2024).

Specht, Michale, Sportwagenschmiede unter Strom: Porsche mit elektrisierenden Plänen, in: ntv.de vom 01.11.2020, abrufbar unter: https://www.n-tv.de/auto/Porsche-mit-elektrisierenden-Plaenen-article22135768.html (zuletzt abgerufen am 02.12.2024).

Stadt Hamburg, Projekt ALIKE – Autonome On-Demand-Shutlles, abrufbar unter: https://www.hamburg.de/verkehr/e-mobilitaet/alike-autonome-shuttle-955526 (zuletzt abgerufen am 02.12.2024).

Stadt Monheim am Rhein, Smart City – Autonom fahrende Busse, abrufbar unter: https://www.monheim.de/stadtleben-aktuelles/stadtprofil/smart-city (zuletzt abgerufen am 02.12.2024).

Statista GmbH (Statista), Anzahl der Mobilfunkanschlüsse in Deutschland von 1992 bis 2023, statistische Erhebung veröffentlicht im März 2024, abrufbar unter: https://de.statista.com/statistik/daten/studie/3907/umfrage/mobilfunkanschluesse-in-deutschland/ (zuletzt abgerufen am 02.12.2024).

Statista GmbH (Statista), Einwohnerzahl von Deutschland von 1990 bis 2023, statistische Erhebung veröffentlicht im Januar 2024, abrufbar unter: https://de.statista.com/statistik/daten/studie/2861/umfrage/entwicklung-der-gesamtbevoelkerung-deutschlands/ (zuletzt abgerufen am 02.12.2024).

Statistisches Bundesamt (DESTATIS), Unfallbilanz 2023, Pressemitteilung Nr. 072 vom 27. Februar 2024, abrufbar unter: https://www.destatis.de/DE/Presse/Pressemitteilungen/2024/02/PD24_072_46241.html (zuletzt abgerufen am 02.12.2024).

Stellantis N.V. (Stellantis), Electrification: Accelerating the Drive to Electrification, abrufbar unter: https://www.stellantis.com/en/technology/electrification?adobe_mc_ref= (zuletzt abgerufen am 02.12.2024).

Svendsen, Helle Lyng, Tesla wurde dazu verurteilt, Tesla-Besitzern eine Entschädigung in Höhe von 136.000 norwegische Kronen pro Auto zu zahlen, (maschinelle Übersetzung aus dem Norwegischen – Originaltitel: Tesla har blitt dømt til å betale Tesla-eiere kompensasjon på 136.000 kroner per bil), Artikel vom 21.05.2021 in: Nettavisen, abrufbar unter: https://www.nettavisen.no/okonomi/tesla-domt-i-retten-risikerer-milliardutbetaling-til-norske-elbil-eiere/s/12-95-3424130203 (zuletzt abgerufen am 02.12.2024).

T-Systems International GmbH (T-Systems), Over-the-Air-Updates – Mobile Software-Updates fürs Auto, abrufbar unter: https://www.t-systems.com/de/de/branchen/automotive/loesungen/over-the-air-update (zuletzt abgerufen am 02.12.2024).

Technische Universität (TU) Dresden, Odometrie, abrufbar unter: https://robolab.inf.tu-dresden.de/spring/task/odometry/ (zuletzt abgerufen am 02.12.2024).

Tesla Inc., Software-Updates, abrufbar unter: https://www.tesla.com/de_de/support/software-updates (zuletzt abgerufen am 02.12.2024).

Tesla Inc., We, Robot, abrufbar unter: https://www.tesla.com/de_de/we-robot (zuletzt abgerufen am 02.12.2024).

Tesla Inc., We, Robot, Event Los Angeles, abrufbar unter: https://www.youtube.com/watch?v=6v6dbxPlsXs (zuletzt abgerufen am 02.12.2024).

Theile, Gustav, Robotaxis in der Pandemiestadt, in: Frankfurter Allgemeine Zeitung, Artikel vom 06.08.2024, abrufbar unter: https://www.faz.net/aktuell/wirtschaft/china-autonomes-fahren-in-wuhan-auf-dem-vormarsch-19898942.html (zuletzt abgerufen am 02.12.2024).

Tsiukhai, Tatsiana / Titova, Daria; OTA-Technologie: Vernetzte Autos auch unterwegs sicher und schnell aktualisieren, abrufbar unter: https://www.softeq.com/de/blog/ota-technologie-vernetzte-autos-auch-unterwegs-sicher-und-schnell-aktualisieren (zuletzt abgerufen am 02.12.2024).

United Nations, Acceptance of amendments to articles 8 and 39 of the convention, Reference: C.N.529.2015.TREATIES-XI.B.19 (Depositary Notification).

United Nations, Economic and Social Council, Economic Commission for Europe, Inland Transport Committee, Working Party on Road Traffic Safety, Sixty-eighth session, Consistency between the Convention on Road Traffic (1968) and Vehicle Technical Regulations, Submitted by the Governments of Austria, Belgium, France, Germany and Italy (ECE/TRANS/WP.1/2014/1).

United Nations, Economic and Social Council, Economic Commission for Europe, Inland Transport Committee, Working Party on Road Traffic Safety, Sixty-eighth session, Report of the sixty-eighth session of the Working Party on Road Traffic Safety (ECE/TRANS/WP.1/145).

United Nations Economic Commission for Europe (UNECE), Global Forum for Road Traffic Safety (WP.1), Resolution on the Deployment of Highly and Fully Automated Vehicles in Road Traffic.

United Nations, Treaty Collection, Status of Treaties, Chapter XI, Transport and Communications, B. Road Traffic, 19. Convention on Road Traffic, abrufbar unter: https://treaties.un.org/Pages/ViewDetailsIII.aspx?src=TREATY&mtdsg_no=XI-B-19&chapter=11&Temp=mtdsg3&clang=_en (zuletzt abgerufen am 02.12.2024).

Verband der Automobilindustrie (VDA), Position – KI-Verordnung („Artificial Intelligence Act“), abrufbar unter: https://www.vda.de/de/aktuelles/publikationen/publication/ki-verordnung---artificial-intelligence-act-- (zuletzt abgerufen am 02.12.2024).

Volkswagen AG, Annual General Meeting 2021, abrufbar unter: https://uploads.vw-mms.de/system/production/documents/cws/002/041/file_en/42131604917c611f4edf6fcf9e40bd77715acc87/Volkswagen_AG_-_General_Annual_Meeting_2021_-_Speech_Herbert_Diess.pdf?1686299090 (zuletzt abgerufen am 02.12.2024).

Waymo LLC, Austin vibes, meet autonomous rides, abrufbar unter: https://waymo.com/waymo-one-austin/ (zuletzt abgerufen am 02.12.2024).

Waymo LLC, Investing to bring the Waymo Driver to more riders, abrufbar unter: https://waymo.com/blog/2024/10/investing-to-bring-the-waymo-driver-to-more-riders/ (zuletzt abgerufen am 02.12.2024).

Waymo LLC, Redefine how you move around Phoenix, abrufbar unter: https://waymo.com/waymo-one-phoenix/ (zuletzt abgerufen am 02.12.2024).

Waymo LLC, Waymo and Uber expand partnership to bring autonomous ride-hailing to Austin and Atlanta, abrufbar unter: https://waymo.com/blog/2024/09/waymo-and-uber-expand-partnership/ (zuletzt abgerufen am 02.12.2024).

Waymo LLC, Waymo One is now open to everyone in San Francisco, abrufbar unter: https://waymo.com/blog/2024/06/waymo-one-is-now-open-to-everyone-in-san-francisco/ (zuletzt abgerufen am 02.12.2024).

Waymo LLC, Waymo One is now open to all in Los Angeles, abrufbar unter: https://waymo.com/blog/2024/11/waymo-one-open-to-all-in-los-angeles/ (zuletzt abgerufen am 02.12.2024).

Wilkens, Andreas, Tesla Model S lässt sich von fern kapern, in: heise online vom 20.09.2016, abrufbar unter: https://www.heise.de/news/Tesla-Model-S-laesst-sich-von-fern-kapern-3327510.html (zuletzt abgerufen am 02.12.2024).